KB199359

실패의 인문학

THE HUMANITIES OF FAILURE

성공이라는 이름의 실패의 역사,
더 나은 실패의 길을 묻다

THE HUMANITIES OF FAILURE
실패의 인문학

한국문화신학회 기획

박일준 이찬수 황성하 강응섭
윤영훈 박종현 이병성 김종만 지음

중요한 것은 '실패'를 받아들이려는 태도이다

우리가 '성공'이라고 부르는 모든 것들은
수많은 실패들을 통해 가능했다

모시는사람들

우리의 실패들에 대하여

: 진보/성공 신학에 대한 문화신학적 성찰

　본서는 '실패'(failure)에 대해서 성찰한다. 하지만 소위 '루저들의 합창' 즉 '각자의 개인적인 실패담'을 담는 것이 아니라, 우리 문명과 사회의 '성공지향적' 혹은 '성과지향적' 태도를 반성적으로 성찰하고자 한다. '오로지 성공만을 지향하며, 실패해도 포기하지 말고 끝까지 최선을 다해 노력하여 마침내 성공을 이루라'는 정신적 태도가 우리 문명과 사회를 주도하고 있을 때, '실패'에 대한 어떤 성찰도 그저 '루저들의 합창 또는 변명'으로 밖에 들리지 않을 것이다.

　그런데 21세기 우리가 맞이한 범지구적 위기들은 우리의 문명이 총체적으로 실패하고 있음을 고지하고 있다. 예를 들어, 최근 인류를 강타했던 '팬데믹'은 우리의 문명을 지탱하는 습관과 실천들이 총체적으로 잘못되었음을 경고하고 있다. 기후변화와 생태계 위기 그리고 대량멸종의 위기감으로 이어지는 생물종 멸종 사태는 어떤가? 어쩌면 오늘 우리 문명의 가장 긴급하고 중요한 문제는 바로 '실패'를 받아들이려는 태도일지도 모른다.

우리의 실패들의 이면에는 근대라는 시대의 융기 이후 우리의 정신세계를 사로잡았던 진보와 성장의 이데올로기 혹은 신화가 자리잡고 있다. 인간의 문명이 산업혁명과 더불어 자신감을 끌어올려가고 있을 때, 근대적 인간 주체는 진보와 성공을 자신의 정체성으로 삼았다. 그렇게 근대적 진보와 성장 개념이 여전히 우리 시대 담론의 주도권을 틀어쥐고 있을 때, 실패한 이들과 성공하지 못한 루저들은 '인간 이하'(subhuman)의 존재로 간주되어 외면당한다. 이 비인간으로 밀려난 존재들은 이제 논(non)휴먼 존재들을 포괄한다. 오늘날 진보/보수의 이분법 정치에서 양진영이 암묵적으로 공유하는 이데올로기는 바로 '진보와 성장'의 담론 구조이다. 진보하거나 성장하거나. 우리 시대 신학적으로 긴급히 성찰해 보아야 할 담론적 비판이 바로 이것이다.

우리 시대 신학이 나아갈 길을 제시하면서, 캐서린 켈러는 새뮤엘 베켓의 "how to fail better"라는 문구를 자신의 말을 따라 "a failing better"라고 표현한다. 베켓은 '더 잘 실패하는 법'이라고 말하지만, 켈러는 '더 나은 실패' 혹은 '실패하는 것이 더 나은 것'이라고 표현한 것이다. 진보와 성장을 향해 나아가는 시대 이데올로기의 구조 하에서 베켓이나 켈러의 이러한 구호는 잘 와 닿지 않는다. 그래서 망하고 절망하자는 것이냐고?

사실 오늘 우리들의 시대는 망하고 있다. 기후변화와 생태위기는 지구의 멸망을 예고하고, 팬데믹은 이 재난이 마지막이 아니라는 것을 예고하고 있다. 청년 세대는 미래를 상실한 '미래 이후' 시대를 살아가고 있다고 프랑코 베라르디는 진단한다. 정치는 더 이상 민주주의의 새로운 세상을 향한 꿈을 주기는커녕, 혐오의 대상이 되어 가고 있다. 국제정치는 지난 수십 년 간의 기후변화와 생태위기 가운데 실효성 있는 아무런 정치적 대책을 만들어내지 못하는 무능력으로 점철된다.

희망이 절망으로 그리고 분노로 바뀌고 있는 것은 어쩌면 우리가 세상을 여전히 직선적인 세계관으로, 그래서 미래는 당연히 현재보다 발전하고 번성할 것으로 가정하기 때문이 아닐까? 근대 유럽의 등장 이래 우리는 소위 '성장'과 '개발'과 '번성'이 당연한 것으로 간주하고 살아왔고, 그래서 열심히 미래를 위해 준비하면 '하늘은 스스로 돕는 자를 돕는다'는 미국적 개척정신을 당연시하며 살아왔기 때문이 아닐까? 미래는 당연하게 진보한, 성장한 시간이 아닐 수도 있다는 생각을 왜 해 보지 못했을까? 어제나 오늘이나 내일이나 우리에게는 꿈도 이상도 희망도 없을 수 있다는 생각은 왜 해 보지 않을 것일까? 오늘의 절망적인 전망은 우리가 여전히 근대주의적인, 진보주의적인, 경제성장주의적인 꿈을 꾸며 살아가고 있기 때문이 아닐까?

더 진보하고, 더 발전하고, 더 성장한 내일과 세상을 이야기하기를 멈추고, 우리가 당연히 집어 들었던 '진보' 개념이 무엇을 의미하는지를 비판적으로 성찰해야 할 필요성이 여기에 있다. 여전히 근대의 낡은 '진보' 정신에 이중구속 되어 있어서, 우리는 실패에 두려운 것 아닐까? 성공하지 못한 삶에 좌절하는 것은 아닐까? 모두가 '루저가 되지 않기 위해' 성공과 진보의 가면을 뒤집어 쓴 채, 미래의 시간들을 위해 지금을 희생하며 달려갈 때, 현재는 미래를 위한 희생양이 아님을 생각해 보아야 하지 않을까?

이제 '그들'이 실패라고 규정한 것을 저지르는 것에 두려움을 갖지 말아야 하지 않을까? 예를 들어, 기후변화와 생태위기 시대에 우리는 계속이 위기들을 극복하는 방법과 대안에 몰두하며 말을 뱉어내지만, 그러한 태도는 여전히 진보의 논리에, 여전히 성장의 논리에 이중구속 되어 있는 것 아닐까? 4년제 대학을 졸업하고, 편의점 알바를 하더라도, 일용직 노동을 하더라도, 정규직이 되지 못하더라도, 그건 '실패'가 아니라 오늘의 행복과 감사를 다르게 누리는 삶을 살아가게 된 것뿐 아닐까? 우리 시대 SF 영화들은 이제 더 이상 눈부시게 발전한 미래적 삶에서 시작하지 않는다. 요즘 개봉하는 SF 영화들은 거의 대부분 '망한 지구'에서 시작한다. 왜일까? 그건 우리가 지금의 삶의 방식을 계속하는 한, 우리 문명에 미래는 있을 수 없음을 예감하고 있기 때문이 아닐까?

우리는 기후변화와 생태위기 시대에 노력을 경주해도, 우리의 노력들이 헛되고 공허할 수 있음을 안다. 그래서 체념하고 절망하자는 것이 아니다. 단지 '우리의 노력들이 헛된 진보와 성장과 개발과 발전의 망상들 아래서 놀아나서는 안 되지 않을까?'라는 문제의식을 공유해 보고자 한다.

그래서 우리 시대 성/패의 이분법을 뒤집고, 우리 삶을 우리답게 살아갈 수 있는 방식을 다양한 방식으로 사유하고 성찰해 보기를 본서에 참여한 저자들은 원한다. 이를 '실패의 인문학'이라 해도 좋고, '실패의 신학' 혹은 '실패의 철학'이라 해도 좋고, '실패의 미학'이라 해도 좋을 것이나, 본서는 이를 '우리의 실패들'에 대한 문화신학적 성찰이라고 주제화하였다. 물론 여기서 말하는 '우리'가 누구를 지칭하는지, 비인간 존재들을 포괄하는 것이지 등의 물음이 따라붙는다. 또한 '실패'가 무엇을 의미하는지에 대한 명확한 정의나 표준도 존재하지 않는다. 하지만 본서의 기획을 통해, 우리가 문명과 사회, 정치와 경제 및 문화를 사유하는 방식들을 비판적으로 성찰해 보고자 하였다.

본서의 1부는 실패에 대한 인문학적 성찰을 주제로 하였다. 기후변화와 생태위기가 도래하는 인류세를 문제의 초점으로 삼고, 우리가 '하나님'이라는 이름으로 지시하는 객체에 대한 부정신학적 성찰로 그리고 만족의 실패를 원동력으로 작동하는 욕망의 기제를 바탕으로 실패를 성찰하였다.

1장과 2장은 '인류세'라는 실패를 성찰한다는 공통의 주제 하에, 1장 "실패의 정치/신학"은 캐서린 켈러의 "보다 나은 실패"(a failing better) 개념에 기초하여, 디페쉬 차크라바르티의 '지속력(sustainability)이 아니라 거주 가능성(habitability)로의 전환'이라는 제안을 돌아보며, 시노하라가 전하는 물(物)의 소리를 통해 해러웨이가 말했던 '난국과 더불어-머물기'(staying with the trouble)를 성찰한다.

2장 "인류의 실패인가 지구의 진화인가?: 인류세라는 실패에 대하여"에서 이찬수는 인류세와 행성화라는 개념을 대비시키며, 근대문명의 기술권이 담지한 문제들을 노출한다. 그러면서 티모시 모턴이 제안하는 공생적 실재 개념을 성찰하면서, 공생의 개념 안에 그동안 제대로 담지하지 못했던 사물(things)을 그 유령성으로 포착하자고 제안한다. 존재는 행위자-네트워크를 통해—바라드의 말을 빌리면—내적-작용(intra-action)하고 있으며, 이는 곧 존재가 초월에 달린 것이 아니라, 지하의 존재들과 더불어 함께 삶을 만들어 나가는 것임을 의미한다. 여기서 이찬수는 인류세 신학의 가능성을 조심스레 탐문한다.

3장 "빼앗긴 이름과 이름 없는 하나님"에서 황성하는 포스트모던 시대의 신론을 부정신학 혹은 신비주의 신학의 사유를 전유하여 제시하고 이를 현대 인문학과 대화한다. 야훼 혹은 여호와라 불리는 성서의 하나님은 고유명사로는 불릴 수 없는 신이었다. 하지만 르네상스와 계몽주의를 거쳐 이성의 힘을 앞세운 말의 강력한 힘에 의해 규범화되고 계량화된 신의 이름은 그 신비 역시 상실한 것으로 보인다. 역설적으로 말과 이성이 의심받는 포스트모던 시대에서는 신의 이름에 대한 새로운 사유를 필요로하게 되었다. 저자는 세상에서 이름을 빼앗긴 자들 특히 파울 첼란, 윤동주, 그리고 빅토르 위고의 장발장과 같은 이들과 이름 없는 하나님의 만남 가능성을 제시한다.

4장 "욕망과 실패에 관한 정신분석학"에서 강응섭은 상징화 과정을 통해 나동그라지는 것들을 〈A에서 외밀한 B〉라는 틀을 차용하여 분석한다. 이 틀에서 A와 B는 각각 '형상 - 모양', '젖음의 네페쉬 하야 - 마름의 네페쉬 하야', '하나님의 모르페 - 종의 모르페', '이데아 - 에이돌론', '사고 - 표현', '언표행위 - 언표'이다. 이 분석을 통해 저자는 인류의 역사에서 외면하거나 매각하지 않고, 직면하고 인수해 온 〈외밀한 B〉, 즉 욕망과 실패가 가져다주는 〈외밀한 B〉의 의미를 제시하고, 우리 시대를 성찰한다.

2부는 한국사회의 실패를 사례별로 접근해 보고자 하였다. 1장 "실패의 세대: 청년세대 신조어와 기독교"에서 윤영훈은 2010년대 이후 등장한 청년세대의 신조어에 주목하며 우리 시대 청년 담론을 분석한다. 자신을 실패자로 규정하는 '잉여'의 조소 미학과 '소확행' 생존 기술, 개인적 고립을 선택하는 '아싸'의 나 홀로 삶, 그리고 앞선 세대 조언을 '꼰대'와 '라떼'라 부르는 조롱 역학이 그 세 키워드이다. 이 단어들은 개인적으로 또한 사회적으로 단절감을 표명하는 부정적 뉘앙스를 담고 있다. 하지만 실패와 포기를 선언하며 이들은 다른 삶의 방식을 모색해 볼 가능성을 내포하는 동력을 제공한다.

2장 "안전의 실패: 반복되는 참사와 신자유민주주의 담론이 은폐하는 것들"에서 박종현은 세월호 참사와 이태원 참사를 통해 반복되는 사회적 참사, 즉 우리들의 사회적 실패를 성찰한다. 이 반복된 참사는 곧 경제적 효율성을 우선시하면서, 안전과 그에 따른 비용을 절감하려는 친자본주의적 정책의 반복에서 비롯되고 있으며, 이것이 현 정부 들어 원자력 발전에 대한 태도로 그대로 이어지고 있다고 경고한다.

3장 "평화의 실패: 한반도와 '핵 있는 평화'에서 이병성은 핵무장화 되고 있는 한반도에서의 평화의 의미를 모색한다. 시간이 지날수록 한반도에서 '핵무기 없는 세상'을 통한 평화의 정착은 날로 요원해지고 있다. 이러한 문제의식 하에, 이 글은 한반도의 핵무장화가 한반도의 평화와 어떻게 연결이 되며, 이러한 현실이 우리가 생각하는 평화라는 관점에 어떤 변화를 가져오는지 검토한다. 핵무기는 '평화가 아닌 평화'를 위한 도구이면서, 이러한 평화마저 파괴할 인류 자멸의 도구일 수 있음을 논의하면서, 그럼에도 우리는 이 땅에서 '샬롬의 평화'를 찾아야 한다고 주장한다.

4장 "교회의 실패: 한국 개신교의 성공과 실패에 관하여"에서 김종만은 한국 개신교의 배타성에 관한 논의를 중점적으로 다룬다. 구체적으로 한국 개신교에서 성행한 배타주의가 폭력적으로 전개된 것을 '성공'으로 전제하고, 이에 따른 반지성주의에 의한 손원영 교수의 해직 사건을 관계적 수용성의 '실패'로 규정한다. 이 연구는 한국교회의 배타성이 폭력적 사건으로 비화되어 교권 수호라는 불온한 '성공'과 타문화와 종교에 대한 수용성의 상실로 인한 개신교의 고립과 게토화, 그리고 지성주의의 풍토 조성의 '실패'를 고찰한다.

본서가 다루는 주제들을 통해 '실패'라는 개념이 담지한 다양한 차원들을 담아, 다양한 학제 간 관점으로 다루어 보고자 하였으나, 결국 하나의 일관된 개념이나 모습을 보여주는 데에는 실패한 것 같다. 하지만 실패에 대한 성찰이 이 한 권으로 완결될 수 있었다면, 그것이야말로 '실패하기에 실패한 것'이 될 것이다. 오히려 본서에 참여한 저자들은 '더 잘 실패하기'를 꿈꾼다. 그것은 실패를 극복하려는 억지를 부리거나 실패로 인해 여기서 주저앉겠다는 포기가 아니다. 오히려 우리가 '성공'이라고 부르는 모든 것들은 수많은 실패들을 통해 가능했다는 것, 이를 다시 뒤집어 말하자면, 우리의 존재와 삶들은 본래부터 실패들로 굴곡진 것이며, 성공의 열쇠는 우리 자신, 즉 인간 주체가 쥐고 있는 것이 아니라, 우리와 더불어 함께 존재를 엮어 가는 수많은 존재들과 '함께-만들기'(sympoiesis)를 만들어 나가는 데 있다는 것을 더욱 진지하게 성찰하겠다는 것이다.

본서가 문화신학의 새로운 길을 열어가기를 바라며
2025년 5월
빅퍼즐 문화연구소에서
박일준과 문화신학회 회원들이 함께

실패의 인문학 THE HUMANITIES OF FAILURE

1부 · 실패에 대하여 묻다 ─────

실패의 정치·신학 / 박일준

인류의 실패인가, 지구의 진화인가 / 이찬수

THE HUMANITIES

──────────────────────────── : 실패의 인문학

빼앗긴 이름과 이름 없는 하나님 / 황성하

욕망과 실패에 관한 정신분석학 / 강응섭

OF FAILURE

실패의 정치·신학*

: 인류세 시대의 실패에 대한 종교철학적 성찰

―――――

박일준

* 이 논문은 2023년 4월 『인문과학』 제130호, 55-91에 실린 논문을 본서 취지에 맞게 수정한 것임을 일러둔다.

들어가는 말

> "언제나 도전했다. 언제나 실패했다. 상관없다. 다시 도전한다. 다시 실패한다. [차라리 지금은] 실패하는 게 낫다."
>
> - 사무엘 베켓 / 켈러 2022, 224 재인용

이 글은 '실패'(failure)를 정치신학적으로 탐구한다. 특별히 '인류세'라는 실패를 종교철학적으로 탐구하는 글이다. 근대의 진보 이데올로기는 늘 실패를 넘어 성공을 추구하는 계몽기적 인간상을 기반으로 성패의 이분법적 구조 속에서 실패의 극복을 설파해 왔다. 그 진보 이데올로기와 짝을 이룬 자본주의 시스템은 무한경쟁을 통한 양적 성장을 '성공'으로 규정하고, 이를 성취하지 못한 것을 '실패'로 규정하며 지금까지 물질문명의 성장의 잣대를 규정해 왔다. 그런데 인류세(the Anthropocene)는 첫째, 진보를 추구하던 근현대 문명에서 인간의 영향력이 이제 인간의 역사라는 스케일을 넘어 지질사라는 거대한 스케일에 영향을 미치고 있다는 사실과, 둘째, 그로 인해 이제 우리 앞에 여섯 번째 대멸종이라는 대참사가 기후위기와 생태위기를 통해 도래하면서 인간 문명의 총체적 실패를 가리키고 있다.

이 거대하고 총체적인 실패 앞에서 우리의 정치적, 신학적, 철학적 성찰은 무엇을 할 수 있을 것인가? 실패를 앞에 놓고 통상 우리는 절망과 좌절을 체현하는 비관주의(pessimism)나 긍정과 외면을 역설적으로 결합하여 체현하는 낙관주의(optimism)로 대응하는 이분법적 전략을 구사한다. 이때 '희망'은 속절없이 낙관주의와 동일시되면서, 참혹한 현실을 은폐하거나 덮는 역할을 하고, 그래서 근거 없는 기대감을 앙등시키는 잘못된 역할을 맡는다. 하지만 그러한 희망은 진정한 희망이 아니다. 오히려 그러한 희망은 '인민의 아편' 기능을 감당할 뿐이다. 진통제로서 아편도 전혀 무익한 것은 아니지만, 증상의 정확한 진단과 처방 없이 통각(痛覺, nociception)만을 못 느끼도록 해주는 진통제는 오히려 증세를 더욱 악화시키며 사태를 은폐시킬 뿐이다.

실패에 대한 통렬한 인식과 성찰은 아편으로서의 희망을 지양하고, 우리가 어디에서 무엇을 희망하며 나아가야 할지를 깨닫는데 가장 중요한 과정이다. 그래서 미국 신학자 캐서린 켈러(Catherine Keller)는 '더 잘 실패하기'(a failing better) 혹은 '차라리 지금은 실패하는 게 낫다'(failing better now)는 논제를 제시하는데, '더 잘 실패하기'란 인류세에 이르기까지 우리가 저질러 온 문명적 실패들을 정면으로 직시하고 받아들이는 것을 의미한다. 하지만 이는 결코 실패를 위한 실패나 실패를 통한 악화의 심화와 연속을 의미하는 것이 아니라, 오히려 진정한 희망이란 실패와 좌절들을 정면으로 마주하고 받아들이는 것으로부터 도래한다는 것을 명확히 말하는 것이다. 그래서 이 글은 실패의 좌절과 상실로부터 고통을 은폐하거나 가리는 맹목적 혹은 무조건적 긍정의 희망 대신 '수의에 덮힌 희망'(hope draped in black) 혹은 '어둠 속에 놓인 희망'을 품고 인류세를 살아가는 방법을 디페쉬 차크라바르티(Dipesh Chakrabarty)의 행성론과 거주 가능성 개념들, 그리고 시노하라 마사타케의 사물 개념을 통해 성찰해 보고자 한다.

I. '더 나은 실패'

인류세가 우리 인간문명의 총체적 실패를 가리킨다는 주장의 이면에는 근대 계몽기로부터 유래하는 기술과 진보의 이데올로기에 대한 비판이 자리 잡고 있다. 기후재난과 생태위기들을 통해 도래하는 여섯 번째 대멸종은 근대적 문명의 성취와 발전이 없었다면 이렇게 도래하지 않았을 것이고, 우리가 지금 경험하고 있는 에너지 전환 시대는-말하자면 화석연료로부터 재생에너지로의 전환 시대는-이제 근대적 문명이 근원적 전환을 하지 않으면 안 된다는 절박한 인식을 공유하고 있다. 그런데 그 전환은, 우리들의 바람과는 달리, 결코 부드럽게 이루어지지 않을 것이다. 기존 사유와 삶의 체계를 철저히 바꿀 수 있어야 하고, 그러려면 기존 체제의 실패들을 외면하거나 혹은 거짓된 성공으로 포장하려는 유혹에서 벗어나, 그 실패들을 정면으로 마주하고 직시할 수 있는 용기가 필요하기 때문이다. 그래서 적어도 이 실패들을 올바로 인식하는 한, 이 실패들은 차라리 성공보다 낫다. 왜냐하면 잘못된 성공은 더 큰 실패들을 불러올 싹이 될 것이기 때문이다. 이것이 '더 나은 실패'(failing better)가 주장하는 바이다.

1. 인류세의 역설과 진보와 성장의 이데올로기

기후재난과 대멸종의 위협 아래 우리가 살아가는 지금 시대를 많은 이들이 "인류세"(the Anthropocene)라고 부르기 시작한다. 2000년 대 초, 노벨 화학상 수상자(1995)인 파울 크뤼천(Paul J. Crutzen)은 지질학적으로 현세를 칭하던 홀로세(the Holocene)를 "인류세"라는 새로운 이름으로 불러야 한다고 제안하는데, 이는 인간문명의 역사가 이제 인간 역사의 스케일을 넘어 지질학적 영향력을 발휘하고 있다는 말이다.(Crutzen & Stoemer 2000, 17) 즉, 시카고 대학의 역사학자 디페쉬 차크라바르티(Dipesh Chakrabarty)가 말하듯, 이제 인간은 "지질학적 행위자"가 되었다.(Chakrabarty 2021, 3) 본래 지질사는 인간의 역사와 워낙 스케일의 차이가 커서, 지질학에서는 인간의 (역사적) 영향력을 주요인자로 분류하지 않았다. 하지만 이제 인간 문명의 생태적 족적이 지질시대를 변경시킬 수 있을 만큼 거대한 힘으로 변모했고, 그래서 이제 인간의 활동이 지질학적 행위자가 되어 버린 것이다.

그런데 바로 여기에 인류세의 역설이 자리한다. 현재 우리가 경험하는 기후재난들은 인간의 문명적 행위들에 대해 비인간 행위주체들이 자신들의 응답-능력(response-ability)[1]으로 답하는 사건들이다. 말하자면 '인류세'란 이 비인간 주체들이 적극적인 행위주체로 등장하는 시대인 것이다. 그리고 이 비인간 행위주체들에는 우리가 여태껏 '존재' 혹은 '주체' 혹은

---

1   카렌 바라드(Karen Barad)를 위시한 많은 학자들이 responsibility를 response-ability로 표기하면서, 윤리적 사유의 전환을 요청한다. 윤리는 '책임'의 문제에 앞서 무엇보다도 '응답-능력'의 문제라는 인식의 전환이다.

'생명'으로 간주할 수 없었던, 예를 들어, 기후 시스템과 해류 시스템 같은 종류들이 포함된다. 이러한 유(類)의 거대한 객체를 티모시 모튼(Timothy Morton)은 "초객체"(hyperobject)라 불렀다.(Morton 2013, 2) 그러한 유들은 우리 인간 유기체의 생물학적 감각능력으로는 감지할 수 없을 만큼 너무나 거대해서 포착되지 않기 때문이다.[2] 즉 인류세의 역설은 곧 인간의 영향력이 지질사를 바꿀 만큼 커진 시대에 이제 비인간 행위자의 '응답-능력'이 기후위기와 생태위기의 모습으로 인간을 포함한 전 생명 공동체에 여섯 번째 대멸종을 가져올 수 있을 만큼 위험하게 발휘되고 있으며, 특별히 이것이 인간 행위자들에 대한 비인간 행위자들의 응답-능력의 발휘라는 역설을 가리킨다. 다시 말해서 '인류세'라는 시대는 인간의 행위 역량이 역사를 넘어 지질학적 스케일로 확장된 시간이지만, 동시에 그 인간 행위자들의 힘에 대응하여 비인간 행위자들의 힘이 더욱 더 강력하게 모습을 드러내는 시대라는 점에서 역설적이고, 이를 '인류세의 역설'이라고 말할 수 있을 것이다.

여기서 우리는 '존재'란 홀로 존재하는 것이 아니라, 다른 존재들과 함께 얽혀, 함께 '존재'라는 사실을 만들어 나간다는 사실을 뼈아프게 통감하게 된다. 즉 인류세는 결국 인간이 만물의 영장이 아니라, 다른 모든 존재와 함께 얽혀 살아가고 있다는 사실, 그리고 우리는 이 '얽힘의 존재구조'로부터 파생된 하나의 존재라는 사실을 인식하는 데 실패했다는 사실

---

2   우리가 지구온난화나 생태위기 혹은 대멸종의 위험들에도 불구하고 너무나 느긋한 이유는 이 거대한 객체들의 변화를 인식할 인지기제를 진화적으로 습득하지 못한 탓에 이것들의 위기를 체감할 수 없기 때문이라고 모튼은 부언한다.

을 가리키는 이름인 셈이다. 존재란 얽힘(entanglement)이며, 이 얽힘은 인간을 포함한 유기적 생물들뿐만 아니라 물질적 존재들과의 얽힘도 포괄한다. 그렇기에 인간의 행위가 기후변화나 해류 시스템의 변화를 야기하고, 이것이 다시 여섯 번째 대멸종의 위기를 가져올 수 있는 상황으로 전개되는 것이다. 즉 그 존재의 이 얽힘 속에서 양자(quantum)나 분자와 같은 물질적 존재들도 그들 나름대로의 행위주체성을 발휘하여, 다른 존재들과 응답-능력(response-ability)을 주고받으며 존재를 '함께-만들어-나간다.' 이를 도나 해러웨이(Donna Haraway)는 "심포이에시스"(sympoiesis) 즉 '함께-만들기'(making-with)라고 불렀다.(Haraway 2016, 58) 우리는 비인간 생물존재들 뿐만 아니라 물질적 존재들과도 얽혀 있고, 이 얽힘 속에서 존재의 사건들을 함께 창발시키며 우리의 실존을 구성해 나가는 존재인 것이다. 인류세란 인간이 이 존재의 얽힘에서 함께 살아가는 데 실패하고 있다는 것을 의미한다.

문제는 인간 문명이 자본주의적 경제성장의 구조 속에 구축되어 있어, 이 인류세의 역설적 실패를 있는 그대로 받아들이기 어려운 현실 속에 살아가고 있다는 것이다. 우리가 겪고 엮는 지금의 기후재난들은 우리의 정치, 경제, 철학, 신학, 및 생태학의 실패를 가리키고 있지만, 우리는 이 실패를 정면으로 마주하고 인정하며, 이를 반복하지 않기 위한 대안을 모색하는 대신, 실패를 부인하고 이 실패의 원인을 다른 곳으로 돌리는데 급급하고 있다. 그래서 이 재난을 피해갈 거대한 우주선을 짓는다든지 혹은 어차피 피해갈 수 없다면 최대한 나 즐거운 대로, 혹은 내가 내키는 대로 자유롭게 살든지 아니면 이런 무능한 상황에 대한 분노를 정치인이나 연예인에게 쏟아내느라 때로는 광장으로, 때로는 SNS로 내달리며 분주하게 살아간다.

　이러한 분노의 이면에 바로 진보의 이데올로기가 작용하고 있다. 자본주의적 성장과 결합된 진보의 이데올로기는 인간 문명이 무한한 성장을 향해 나아갈 수 있다는 근거 없는 믿음을 기반으로 한다. 하지만 무한한 양적 성장은 본래부터 가능한 것이 아니었다. 근대의 진보 이데올로기는 '성장'이란 말을 교묘하게 '양적 성장'으로 등가시키면서, 과학과 기술의 발전을 바탕으로 문명의 무한한 진보가 가능할 것이고, 따라서 경제 성장은 무한히 지속된다는 믿음을 주입하였다. 그런데 이 성장은 언제나 '경쟁' 즉 '무한한 경쟁'을 요구하며, 경쟁에서 탈락한 소위 '루저'들을 양산하고, 이들의 도태는 곧 진보와 성장의 당연하고 필연적인 대가로 간주된다. 결국 근대 자본주의 체제의 발전과 진보는 경쟁에서 탈락한 이들을 끊임없이 희생양 삼아 이루어지고 있었다.

　결국, 브루노 라투르에 따르면, 그 근대의 진보 이데올로기는 처음부터 불가능했으며, 최소한 우리는 이제 그것이 더 이상 가능하지 않다는 사실을 뼈아프게 체감하고 있다. 왜냐하면 "근대화의 이상인 진보, 해방, 발전을 모두 수용할 만한 지구가 더 이상 존재하지 않"는다는 사실을 알게 되었기 때문이다.(Latour 2021, 36) 근대화 기획은 더 이상 불가능하다. 끝없는 성장은 본래부터 논리적으로 불가능한 것이었으며, 모두가 잘 사는 세상은 처음부터 가능하지 않았다. 그리고 기후와 생태 위기는 우리에게 그동안 무엇을 실패하였는지를 준엄하고 강력하게 경고하고 있으며, 이 실패를 그대로 반복한다면, 우리에게는 다음이 없다는 것을 각종 재난의 물적(物的) 행위성으로 알려주고 있다.

2. 성공보다 나은 실패(failing better)

여기서 우리는 기후변화와 생태위기의 의미를 다시금 곱씹는다. 기후변화와 생태위기는 '인간이 특별하다(unique)'는 생각을 논리적으로 전복한다.(Chakrabarty 2021, 63) 이는 곧 철학적/신학적 인간학에 큰 도전을 제기한다. 서구의 철학적 인간학은 근원적으로 서구의 신학적 인간학의 아이디어로부터 유래하는데, 이는 인간을 '하나님의 형상'(imago dei)으로서, 그래서 만물을 다스리고 지배하고 정복할 수 있는 인간적 특권과 우월성의 관점에서 조망한다. 그리고 이 서구의 특별한 신학적 인간학은 '하나님의 형상으로서 인간'이 다른 피조물들과 구별되는 독특성과 특별함을 갖고 있다는 생각에 기반한다.

그런데 인류세란 바로 그 신학적 인간학이 우리 모두를 '실패'로 몰아가고 있음을 가리키고 있다. 특별하고 우월하다고 여겼던 인간의 문명이 역설적으로 기후변화와 생태위기를 통해 모든 생명 있는 존재들의 여섯 번째 대멸종이라는 절박한 위기로 몰아가고 있기 때문이다. 그런데 우리의 정치는 이 총체적 위기상황을 극복해 나아가는 데 실패하고 있는 것 같다. 오래전부터 이미 기후위기와 생태위기를 외쳐왔지만, 우리의 국내 및 국제 정치는 자본주의적 성장을 바꾸거나 대체하기보다는 오히려 여전히 '전기 에너지로의 전환'을 통해 무한 성장이라는 진보의 꿈을 '만능기술'(techno-fix)을 통해 계속 구현 하기를 원하고 있다. 이러한 구상들을 통해 우리는 여전히 '자본주의적 성장'에 집착하며, 과학기술의 발전을 통한 자본주의적 해법을 찾고 있다.

그래서 인류세는 또한 "자본세"(Capitalocene)이기도 하다.(Haraway 2016, 5)

행성의 비인간 존재들이 "자본을 위한 자원"으로만 간주되고 있으며, 1%에 속하는 상위 엘리트 인간들을 위해, 그리고 그들의 부를 위해 우리 자신을 포함하여 모든 존재를 그저 자원으로서 "지구 자체로부터 추출"하고 있는 시대 말이다.(Keller 2022, 161) 그리하여 근대로부터 유래하는 지금의 문명이 꿈꾼 '진보'의 이상과 시간 도식은 점점 "망상적인 것"이 되어가고 있으며, 자본세의 도식 하에서 지구는 "사유재산의 세계화"를 위한 부동산으로 전락하여, 이제 지구는 정녕 "그저 파산하여 자본이 잠식된 부동산" 신세가 되어 버리고 있다.(Keller 2022, 177)

인류세 시대에 자본주의적 성장에 대한 희망은 기술적 진보를 근거로 삼는다. 우리가 당면한 위기들, 특별히 기후변화, 생태위기 등을 기술적으로 극복할 수 있다는 '테크노-픽스'(techno-fix)에 대한 기대감 말이다. 그런데 정말 과학과 기술은 우리를 이 위기로부터 구원할 것인가? 오히려 여기서 희망은 그가 소망하는 "대상에 집착하면서, 현재를 대치"하는 효과를 갖게 되고(Keller 2022, 173), 그래서 헛된 기대와 낙관으로 현재를 대치하여, 결국 현실을 올바로 판단하지 못하고 잘못된 기대로 충만한 망상속에 살아가도록 만들어 버리는 것은 아닌가? 이러한 기대감이 있어서, 우리는 지금의 위기를 극복 가능한 위기로 진단하고, 여전히 경제의 무한한 성장이 가능하다고 믿는 것이 아닌가? 하지만 첨단기술이 발달하고, 자본을 창출해 내는 방식들이 점점 더 교묘하게 발달해 갈수록, 부의 양극화는 더욱더 첨예해지고 있고, 경쟁에서 도태된 이들의 분노와 절망과 실망은 나날이 깊어지고 있을 뿐이다. 우리의 정치경제적 상황이 무한경쟁과 적자생존 그리고 승자독식의 패러다임을 통해 끊임없이 소위 '루저'(loser)를 양산하고 있기 때문이다. 그렇게 시간은 진보를 향해 나아가는 것이 아니라, 점점 더 많은 '루저'만을 양산하며, 실패를 반복하고 있다. 이 상황은 우리의 총체적인 실패, 즉 정치적·경제적·사회적 실패를 가리킨다.

그런데, 이럴 땐 차라리 실패하는 것이 더 낫지 않을까? 이 잘못된 세계를 개혁하거나 지속하는 것이 불가능할 때, 차라리 이 세계는 붕괴되어야 하지 않을까? 세계의 종말이 결코 지구의 종말을 의미하지는 않는다. 어쩌면 우리가 살아가는 세계가 종말을 고한다 해도, 지구와 많은 비인간 존재들은 자신들만의 살길을 잘 찾아갈 것이다. 오히려 우리가 구축해 왔던 세계가 잘못된 것이라면, 차라리 그 세계는 붕괴하고 다른 세계를 구축해야 하지 않을까? 그때 우리는 지금까지의 세계가 실패했다는 것을 진지하고 깊이 성찰해야 할 수 있지 않을까? 그 실패가 허무한 정적으로 모습을 드러내는 곳에서, 우리는 차라리 실패를 인정하고 새로운 세계를 꿈꿀 수 있어야 하지 않을까? 이런 맥락에서 캐서린 켈러는 "더 잘 실패하기"(a failing better)를 제안한다.(Keller 2022, 178)

우리는 무한경쟁과 승자독식의 경쟁구조 속에서 결코 '실수를 용납할 수 없는 시대'를 살아간다. 단 한 번의 실패는 그냥 '아웃'이다. 재기의 기회는 결코 주어지지 않는다. 그래서 우리는 더욱 실패를 인정하지 않는다. 실패를 인정하는 순간, 우리는 '루저'가 되고, 한 번 루저가 되면 두 번 다시 재기의 기회는 돌아오지 않을 것이라고 생각하기 때문이다. 하지만 '더 잘 실패하기' 혹은 '차라리 실패하는 게 낫다'는 켈러의 개념과 태도는 실패를 운명으로 받아들이고 체념하고 절망하는 비관주의(pessimism)를 의미하지 않는다. 오히려 현실의 실패와 좌절을 외면하고, 망상적 기대와 환상으로 현실을 은폐하는 몽매한 낙관주의(optimism)을 거절하고, 절망

속에서 희망의 싹을 틔워나갈 길을 모색하는 희망, 즉 '수의에 덮인 희망' (hope draped in blakc) 혹은 '어둠 속에 놓인 희망'(hope in the dark)을 모색한다.

켈러의 '더 잘 실패하기'가 그려주는 희망은 우리들의 정치가 지금까지 기후변화와 생태위기 그리고 지구온난화를 대처하는 데 철저히 실패해 왔고, 실패하고 있고, 그리고 우리들의 실패는 이것이 마지막이 아닐 것이라는 인식으로부터 출발한다. 하지만 켈러는 이 실패의 지평선에서 그 실패를 영속화하거나, 극복할 수 없는 실패로 인해 패배주의로 빠져드는 대신, 그 실패와 그로 인한 상처와 좌절의 한복판에서 그 상황을 넘어서는 초월의 임재를 서술한다. 역설적으로 이는 신의 죽음과 실패를 통해 도래한다. 즉 서구의 기독교 신학이 꿈꾸었던 전능한 신, 바로 그 신의 죽음 말이다. 말하자면, 우리 시대의 실패 속에서 켈러는 서구문화의 신의 죽음과 세계의 죽음을 예감하는데, 이 신과 세계의 죽음은 역설적으로 우리가 신과 세계에 투사하였던 낙관적 망상으로부터 깨어나도록 이끈다. 기후변화와 생태위기라는 우리 시대의 인류세적 실패는 바로 이 세계를 떠받치던 개념적 토대가 붕괴하는 사건이며, 서구에서는 이것이 다름 아닌 신의 죽음으로 경험된다. 즉 지금까지 우리가 생각해 왔던 신 개념은 철저히 실패했다는 것이다.

만일 서구 기독교와 서구 문명이 꿈꾸었던 신이 전능한 신이라면, 그래서 그 하나님의 선은 언제나 승리한다고 믿어 왔다면, 그 하나님은 역사 속에서 늘 실패했다. 우리는 정의와 사랑이 충만한 세상의 실현을 단 한번도 경험해 본 적이 없다. 그 세계의 실현을 위한 혁명들은 언제나 실패했다. 예를 들어, 역사 속에서 "일어나는 그 어떤 사건도 전능한 가해자의 소행으로 간주해야 한다면", 역사 속의 참혹한 사건들을 상기해 보건대,

우리는 "그저 정의가 실패한 것이다."라고 말할 수밖에 없다.(Keller 2022, 215) 그때, 즉 신의 죽음이 일어난 근대에서 신의 자리를 대치한 과학기술은 전능성이라는 신의 속성을 모방하여, 우리가 처한 모든 위기의 해결사로 등장한다. 그리고 우리로 하여금 꿈을 꾸게 한다. 첨단과학기술의 발전으로 우리가 모든 어려움을 극복하고 문명의 진보를 향해 나아갈 것이라는 진보의 꿈. 하지만 우리는 기후위기와 생태위기가 앙등하고 있는 인류세에 그 진보의 꿈이 더 이상 작동할 수 없는 세상을 살아가고 있다. 고전적인 초월의 신이 담지한 전능의 속성을 물려받은 과학기술조차 더 이상 진보의 꿈을 유지해 줄 수 없는 시대가 된 것이다.

하지만 우리의 진보의 이상이 붕괴하고 실패했다는 것, 그것은 우리가 살아온 진보의 세계가 붕괴한 것이지만, 이것이 곧 모두의 종말이나 죽음을 의미하지는 않는다. 오히려 "잘못됐다는 것, 졌다는 것, 실패했다는 것에는 무언가 강력한 것이 존재한다."(Hallberstam 2011, 120-121) 그 '강력한 무언가'는 우리로 하여금 실패들을 넘어 앞으로 나아가도록 만들어주는 힘이다. 우리의 용기를 담은 시도들은 "반복적으로 실패할 운명"을 갖고 있지만(Keller 2022, 209), 그 실패들은 종종 우리의 창조적이고 생산적이며 도발적인 도전들을 의미하며, 이는 우리가 기존 세계에 끊임없이 도전하면서 세계의 붕괴를 도모하고 있다는 말과 같다. 그렇다. 세계는 종말을 고해야 한다. 그래야 새로운 세계를 구성할 수 있기 때문이다. 그 어떤 세계도 완벽한 세계는 없다. 그것은 곧 "그 자신의 실패들과 더불어 믿음을 지키자"는 제안이며, 또한 "실패의 복잡한 감정적 움직임들에 대한 마음챙김(mindfulness)을 연습"하는 것이다.(Keller 2022, 209)

여기서 '마음챙김'이란 몸과 분리된 결심이나 의지의 문제로 축소되어 이해되어서는 안 된다. 기후재난과 생태위기는 마음이나 정신이 결코 몸과 물질로부터 분리된 것이 아니며, 그래서 마음 혹은 정신의 변화가 가능하려면 그의 몸적 기반과 물적(物的) 기반이 함께 변화되어야 함을 가리켜 주기 때문이다. '마음챙김'이 먼저 중요한 이유는—칸트의 '물(物) 자체' (Ding an sich)에 인간의 인식이 직접 도달할 수 없듯이—인간의 모든 행위와 실천은 실재 혹은 물(物)에 완전히 이를 수 없는 '근원적 불가능성' 혹은 '근원적 실패'를 담지하고 있음을 인식하고 받아들이는 것이 우선이기 때문이다. 즉 그 모든 실패들에도 불구하고, 그 좌절과 실패들에도 불구하고, 비관주의와 허무주의의 나락으로 떨어지지 아니하고, 몽매한 낙관주의가 예인하는 외면과 환상의 굴레로 말려 들어가지 않고, 진정한 희망의 길을 찾을 수 있는 삶의 실천을 "더 잘 실패하기"(falinging better)는 촉구하고 있고, 마음챙김이란 곧 '더 잘 실패하기의 마음가짐'인 것이다.

II. 인류세(the Anthropocene)라는 실패

이 인류세적 실패의 근원에는 근대 이후 진행들이 축적된 '세계화' (globalization)가 놓여 있다. 세계화는 '지구'(earth)를 자본주의의 세계화를 위한 자원으로 간주하는 잘못을 저질렀다. 그래서 차크라바르티는 '세계화'로 번역되는 globalization이란 단어의 'global'을 "행성적인 것"(the planetary)과 구별해야 한다고 주장한다.(Chakrabarty 2021, 3) 말하자면 '지구' (the earth)가 "지구"(the globe)로 도식화되면서, 세계화 전략의 도식이 작동하게 되고, 그래서 자본주의적 세계화와 지구 시스템을 하나의 유기체적 일체로 혼동하게 되었고, 이를 통해 오늘날 기후변화와 생태의 위기들이 심화되었다는 것이다.(Keller 2022, 132) 자본주의적 세계화 즉 소위 글로벌 리제이션(globalization)은 지구의 모든 것을 상품화할 수 있는 것으로 간주하고, 자본으로 전체 세계를 하나로 엮는 기획이었다.

하지만 지구 시스템은 행성의 모든 존재가 유기적 전체로 얽혀 있다는 것이지 결코 모든 것이 자본과 상품화를 위한 자원으로 환원된다는 것을 의미하는 것은 아니었다. 이 혼동을 교정하기 위해 차크라바르티는 '행성적인 것'(the planetary)이라는 개념을 제안하는데, 이는 본래 외계 행성이 생명을 위해 적합한 곳이 되려면 어떠해야 하는지를 연구하는 가운데 만들어진 개념이다. 그런데, 역설적이지만, 외계 행성들 가운데 인류가 살만한 "거주 가능성"(habitability)을 찾으려던 연구가 지구 시스템에 적용되면서, 하나의 행성으로서 지구가 인류의 거주조건을 충족하려면 어떤 기준들을 충족해야 하는지를 생각하게 되었고, 그를 통해 현재 지구의 거주조건이 매우 위험하다는 사실을 발견하게 되었다.(Chakrabarty 2021, 84-85) 특별히 기후위기와 생태위기는 현재 지구행성의 '거주력'(habitability)이 인간을 포함한 포유류에게 아주 위험한 상황으로 바뀌어 가고 있음을 명확히 알려주고 있다.

이 과정을 거치면서 우리는 지구를 다른 행성들과는 아주 다른, 고유하고 독특한 인간의 집으로서 보기보다 오히려 다른 모든 행성들과 동등한 기준으로 관찰할 수 있게 되었다. 즉 지구를 외계행성과 같은 하나의 행성(a planet)으로 타자화시켜 볼 수 있게 되었고, 역설적으로 그 과정을 통해 지구의 고유성을 깨닫게 되었다. 유기적으로 얽혀 있는 전체로서의 지구로서 말이다. 우리의 거주조건은 바로 지구 위 모든 존재가 얽혀서 만들어내는 존재의 망 혹은 존재의 얽힘에 기반한다.

약술하자면, '세계화'(the global)와 '행성적인 것'(the planetary)은 지구 위 모든 존재가 연결되어 얽혀 있다는 것을 인식하는 데에는 유사성을 갖지만, 어떻게 얽혀 있느냐에 대해서는 근원적으로 관점을 달리한다. 세계화는 자본으로 전 세계를 하나로 엮는 정치경제적 기획이었고, 이 기획 속에서 세계화된 지구는 가상 네트워크로 연결되고 통합된 세상으로서, 그 세상에는 실제로 아무도 살지 않는 네트워크상의 가상공간 개념에 더 가깝다. 반면, '행성적인 것'은 이 행성 위에서 우리의 삶은 유기체와 무기물, 생명과 비생명, 인간과 비인간 등의 존재들이 한데 얽혀 이루어가는 것에 대한 인식이다(Keller 2022, 132). 즉 인간이란 비인간 존재들과 더불어 "기술적-사회경제적-생물학적 복합체"(techno-socioeconomic-biological complex)의 일부를 구성하지만, 역으로 그 복합적 행위자-네트워크가 인간에게 종속된 것은 전혀 아니다. 차크라바르티의 관점에서, '지구'(the globe)는 "인간중심적 구성물"이지만, '행성'(planet)은 인간을 "탈중심화"(decenter)한다.(Chakrabarty 2021, 4)

이미 언급한 바, 지구를 하나의 행성으로 바라보는 관점이란 지구가 우주를 운행하는 법칙과 원리들로부터 예외가 되지 않는다는 것이며, 지구 시스템을 엮어 가는 기후와 생태 법칙들로부터도 마찬가지이다. 즉 세계화가 인간 주도의 문명을 통해 끝없는 성장의 신화를 양산하며, 그 모든 재난과 이변으로부터 인간이 예외가 되는 "테크노-영지주의"(techno-gnosticism)의 꿈을 양산한다면(박일준 2019, 130), 행성적 관점은 인간을 포함한 지구조차도 그러한 예외가 될 수 없다는 사실을 적나라하게 지적하고 있다.

1. '집'(home)이 아닌 행성(planet)으로서 지구

: 지구를 타자성으로 조망하기

행성적인 것(the planetary)이라는 개념으로의 전환에서 우리는 지구를 바라보는 결정적인 관점의 전환을 인식하게 되는데, 그것은 곧 우리가 살고 있는 지구를 '고향' 혹은 '집'(home)이 아니라 하나의 '행성'으로 보게 되었다는 사실이다. 이는 지구를 우리를 위한 혹은 우리에게 친숙한 '것'으로서가 아니라, 우리에게 낯설 수도 있는 이질적인 혹은 타자적인 '것' 혹은 '물질'로서 간주한다는 것이다. 가장 결정적으로 이 전환은 지구를 '인간중심적인' 관점으로가 아니라, 비인간 타자, 즉 물(物)의 관점으로 조망할 수 있도록 해준다. 그런데 여기서 타자적 관점 혹은 물(物)의 관점으로 조망한다는 것은 지구를 우리와 다른 이질성으로서 물질적인 것으로 간주한다는 의미가 아니라, 오히려 지구를 인간중심적인 관점이 아니라 이 지구 위를 함께 살아가는 비인간 존재의 관점으로 더 비중 있게 조망한다는 것을 의미한다. 즉 비인간 존재들이 인간의 실존 혹은 존재에 포괄되는 것이 아니라, 오히려 인간이 비인간 존재의 얽힘 속에 엮인 일부라는 사실을 중심으로 우리의 존재를 조망한다는 말이다. 이를 '사변적 전환'(speculative turn)이라 할 수도 있을 것이다. '사변'(speculation)은 통상 철학적 번역어로서 통용되는 논리적 추론이나 변론의 의미를 넘어 '상상'이나 '억측' 혹은 '추정'이라는 의미도 동시에 함의한다.[3] 그래서 '사변적 전환'이

---

3   통상 철학분야에서 speculation과 speculative는 '사변'과 '사변적'이라는 말로 번역된다. 사변(思辨)이란 한자어의 의미는 통상 추상적, 경험에 근거하지 않은 이성적 논

란 곧 상상력을 통한 전환의 의미를 담지한다. 즉 행성성으로의 전환은 '사변적 전환'이다.

'행성성'(planetarity)에 대한 의식은 일찍이 탈식민주의 연구자로 세계적으로 유명한 가야트리 스피박(Gayatri Chakravorty Spivak)을 통해 도래했다.(Chakrabarty 2021, 71) 세계화(globalization)는 언제나 경제체제의 세계화를 의미하며, 이는 자본의 국경 없는 이동을 주장하면서, 인간행위를 역사 무대의 주인공으로 삼고 있지만, 행성성은 그러한 세계화의 역사를 근대 유럽 제국주의의 성장으로부터 최근 디지털 네트워크로 전 세계를 하나로 엮은 금융자본주의와 기호자본주의에 이르는 역사로 파악하고, 이를 매우 비판적으로 조망한다. 행성적인 것이 추구하는 행성성은 결코 모든 것을 자본주의 네트워크 속에서 상품과 자원으로 간주하는 세계화(globalization) 도식에 반대하기 때문이다. 다시 말해서, 오늘날 우리를 지질학적 행위자로 만들어, 이 시대를 인류세로 만든 원인들의 이면에는 역사적 낙관주의에 근거한 진보주의와 배금주의적 경제성장주의가 도사리고 있음을 행성성의 의식은 비판하고 있는 것이다.

구체적으로 행성성이란 이 인간중심적인 세계화 과정의 한복판에서

변으로 통용되지만, 영어권에서 speculation은 '상상'이란 의미를 담고 있다. 누군가 혼자만의 생각으로 그럴듯한 이야기나 궤변을 말할 때, 'It's all your speculation'이라고 대꾸하기도 하는데, 이때의 사변은 한자어의 '사변'과는 달리, '그건 모두 네 상상일 뿐이야'라는 의미를 담지한다. 요점은 speculation은 상상 혹은 상상적 추론 혹은 논리라는 의미를 담고 있으며, 그래서 'speculative realism'은 사변적 실재론이라는 한자어의 의미에 더해, '상상적 추론을 기반으로 한 실재론'이란 의미를 동시에 함의한다.

행성이 인간에 절대적 타자로서 모습을 드러내고 있는 것을 말한다. 이 행성성(planetarity)으로서 지구는 "지구 시스템 과학"(Earth System Sciece, ESS)에서 말하는 지구를 의미하는데, 이는 지구라는 행성을 우리의 '스윗홈'으로 조망하기보다는 오히려 마치 외계 행성인 듯이 "지구 행성을 바깥으로부터 취해진 관점으로부터" 조망하며, 낯설게 접근한다.(Chakrabarty 2021, 78) 예를 들어, 외계 행성에서 일어나는 '시스템적 작용들'을 지구로 적용하는 과정에서 지구의 대기, 물, 생물, 땅 등이 마치 "하나의 단일한 시스템"(a single system)처럼 작동한다는 사실을 알게 되었다.(Chakrabarty 2021, 76) 하지만 이는 지구가 그저 거대하고 획일적인 하나라는 이야기가 아니다. 적어도 지구는 "대기권, 수권(hydrosphere), 생물군(biota), 그리고 단단한 땅"의 부분들로 구성되었고, 각 영역은 자체의 시스템적 역학을 갖지만, 분리된 것이 아니라 서로 밀접하게 상호작용하며 연관되어 얽혀 있다.(Chakrabarty 2021, 77) 이 얽힘을 통해 지구는 자신만의 항상성(homeostasis) 조절 시스템을 유지한다. 생명이 살 수 있는가의 관점에서 화성의 시스템을 검토하던 관점을 지구로 적용해 보았을 때, 지구의 주인공은 결코 인간이나 인간 문명과 삶이 아니라 대부분 비인간 행위자-네트워크들로 얽인 "복잡한 다세포 생명 일반"이 된다.(Chakrabarty 2021, 78)

이렇게 얽힘으로 지구의 존재를 조망한다는 것은 곧 지구를 타자로 바라본다는 것을 의미한다. 왜냐하면 '얽힘'은 주체의 동일성이 확장되는 것이 아니라, 나와 다른 타자들을 엮어 새로운 행위자-네트워크를 구성하는 활동이기 때문이다. 그래서 라투르는 지구를 '가이아 이론'으로 재해석하여, 새로운 행위자-네트워크의 결성으로 구성한다. 즉 라투르는 가이아로서 지구를 '행위자-네트워크'(actor-network)로 간주하며 조망하는데,

행위자-네트워크의 관점에서 결정적인 것은 곧 '행위'의 주도권을 타자로 "넘김"(overtaken)의 관점에서 조망한다는 것이다.(Latour 2005, 39) 다른 말로 표현하자면, 우리의 행위란 언제나 우리의 행위자-네트워크로 침노해 들어오는 타자의 힘에 장악된다는 것, 즉 "other-taken"을 의미한다.(Latour 2005, 39) 따라서 우리의 얽힘이란 곧 우리의 행위가 우리의 주체적 행위가 아니라 타자들을 향하여 열린 행위로 발휘되는 것, 즉 그 타자들에 대한 '응답-능력'(response-ability)을 발휘하는 것이며, 이런 의미에서 행성적 관점으로 지구를 바라본다는 것은 지금까지 인식하지 못했던 지구라는 타자의 관점으로 우리의 행위를 조망한다는 것을 의미한다.

이 행성으로서 지구의 타자성을 망각한 데에는 우리의 철학이 '주체의 철학'이었고, 그래서 object를 줄곧 '대상'(對象)으로 보았지 결코 '객체'(客體)로 보지 않으려 했던 탓도 있다. 대상은 object를 우리에게 '보여지는' 수동적 존재로 간주하면서, 주체의 행위성을 강조하는 말이다. 하지만 지구온난화와 생태위기 및 기후재난 들은 단순한 대상으로 간주되던 객체들이 인간의 행위에 응답하여, 그들만의 행위주체성을 발휘하는 사건들이다. 그래서 철학의 관점을 '객체-지향의'(object-oriented) 관점으로 전환하려는 철학자들은 이제 "우주 속 대다수의 관계가 인간을 포함하지 않는다는 점"과 객체들의 관계에는 "인간들이 직접 개입하지 않는다는 점"(Harman 2020, 49) 그래서 실재(reality)는 인간의 관점에서가 아니라 오히려 "객체들의 측면에서 스스로 개입한다"(Morton 2013, 20)는 사실을 인식하기 시작한다.

그런데 역설적이게도 지구의 이러한 얽힘 혹은 "지구 시스템", 즉 "하나의 얽힌 시스템으로서 지구"(Earth system)에 대한 인식을 촉발한 것은 세계화였다.(Chakrabarty 2021, 3) 사실 '지구'(the globe)와 '행성'(planet)은 분리되기보다는 오히려 "근대 자본주의와 기술 현상들"을 통해 연결된 사건들이자 개념들이다.(Chakrabarty 2021, 4) 왜냐하면 지구온난화는 "계급과 성그리고 인종에 의해 굴절된 불균등한 자본주의적 발전의 귀결"이기 때문이다.(Chakrabarty 2021, 4) 지금의 불평등과 차별 그리고 재난들은 역설적으로 모두가 얽혀 있는 지구 위 세계들에서 '세계화'가 진행된 결과인 것이다. 하지만 이러한 자본주의적 부정의를 '지구 시스템'은 분별하지 않는다. 마치 선한 자에게나 악한 자에게나 동일하게 비를 내리시는 신의 은혜처럼 말이다. 그 비가 때로는 은혜로, 때로는 심판으로 여겨지는 것은그것을 당하는 인간의 관점이지, 결코 자연 혹은 '지구 시스템'의 관점에서는 아니다. 그렇기에 오늘날 '기후 정의'(climate justice)를 수립하려는 우리의 노력들이 매우 의미 있고 중요함에도 불구하고, 지금의 거대한 지구적 위기들을 헤쳐 나아가는 데에는 속절없이 무력하게 느껴지는 이유이기도 하다.

2. 지속력이 아니라 거주 가능성으로서 지구를 다시 보기

행성성으로의 전환, 즉 세계적인 것(the global)으로부터 행성적인 것(the planetary)으로의 전환에서 중요한 것은 우리가 기후변화와 생태위기 그리고 지구 온난화 같은 문제들을 조망할 때 줄곧 사용하는 '지속력'(sustainability) 개념을 거주 가능성(habitability) 개념으로 전환하는 것이다. 왜냐하면 지속력 개념은 극히 인간중심적인 개념이기 때문이다. '지속력'개념은 폴 워드(Paul Warde)에 따르면, 17세기 이래 농업이나 임업 분야를 경영하는 이론에서 출현하였다. 예를 들어, 바다 생태계의 지속력이란 인간이 포획할 수 있는 어획량을 '지속가능하도록 관리하는 능력'을 가리키는 말로 애초 도입되었다. 즉 인간의 필요를 위해 농경지나 숲 혹은 바다의 '지속력'을 관리하는 개념이다. 물론 이를 통해 우리의 생태적 인식이 자라날 수 있었던 것도 사실이지만, 이 개념의 배후에는 언제나 "인간문명을 유지하려는(sustaining) 관심"이 도사리고 있다.(Chakrabarty 2021, 82) 그리고 이 개념은 20세기 생태운동과 소위 "녹색 자본주의의 주문"(mantra of green capitalism)으로 여전히 우리의 의식에 지대한 영향력을 미치고 있다.(Chakrabarty 2021, 82) '지속력'이란 단어는 얼핏 번역어를 통해 느끼기에는 지구의 생태학적 지속력을 말하는 것처럼 들리고 또한 '지속력'을 '지속가능성'으로 의역하면서 존재의 얽힘과 시간의 얽힘을 바탕으로 존재와 생명의 얽힘을 고려하는 것 같지만 실상 "사람들에게만 적용"되는 너무도 인간중심적인 개념인 것이다.(Chakrabarty 2021, 82)

지구를 '집'이 아니라 '행성'으로 조망한다는 것은, 지구가 인간에게 주어진 선물이나 인간을 위한 집이 아니라, 오히려 인간이 지구의 시스템에 얽혀 살아가는 한 생물종임을 다시금 자각하는 것이다. 그렇다면 우리는 오늘날 우리가 맞이한 위기들 앞에서 '지속력'(sustainability), 즉 현재의 인간문명을 유지할(sustaining) 능력에 초점을 맞추기보다, 이 행성이 우리와 같은 생물'들'이 함께 삶을 만들어나갈 역량을 갖고 있느냐에 초점을 맞추어야 한다. 이를 차크라바르티는 "거주력" 혹은 "거주 가능성"(habitability)이라고 불렀다.(Chakrabarty 2021, 83) 거주 가능성은 인간의 거주 가능성과 조건만을 가리키는 것이 아니라, 생명적 존재가 지구에 거주 및 서식할 수 있는 가능성을 포괄하며, 그 생명력을 유지할 수 있는

(sustainable) 역량을 가리킨다. 그래서 거주 가능성(habitability)이란 생명들이 함께 삶을 만들어 나갈 수 있도록 할 수 있는 행성의 역량을 가리키는 개념으로서, 이는 사람을 포함하여 행성에 서식하고 있는 생명들 전체를 가리키는 개념이다. 물론 이 개념은 인간 존재에게도 매우 핵심적인 개념이지만, 인간을 넘어서 전체 생명망의 역량과 조건을 가리킨다는 점에서 인간중심적 개념을 함의하는 지속력과 달리 탈인간적인(post-human) 개념이다. 농업이나 임업 분야에서 지속력을 관리하려 할 때 이 관리의 주체는 언제나 사람이지만, 거주 가능성을 말할 때에는 개념의 주체가 인간이 아니라 "지구 시스템" 혹은 "행성"(the planet)이 되기 때문이다.(Chakrabarty 2021, 83) 차크라바르티가 지속력 개념으로부터 '거주 가능성' 개념으로의 전환을 제안하는 것은 바로 이 때문이다. 지속력으로부터 거주 가능성으로의 개념적 전환은 더 나아가 행성을 인간의 집, 즉 오이코스(oikos)로서만이 아니라, 비인간 존재들을 포함한 우리 모두의 집 혹은 가족으로 볼 수 있는 가능성을 열어준다. 이는 지구를 타자중심적 관점으로부터 다시 인간중심적 관점으로 전환한다는 말이 아니라, 오히려 '우리'라고 지칭하는 그 복수대명사에 이제 인간 존재만이 아니라 비인간 존재들까지도 우리 인간과 함께 '우리'로 볼 수 있는 관점으로의 전환을 의미하는 것이다.(박일준 2022, 33-66) 경제학(economics)과 생태학(ecology)이란 용어들 모두 이 집 혹은 가정을 의미하는 오이코스로부터 유래하는데, 이는 곧 집이란 삶의 활동을 함께 수행해 나간다는 것을 의미한다. 그리고 이는 역으로 이제 우리의 경제와 생태가 '삶을 함께 만들어 나간다.'는 인식, 즉 '심포이에시스'(sympoiesis)의 관점으로 통전적으로 조망되어야 한다는 사실을 의미하며, 이 전환의 핵심에는 바로 인간과 비인간을 모두 포함한 우

리 모두의 '거주 가능성'으로의 전환이 동반되어야 한다.

3. 테크노-픽스를 넘어 비인간 타자로서 지구를 수용하기

이제 지구를 타자로 혹은 타자적 존재로 인식한다는 것은 곧 인간이 자신이 가진 최고의 역량, 즉 기술과 과학의 발전으로 우리에게 다가오는 모든 문제들을 해결할 수 있다는 오만을 버려야 한다는 것을 의미한다. 인류세 시대 우리 인간문명이 안고 있는 근원적인 문제는 바로 우리 인간이 지구 시스템에 지질학적 행위자로서 영향을 끼칠 수 있을 만큼 영향력이 커졌지만, 그 영향력으로 인해 발생하는 문제들을 "고칠 수 있는 역량"(capacity to fix)은 거의 전무하거나 매우 불충분하다는 사실로부터 비롯된다.(Chakrabarty 2021, 5) 그럼에도 불구하고, 현재 우리 인간의 삶은 지구 표면을 둘러싼 소위 "기술권"(technosphere)에 너무 의존해 있어서, 이제 인간의 생물학적 조건이 이 기술권에 의존하는 시대가 되었다. 그래서 차크라바르티는 지질학자 피터 헤프(Peter Haff)에 말을 빌려, 이제 기술이 "지구(the Earth)를 [인간과 또한 인간과 더불어 살아가는 다른 생명들을 위한] 우주선(spaceship)으로" 만들어 버렸다고까지 표현한다.(Chakrabarty 2021, 6) 이제 "기술이 실패한다면, 생명은 참사를 맞이하게 된다."(Chakrabarty 2021, 6) 여기서 정작 중요한 문제는 이 기술권이, 헤프의 말을 빌리자면, "행위주체성"(agency)을 갖고 있지만, 그것이 우리 인간의 행위주체성과 일치하지 않는다는 점이다.(Chakrabarty 2021, 6) 어쩌면 기술은, 모튼의 말을 빌리자면, 인간의 역량을 뛰어넘는 거대한 존재로서 '초객체'(hyperobject)에 더 가까운지도 모른다.

그런데 '테크노-픽스'의 환상은 세계화, 즉 글로벌화(globalization)의 역

작용들인 "불평등의 폭주, 포퓰리즘의 물결, 이주 위기" 등과 같은 위기들을 타개하기 위한 "초갑부"들의 대안으로 모색되기 시작한 '아이디어'였다.(Latour 2021, 42) 실제로 테슬라의 CEO인 일런 머스크(Elon Musk) 같은 이들이 주창하는 화성 이주 계획은 현실성을 갖고 있다기보다는 그러한 환상을 바탕으로 '스페이스 X' 사업을 홍보하고, 그에 힘입어 지구 궤도에 자사 인공위성 네트워크인 '스타-링크'를 설치하여, 이제 우크라이나-러시아 전쟁에서 보듯이, 전쟁의 판도를 바꿀 만큼 영향력을 확장하는 데 기여한다. 그리고 이는 기후위기론자들과 기후부정론자들의 대립적 전선을 제3의 전선으로 이동시키는 효과를 갖는다. "이-세계를-벗어나는-길"(Out-of-This-World)[4]을 테크노-픽스는 환상으로 창출하며, 새로운 "비현실로의 이류"(Latour 2021, 61)을 가능하게 만들어주는 것이다. 문제는 '테크노-픽스'가 우리가 처한 지구적 위기들을 해결하는 것이 아니라, 사람들의 주의를 새로운 전선으로 이동시키고, 세계화 체제를 기반으로 부익부 빈익빈의 상황을 최대치까지 밀어붙일 따름이라는 것이다. 이를 통해 우리는 기후와 생태의 위기들이 마치 사라진 듯한 효과를 갖지만, 이는 그저 '인민의 아편'으로 작용할 따름이다.

인간이 지질학적 행위주체가 된 인류세는 "행성 수준의 기후변화를 다스릴 통치 메커니즘의 창출을 위한 우리의 지구적 노력의 실패"를 의미하며, 이는 우리 인류가 "지구적 문제들"(global problems)을 다룰 역량을 갖고 있지 않다는 것을 의미한다.(Chakrabarty 2021, 12) 오늘 우리에게 도래하

---

4   역자는 "Out-of-This-World"를 "외계"로 번역했지만, 정확히는 외계가 아니라 "이-세계-바깥으로"라는 의미이다.(Latour 2021, 58)

는 범지구적 위기들은 인간과 "지구/세계"(earth/world) 사이의 상호적 관계를 붕괴시키고 있는데, 특별히 지구와 세계 간의 분리가 가장 핵심적이다.(Chakrabarty 2021, 18) 인류세 시대에 이 상호적 관계를 파손한 것은 인간의 행위주체성이었다. 이 통찰을 차크라바르티는 앨런 와이즈먼(Alan Weisman)의 유명한 책『인간 없는 세상』의 이미지로부터 얻었다.(2007) 지구는 우리 인간 없이도 그의 갈 길을 갈 것이다. 지금의 기후변화가 우리에게 위기로 다가오는 것은 '우리 인간의 멸종'을 예감하기 때문일 것이다. 지구 온난화가 위협하는 것은 지구가 아니라, 이 지구가 담지한 "생물학적이고 지질학적인" 조건들이다.(Chakrabarty 2021, 36) 왜냐하면 그 조건들 위에 인간뿐만 아니라 비인간 존재들의 생존이 의존하고 있기 때문이다. 이제 세계화를 통해 인간의 조건들을 지구에 강요하고 착취하는 방식을 멈추고, 타자로서의 지구가 인간을 포함한 대지의 생명체들에게 보내고 있는 경고들에 진정으로 귀를 기울여야 할 때이다.

Ⅲ. 인류세의 실패와 라투르의 낙관주의를 넘어서
: 실패를 품은 정치학

인류세의 실패는 심각한 정치적 실패이다. 왜냐하면 타자성, 즉 객체성에 우리가 '응답-능력'(response-ability)을 어떻게 발휘할 수 있겠는가를 성찰하는 것은 정치적 문제이기 때문이다. 그런데 오늘날 이 실패의 핵심에는 우리의 정치가 이 비인간 존재들의 객체적 행위주체성에 응답-능력을 발휘하는 데 전혀 실패했다는 사실이 놓여 있다. 생태계의 존재들뿐만 아니라 지구의 대기 시스템, 해류 시스템, 빙하 시스템 등 지구 시스템들이

건네오는 목소리들을 정치적으로 반영하는 데, 결코 성공적이지 못했다. 그래서 라투르는 우리가 이 비인간 존재들의 언어 없는 소리들에 정치적으로 응답할 수 있는 정치적 "대변인"(spokesperson)이 되어야 한다고 역설한다.(Latour 2004, 64) 우리의 정치가 국제정치 차원에서 그리고 국내정치 차원에서 우리와 더불어 삶을 '함께-만들어-나가는'(sympoietic) 비인간 존재들의 말없는 목소리들을 정치적으로 반영하는 데에 지금까지처럼 철저히 실패한다면, 우리에게 내일은 없을 것이다. 그래서 "기후변화와 인류세"는 "심각하게 정치적인 문제들"이다.(Chakrabarty 2021, 13) 이 문제에 대해 정치적으로 일치된 해결을 찾지 못한다면, 우리 인간뿐만 아니라 우리와 얽혀 삶을 함께 만들어 나가는 모든 존재들도 위험에 처하게 될 것이다.

여기서 기후변화와 인류세를 정치적 문제로 다룬다는 것은 이 문제들을 단지 자본주의의 문제로만 축소할 수는 없다는 것을 의미한다. 우선 이 위기 앞에서 "특권층과 부유한 자들을 위한 구명보트(lifeboats)는 존재하지 않기" 때문이다.(Chakrabarty 2021, 45) 당연히 가난한 자와 별 볼 일 없는 비존재 같은 이들에게도 구명보트는 존재하지 않는다. 이 지구적 재난들의 위협 아래 놓이는 것은 "집단으로서 인류"(human collectivity)이고, 그 위협 아래서 가난한 자나 부유한 자나, 특권을 가진 자나 사회로부터 버림받은 자나 모두 똑같이 '파멸의 운명을 공유한다'.(Chakrabarty 2021, 4) 이러한 파멸의 예감이 특별히 근대 이래, "모두가 풍성하고 정의로운 세계"를 향해 진보하고 발전해 나아갈 것이라는 근대의 진보 이데올로기-자본주의자나 공산주의나 모두-로 인해 자꾸 희석되고 은폐되고 있다.(Chakrabarty 2021, 57)

하지만 자본주의의 문제로만 축소되지 않는다는 사실보다 더 중요한 것은 비인간 존재들의 정치적인 목소리를 반영해야만 한다는 것이다. 그래서 라투르는 "사물 의회"(parliament of things)를 제안하는데, 이는 결코 실현되지 못했던 계몽기적 직관의 재해석을 의미한다. 그것은 곧 사회는 자유로운 행위자들의 정치적인 목소리들이 경합을 벌이며 반영되는 장이고, 이를 통해 민주주의가 실현된다는 직관이다. 그런데 이를 위해 우선해야 할 일은 바로 '인간'(humans)을 '비인간 존재들'(the nonhumans)과 철저히 분리하여 정의하던 습벽을 해체하는 일이다. 존재는 '행위'(doing) 안에서 실존을 갖는 것이고, 이는 곧 존재란 '행위자-네트워크'의 구성을 통해 행위한다. 그래서 인간을 포함한 모든 존재는 연결된 존재 혹은 여러 존재들을 엮어 형상들을 만들어 나가는 존재이며, 바로 이것이 '사람' (anthropos)에 담겨진 가장 중요한 의미들 중 하나이다. 그래서 라투르는 이제 '인간'을 어떤 본질이나 속성을 통해 정의하고 규정하는 서구의 습벽을 버리고, 존재들을 연결하고 형상을 만들어 나가는 존재로서 "형상들을 엮어 나가는 자"(weaver of morphisms)로 정의하자고 제안한다.(Latour 1993, 137) 지금까지 우리가 '인간'이라고 규정해 왔던 존재의 형상들은 사실 '주체'(subject)가 아니라 그들이 속한 집단체(the collective) 내에서 여러 존재들과의 상호작용과 연결을 통해 행위자-네트워크를 결성했다 해체하기를 반복하는 "준주체"(quasi-object)들이며, 대상(object)이라고 번역해 왔던 존재들도 자신들의 행위주체성(agency)를 가지고 준주체들과 상호작용하며, 행위자-네트워크에 결성에 적극 참여하는 '준객체들'(quasi-objects)이다.(Latour 1993, 137-138) 이렇게 '준주체'로서 인간을 정의할 경우, 이제 인간은 여러 다른 존재들과 연결되어, 행위자-네트워크로 엮여 자유로운 정치적 행위자로서 자신들뿐만 아니라 자신들과 연결된 다른 존재들의 목소리를 정치적으로 반영할 수 있을 뿐만 아니라, 그 목소리를 담아 "헌법"(the Constitution)으로 만들어 낼 수 있는 역량을 갖고 있는 존재가 된다.(Latour 1993, 138-142) 그리고 그런 정치적 역량을 발휘할 수 있는 장을 라투르는 "사물 의회"(parliament of things)라고 불렀다.(Latour 1993, 142-145)

바로 이 지점에서 라투르의 '가이아' 관점과 차크라바르티의 '행성성'은 미묘한 차이점을 담지하게 된다. 비록 라투르는 '사물 의회'를 통해 "북극곰들이 인간들에 대한 불만의 목소리를 제기하고, 분쟁심판을 제공할 수 있는 다종 간 통치조직(multispecies organization of governance)"이—쉽지는 않겠지만—가능하다고 본다.(Chakrabarty 2021, 44) 하지만 차크라바르티는 라투르의 이런 구상이 거의 "과학-시학적 직관"(scientific-poetic intuition)이라고 표현하면서(Chakrabarty 2021, 80), "비현실적"(unrealistic)이라고 평가한다.(Chakrabarty 2021, 44)

오히려 차크라바르티는 인류세적 전환, 즉 인간이 지질학적 행위자가 되었다는 사실을 통해 우리 문명의 실패, 즉 우리 인간 문명의 정치적 실패에 보다 초점을 둔다. 인류세란 인간이 지구를 지배하는 거대한 주체가 되었다는 말이 아니라, 오히려 큰 영향력을 행사하면서도 스스로 만들어내는 문제들을 해결할 능력이 전혀 없는 문제적 존재가 되어 가고 있음을 의미한다. 이 지구적 재난의 문제를 해결하는 주체는 우리 인간 혹은 과학기술이 아니라, 원래부터 이 행성을 유지해 왔던 '지구 시스템'이며, 우리의 지식과 과학과 기술은 이를 인식하는 데 실패해 왔고, 그래서, 라투르가 지적하듯이, 이 실패를 지구정치 차원에서 정치적으로 번역해 내는 데 실패해 왔다. 이 실패의 이면에는 인간이 주체가 되어 역사를 변혁하는 주체가 된다는 근대적 진보사관이 자리 잡고 있으며, 그래서 21세기 기후변화와 생태위기 시대에도 우리는 이 실패를 여전히 극복하지 못하고 계속해서 실패하고 있다.

여기서 적어도 우리는 지구대기의 생태문제가 지구를 하나의 행성으로 보고, 거기에 인간과 같은 생명체가 살 수 있는 조건이 무엇인지를 묻는 과정에서 우리의 문제를, 그러니까 우리의 실패들을 인식하기 시작했다는 점을 분명하게 주지해야 한다. 라투르는 과학기술의 민주화를 통해 그리고 비인간 존재들의 정치를 구상하면서, 만일 과학자와 "시민들, 활동가들 그리고 정치인들"이 협력하여, 이 위기들을 감지하는 "감지기들"(sensors)이 되어 경고를 울리며, 대안을 모색하고 성찰한다면 우리에게 여전히 희망이 있을지도 모른다고 생각한다.(Chakrabarty 2021, 88) 하지만 차크라바르티는 그러한 생각이 "분명코 합리적이지만 그러나 아마도 있어나지 않을(unlikely)" 가능성이 높은 시나리오라고 판단하고 있다.(Chakrabarty 2021, 88) 즉 차크라바르티는 우리의 실패가 극복될 가능성이 높다고 보지 않는 것이다. 나 역시 그렇게 생각한다. 그렇다면, 정작 중요한 문제는 성공 가능성이 희박한 상황에서 우리는 그저 희망 대신 절망을 선택해야 할까? 아니면 희망을 외면해야 할까? 아니면 다른 대안이 있는 것일까? 가능성이 희박하다는 냉철한 지적은 때로 포기하자는 비관적 체념주의로 들린다. 그게 아니라면 우리는 그 비관과 절망을 넘어, 라투르의 제안을 어떻게 실행할 수 있을 것인가? 혹시 희망 없이 숭고한 도리를 실천해야 한다고 설득해야 할까? 아니면 그저 지금까지 해 왔던 대로 누릴 수 있는 것들을 다 누리다가, 장엄하고 당당하게 최후를 맞이하자고 해야 할까? 이 둘 다 전혀 대안이 아니라면?

Ⅳ. 폐허에서 모습을 드러내는 사물들과 그 객체성

사실 인간이 지질학적 행위자가 되었다는 사실은 우리의 일상에서 경험되기보다는 아마도 "지진, 화산 분출 그리고 쓰나미" 같은 사건들 속에서 행성(planet)이라는 "초객체"(hyberobject)를 만나게 되었을 때 의미 있게 다가온다.(Morton 2013, 9; 박일준 2021, 9) 그래서 차크라바르티는 '행성'이라는 개념적 범주가 "하이데거의 '지구'(earth)"나 제임스 러브록과 브루노 라투르의 "가이아"와 다르다고 표현한다.(Chakrabarty 2021, 70) 행성 개념은 금성이나 화성처럼 현재 생명체가 없는 행성들을 포함한 다른 행성들과의 동등성을 함축하기 때문이다. 말하자면 우리의 유일한 거주지와 가정으로서 지구가 아니라 다른 행성들과 동등한 행성으로서 지구를 행성 개념은 함축한다. 일본의 철학자 시노하라 마사타케는 그래서 우리가 행성과 같은 사물의 가능성을 경험하는 곳은 "붕괴"가 일어난 곳 혹은 "폐허" 앞에서라고 말한다.(시노하라 2022, 6) 거기서 이 지구도 금성이나 화성처럼 생명체가 없는 행성으로 붕괴되어 갈 수 있음을 예감하기 때문이다. 시노하라는 이 예감의 전조를 1995년 고베 지진이나 2011년 동일본 대지진을 통해 포착한다. 그 재난들은 인간 존재의 인공적인 삶의 조건들이 "언젠가는 붕괴해서 '무'로 돌아"간다는 의식, 즉 "인공적인 세계가 무너져서 언젠가는 폐허가 된다는 감각"을 전개한다.(시노하라 2022, 6) 이 무(無)로 달려가는 문명은 이제 "지구로부터의 이탈"을 예증하며, 이 지구로부터의 이탈은 곧 행성으로의 전환을 가리킨다.(시노하라 2022, 123)

1. 동일본 대지진의 폐허로부터 들려오는 물(物)의 소리

동일본 대지진은 라투르의 표현을 따르자면 근대의 헌정(the Modern Constitution) 하에서 자연과 인공 혹은 사회를 이분화하던 행위에 큰 충격을 가하면서, "인간이 만든 인공물들이 자연과 분리된 채로 존속할 수 있을까?"라는 의문을 던지게 했다.(시노하라 2022, 18) 인간의 조건으로서 인공물과 자연의 분리는 인공물들을 인간의 의지대로 거의 무한히 생산할 수 있었던 근대에 이르러 급속히 가속화되었고, 그로 인해 자연 혹은 자연이라 부를 수 있는 것의 터전인 '지구'는 무사당하거나 외면당해 왔다. 하지만 동일본 대지진 이후 남겨진 폐허의 자리에서 자연이든 인공물이든 모든 것은 모두 붕괴된 폐허의 모습으로 남았다.[5] 그 폐허 위에서, 그 붕괴의 경험 속에서 시노하라는 곧 인간이 "자연에 의해 지탱되고 좌지우지된다"는 사실을 새삼 각성하게 되면서, 자연이라는 타자의 야생성을 온전히 접하게 된다.(시노하라 2022, 91) 인간이 자연을 정복하고 문명을 일군 것이 아니라, 오히려 자연이 우리의 문명을 완전히 붕괴시켰고, 거기에 우리의 집들이 무너져 폐허가 되어 버린 것이다. 우리의 집으로서 지구가 붕괴하고, 삭막한 행성으로 전락하는 모습이 바로 거기서 선명하게 드러난 것이다. 이때 인간이 만든 인공/사회/문명에 난입하여 파괴하는 자연은 우리가 길들인 혹은 길들여 왔다고 착각한 자연과는 완전히 다른 타자적 자연

---

5   그렇게 붕괴된 동일본 대지진 이후의 폐허에서, 시노하라는 침묵할 수밖에 없는 자신의 모습을 통해, 그 왜소함을 통해 차크라바르티의 "행성과 조우하는 감각"을 발견한다.(시노하라 2022, 18)

의 모습이다. 본래 이 두 자연의 모습은 같은 자연의 모습이지만, 우리가 기계와 문명의 힘으로 자연을 정복한다고 착각하면서, 완전히 망각했던 자연의 타자적인 다른 모습 말이다. 이 깨달음은 우리가 살아가던 시공간이 "객관적인 인식의 조건들로서 초월적론적인 시간·공간의 형식"이라고 믿어 왔던 믿음을 근본에서부터 파괴하는 깨달음이다.(시노하라 2022, 113)

이렇게 만나는 자연의 모습은 인간에게 친숙한 자연이 아니라, 어쩌면 칸트가 말하던 '물 자체'(Ding an sich)로서 자연과 같아서, 우리에게 전적인 타자로 다가오는 낯선 자연일 것이고, 그래서 모튼은 '자연과 같은 것 혹은 본래적인 것은 존재하지 않는다.'고까지 말한다.(Morton 2013, 58) 인간의 힘에 굴복하지 않는 야생성을 지닌 어떤 것으로서 자연을 상상하지만, 실은 자연은 유기체들만으로 구성되는 것이 아니라, 비유기체적인 것들을 포함한다. 그 붕괴는 인간의 조건이 무엇인지를 파멸을 통해서 증언하며, 거기에 사물의 모습이 드러나게 한다. 우리가 사물을 만나는 곳은 "인간화가 미치지 않는 곳" 혹은 "인간적인 세계가 균열되는 곳"이기 때문이다.(시노하라 2022, 67) 붕괴를 통해 사물성이 그대로 드러나는 곳, 그것은 인간중심적 이해가 투사된 자연이 아니라 사물, 즉 '무기물의 세계'일 것이다. 동일본 대지진을 일으킨 '자연'은 결코 우리의 낭만적인 투사를 담지한 'outdoor'의 장으로서 자연이 아니라, 비유기체적인 시스템으로서 자연일 것이다. 이 비유기체적 자연 안에 유기체적 자연이 포함된 것이지, 결코 그 역은 아닌 것이다. '붕괴'는 우리가 평상시 '손 안의 존재'(Zuhandenheit)로 살아갈 때, 즉 우리가 살아가는 일상이 정상적으로 운행될 때에는 보지 못하던 것을 드러내 주면서, 그 문제를 통해 사물성을 드러낸다. 그렇게 "인간은 사물이 부서져야 비로소 그것에 의지하여 살고 있음을 의식화하는데, 이 의식화로부터 자신을 둘러싼 환경에 대한 관심이 환기된다."(시노하라 2022, 77)

2. 일본 근대 공업기의 오염된 땅으로부터 들려오는 물(物)의 소리

사물을 만난다는 것은 곧 인간이 "사물을 대상으로서, 다시 말해 사물을 단지 거기에 있는 객체로 감각할 수 있게 되었다."는 것을 의미한다.(시노하라 2022, 71) 이 사물성이 드러나는 시공간으로서 환경은 "인간화되지 않을 여지, 인간에 의해 완전히 채워질 수 없는 여지가 있고, 그래서 인간의 의도와는 무관한 무언가가 일어날 수 있"는 자리이다.(시노하라 2022, 79) 그리고 무언가의 '일어남'은 언제나 존재들의 얽힘 안에서 일어나기에, 환경이나 세계는 곧 객체로서의 사물들의 상호연관성이 펼쳐지는 곳, 즉 상호객체성(interobjectivity)을 통해 세계가 구성되는 곳이라고 말할 수 있다. 인간들의 상호주체성의 세계가 이 상호객체성의 세계를 포괄하는 것이 아니라, 오히려 이 상호객체성의 세계 안에서 인간들이 만들어 낸 인공적인 '상호주체성의 세계'가 담겨진다.

주체가 객체를 만난다는 것은 곧 객체를 주체의 각도에서 파악한다는 말과 같다. 다시 말해서 주체의 객체 이해는 언제나 주체가 파악할 수 없는 사각지대를 갖는다는 말이다. 그래서 우리의 객체 이해는 언제나 알 수 있음과 알 수 없음 사이에서 진동하기 마련이다. 하지만 주체의 객체 이해가 담지한 불안정성이 결코 객체들의 존재가 불안정하다는 것을 의미하지는 않는다. 거기에는 객체들의 완고하고 엄연한 사실성이 존재한다. 그리고 객체들의 엄연한 사실성은 그들의 행위주체성으로 나타난다. 이 객체의 행위주체성을 시노하라는 구마모토현 미나마타시 신일본질소 화학공장에서 유기수은 유출사태를 통해 예증한다. 화학공장에서 유출된 유기수은은 물고기를 떼죽음으로 내몰았고, 그 물고기를 먹은 인간의 몸도 유기수은으로 오염되어 버렸다.(시노하라 2022, 125-126) 우리가 기후 시스템에 압박을 가해 움직이게 만들고, 그 영향을 받은 기후 시스템이 다시 인간의 소멸을 불러올 수도 있는 상황이 바로 이 상황이다. 즉 우리는 우리가 온전히 제어할 수 없는 객체들에게 영향을 끼치고, 우리가 끼친 영향력은 객체들의 행위주체성을 통해 우리가 감당할 수 없는 사태로 돌아오는데, 기후변화와 생태위기와 팬데믹이 바로 그것들이다.

　인간 문명에 의해 버려진 것은 사라지는 것이 아니라, 지구라는 행위자 위에 쌓여 가고, 그렇게 쌓인 물질의 힘은 'tipping point'를 넘기면 거대한 초객체(hyperobject)의 힘으로 우리에게 되돌아온다. 이 인류세 시대에 우리가 대면하는 위기들, 즉 기후재난과 생태재난들이 그 대표적인 예들이다. 여기서 주목할 것은, 시노하라에게 "사물성이 감지되는 장소는 인간의 생활과 조화된다고 여겨지는 유기체론의 전체(全體)와는 다르다."는 사실이다.(시노하라 2022, 182) 말하자면, 근대 이래 철저한 산업화로 인간의 정신은 사라지고, 물질문명이 절정에 달한 곳에서, 이제 "인간의 정신작용으로는 수렴할 수 없는 압도적 힘에 의해" 기후변화와 생태위기가 초래되고, 동일본 대지진 같은 자연의 재난들이 모든 것을 파괴하고 폐허가 된 곳에서 "물질과의 만남이 일어나고", 이제 "우리가 사는 곳"은 이러한 폐허로 "가득 채워질" 것이다.(시노하라 2022, 185) 이것이 바로 동일본 대지진 이후 폐허가 된 땅에서 경험하는 사물성이 던져주는 경고이다.

V. 더 잘 실패하기

우리는 실패할 운명이다. 그것은 언어를 매개로 실재를 만나는 인간이라는 존재의 근원적 운명이다. 우리가 실재와 소통하는 인터페이스로서 언어와 개념은 언제나 성공하는 만큼 실패할 수밖에 없기 때문이다. 이 실패는 우리를 절망하게 하고 좌절하게 하고 주저앉도록 만드는 것이 아니라, 오히려 이 실패를 인식하고 받아들임으로써, 우리 자신의 근원적인 "알지못함"(unknowing)을 알려준다.(Keller 2022, 222) 우리의 실패를 자각한다는 것은 성공을 낙관하지 않으면서도 실패에 허무주의와 비관주의로 대응하는 것을 넘어서서 "잘 실패하는 것" 혹은 "더 낮게 실패하는 방식을 배우는 것"이다.(Keller 2022, 224) 그래서 켈러는 사무엘 베켓을 인용하면서 "지금은 모르는 게 더 낫다"(unknow better now) 혹은 "지금 더 나은 것을 알지 말자"라고 말한다.(Keller 2022, 225) 실패를 외면하거나 극복하려 하지 말고, 실패와 더불어, 그 실패를 부둥켜안고 함께 나아가야 한다는 말이다. 기후변화와 생태위기 그리고 팬데믹 같은 사건들은 우리의 개별적인 성/패와 상관없이 우리가 집단적으로 실패하고 있음을 가리키는 지표들이다. 하지만 주의할 것은 '더 잘 실패하기'는 더 나은 성취나 결과를 위해 지금은 실패하자는 주의가 아니라, 지금의 실패를 더 쓰고 힘들고 고통스러운 결과로 받아들이자는 것이지만, 그 실패에 주저앉아 좌절하자는 주의는 결코 아니다. 오히려 이 실패를 외면하지 않고 받아들이면서, 희망의 싹을 어떻게 틔워 나갈 것인가에 대한 물음인 것이다.

그래서 우리가 성/패의 이분법을 넘어 '더 낮게 실패하기'(failing better)를 실천하면서, 희망을 품는다는 것은, 비록 우리가 지금은 정확히 알 수 없지만 우리의 앎과 지식의 지평 너머에 초월적 지평이 작용하고 있다는 상상력을 발휘하는 것이다. 이를 켈러는 "신과-함께-만들기"(theopoiesis)라는 개념으로 제시한다.(Keller 2022, 231) 여기서 말하는 '신'은 우리에게 친숙한 전지전능한 인격적 형상의 신이 아니라, 전혀 낯선 타자로 다가오는 신, 그래서 매우 이질적이고 낯선 존재로 다가오는 자연과 같은 신을 말한다. 하지만 타자로서의 자연과 다른 점은 이 신은 실재의 자리가 아니라 가상의 자리로부터 도래한다는 점이다. 신은 "존재하는 것이 아니라 고집하신다"(God does not exist ... but God insists)라는 존 카푸토의 개념을 인용하면서, 신의 자리는 존재론이 아니라 "아마도"(God of perhaps)의 가상적 혹은 잠재적 차원이라고 켈러는 주장한다.(Caputo 2013, 14) 예를 들어, 정의, 사랑, 평화 등과 같은 문명의 이상들은 우리 현실에 실제로 완벽하게 구현된 적이 없다. 즉 실제로는 존재하지 않는 것들이다. 즉 이 신은 실패의 신이다. 역사적으로 시도된 모든 혁명들은 이 신의 자리에서 시도되었고, 모두 실패하였다.

하지만 이 신은 이 실패들을 외면하고나 위장하지 않고, 그 실패들 속에서 그 본래의 이상들을 포기하지 않고 추구해 나갈 수 있는 에너지를 계속해서 제공한다. 실패의 신이지만, 실패에 좌절하거나 나처럼 모든 존재들이 똑같이 실패의 전철을 받기를 염원하는 그런 하찮은 마음의 신이 아니라, 실패한 모든 존재들과 함께하며, 그 실패를 아파하고 좌절하며 상심하지만, 그럼에도 불구하고 결코 그 이상의 실현을 포기하지 않고 희망을 품는 신이다. 그래서 희망의 신이지만, 결코 낙관주의로 포장된 희망을 품지는 않는다. 이러한 신은 전통 철학의 존재론적 범주에 속하지 않는다. 오히려 신은 존재하기보다는 '우리가 지금까지 상상하지 못했던 차원이나 사건'을 통해 "실존하시기를 고집"하는 존재이며, 이 신적인 초월적 지평의 "유혹"(lure)을 통해 우리는 계속해서 현실의 변혁을 추구한다.(Keller 2022, 223) 신의 이 존재로의 고집은 우리가 절망과 좌절로 희망의 불빛을 전혀 포착하지 못하는 곳에서 피어나는 '어두운 빛'(luminous darkness)일 수도 있지만, 그 절망과 어둠 속에서 신은 우리의 실패와 좌절과 절망에 함께하면서, 다시금 우리와 함께 그 이상들을 만물 속에 실현하고자 촉구하는 고집스런 힘이다. 켈러가 말하는 '신과-함께-만들기'(theopoiesis)는 바로 이런 유의 신을 가리킨다.

따라서 해러웨이의 "함께-만들기"(sympoiesis)를 신학적으로 번역하여 제시하는 "신과-함께-만들기"(theopoiesis)는 섬김의 대상으로서 신을 만들자는 '신-만들기'가 아니라, 우리의 고통과 좌절과 상처에 함께 하면서, 그 상처와 좌절로부터 희망을 함께 만들어내는 '신'을 말하며, 이것이 '신'의 본래적 의미일 것이라고 켈러는 추론한다. 다시 말해서, '신'의 의미는 바로 그 '함께'(sym-)에 있는 것이며, 따라서 신은 "모든 것 안에 모든 것"(all in all)으로 표현된다.(Keller 2022, 231) 이 신은 이 물질 세계의 변화와 사라짐의 힘으로부터 면제된 존재가 아니라, 오히려 살아가는 존재의 희로애락에 함께하며, 우리와 함께 삶을 만들어 가는 존재이다. 이를 철학자 조성환과 종교학자 허남진은 이규보를 인용하며 "동병상구"(同病相求)라고 표현한다.(조성환·허남진 2021, 66) '동병상구'란 같은 아픔으로 서로를 구한다는 의미로 고려 문인 이규보의 말이다. 서로의 아픔에 함께할 수 있을 때, 우리는 서로를 구원할 수 있음을 이규보는 말하고 있는 것이다. 이 서로의 아픔에 함께하며, 서로를 구원할 수 있는 힘, 바로 이것이 '신과-함께-만들기'(theopoiesis)의 힘이자 잠재력인 것이다. 아픔에 함께한다는 것은 상처와 실패를 인정하는 것이고, 이를 통해 우리는 그 실패와 상처보다 더한 것을 일구어 가며 서로를 구원한다.

따라서 '실패하는 게 더 낫다'는 의식이나 '더 나은 실패'의 의식은 결코 비관주의나 체념 혹은 좌절을 가리키는 것이 아니다. 오히려 그 실패는 모든 존재의 얽힘 속에서 '모든 것 안의 모든 것'으로서 신성의 잠재력을 인식하고, 또 동시에 "우리의 서로를 향한 실패"를 인식하고, 그래서 우리가 우리 안의 신성을 어떻게 실망시키고 있는가를 자각하자는 것이다.(Keller 2022, 261) 중요한 것은 우리가 서로에게 실패했다는 것이 아니라, 그 서로를 향한 실패에 우리가 어떻게 "그럼에도-불구하고-응답할-수-있는"가이다.(Keller 2022, 263) 우리의 희망은 바로 그 응답-능력(response-ability)에 달려 있다. 서로들 간의 결정적인 차이들에도 불구하고, 그 차이들을 부둥켜안고, 서로에게 응답하면서, 다시 수많은 실패들을 감당할 각오를 하고, 새로운 시작을 감행할 수 있는 용기, 바로 그것이 희망인 것이고, 바로 그것이 우리 안에 '신의 형상'(imago dei)인 것이다.

나가는 말

사실 시장만능주의가 전 세계 정치를 유린하고 "국가의 정치력에 의존하여 시장의 과정들을 촉진하고 보호하고 확장하고, 또한 '무제한의 권리로 로비를 벌이고 선거 캠페인에 개입'하여 법인으로서 기업의 법률적 권리들을 지켜주고, 노동조합들을 감시하고, 기후변화 위기에 대처를 촉구하는 행동을 사전에 방지하는 등의 일들"이 벌어지는 현실에서(Keller 2022,

91) 우리의 희망은 늘 "검은 수의를 걸친 희망"(hope draped in black)[6]일 수밖에 없다.

하지만 희망은 우리의 실패를 외면하거나 은폐함으로 일어나는 것이 되어서는 안 된다. 오히려 진정한 희망이 되려면, 바로 우리의 실패와 난국들과 더불어-머물기(staying-with)를 할 수 있어야 한다. 난국과 더불어 머문다는 것은 '체념'이나 부정적인 비관주의 혹은 염세주의(negative passimism)가 아니다. 오히려 이는 우리의 존재의 근원에는 우리의 역량을 넘어서는 '부정성'(negativity)이 놓여 있고, 이는 시노하라가 말하는 '사물의 힘'처럼 우리에게 파멸적인 귀결을 가져올 수도 있지만, 같은 동전의 반대 면으로 이 부정성은 우리의 기존 세계가 표출하는 낙관주의를 해체하는 기능으로 작용할 수 있고, 그럴 때 이 부정성은 우리에게 "어둠 속의 희망"(hope in the dark)으로 다가올 수도 있다.(Keller 2022, 59) 난국과 더불어 머물기는 절망과 상실의 위험을 버텨내면서 살아남는 것을 의미하고, 이때 버텨낸다는 것은 최종 해결책이 결여된 상황, 즉 보장된 미래가 결여된 상황을 의미하는데, 이는 이 절망과 상실의 세계로부터 탈출을 꿈꾸는 것이 아니라 이 무수히 "미완결된 배치들 속에 뒤얽혀 죽을 운명의 평범한 생물들로서 진심으로서 현존하기를 배운다"는 것을 의미한다.(Keller 2022, 172) 그렇기에 우리의 "함께-머물기"(staying-with)는 "때로 말할 수 없는 상실과 함께 머무는 것"을 동시에 의미한다.(Keller 2022, 178)

---

6   켈러는 이 '표현'을 Joseph R. Winters, *Hope Draped in Black: Race, Melancholy, and the Agony of Progress* (Durham: Duke Universit Press, 2016)으로부터 빌려왔다 (2022, 91).

희망은 바로 이 절망과 혼돈의 심연에서, 그 혼돈의 가장자리에서 피어나는 것이다. 그것은 곧 절망과 상실 속에서 희망을 피워내는 것인데, 이는 절망과 혼돈을 극복하는 것이 아니라, 오히려 그 절망과 상실 속에서 "희망 없음을 포용하기"이며, 이는 역설적으로 희망을 새롭게 해석하는 일이다.(Keller 2022, 173) 그래서 켈러는 "더 낮게 실패하기"(failing better)의 정치신학적 실천을 통해, 잘못된 세계의 실패와 붕괴를 받아들이고, 우리가 이제 어떤 세계를 꿈꾸어야 할지를 신학적으로 다시 새롭게 시작해야 한다고 말한다.(Keller 2022, 226) 많은 경우, 그저 실패하는 게 낫다. 차라리 실패했으면 작은 상처에 그치고 말 것이 잘못된 성공으로 더 커져, 나중에 더 큰 화를 불러오는 일이 얼마나 많던가? 오늘 우리가 겪는 기후위기와 생태위기가 바로 그런 유의 '화'(禍)이다. 지구 위 전 존재를 여섯 번째 대멸종으로 이끌어가는 이 기후위기들과 생태위기들은 우리의 근대 문명이 과학과 기술의 힘으로 눈부신 성공을 거두었기 때문에 도래하게 되는 참화(慘禍)인 것이다. 그래서 우리가 더 잘못된 길을 가기 전에 또 다른 잘못된 성공으로 잘못된 망상에 빠지기보다는, 여기서 실패하는 게 더 낫지 않을까? 그래서 차라리 실패가 성공보다 더 값지다.

인류의 실패인가, 지구의 진화인가*

: 인류세라는 실패에 대하여

———

이찬수

* 이찬수, "인간과 자연의 점선적 경계에 대하여: 차크라바르티, 모턴, 해러
웨이, 켈러의 인류세 담론을 중심으로", 『경계연구』 2집1호, 2023, 92-131
쪽을 일부 수정 보완한 글이다.

I. 인류세의 등장과 지구의 현실

1. 지구화의 종말

'지구화'(globalization)라는 말이 위험, 위기의 의미를 내포하기 시작했다. 지구화는 자본주의 경제를 위시하여 과학기술, 사상, 문화, 종교 등 인간 문명의 거의 전 영역이 국가라는 형식의 장벽과 경계를 넘어 서로 깊이 얽혀 가는 현상이다. 그런데 서로 깊이 얽혀서 어디로 가는 것일까. 문제는 지구화를 가속시키는 동력과 방향에 있다.

지구화는 자본의 축적을 찬양하는 자본주의를 동력으로 국가와 개인 간 격차를 더 벌리고 우열을 정당화했다. 자본이 국경 없이 이동하면서 지구의 자원이 무한하기도 한 양 착취하듯 끌어다가 더 생산하고 더 소비하라 독려하며 오랜 지구의 질서를 뒤집어놓았다.

그 기초에는 인간이 자연에서 발견해낸 과학기술이 놓여 있다. 마른 나뭇가지를 비벼 불을 일으키는 고대의 기술부터 우주선이나 인공지능(AI) 같은 최근의 기술에 이르기까지, 과학기술은 인간을 위한 문명을 발생시키며 자연의 인간화를 추동해 왔다. 자연이 인간의 문명 속으로 들어오는 그만큼 기존 자연 질서가 급변하고, 지구의 에너지가 인간에게 집중되면서 생태계의 균형이 무너졌다.

급기야 오랜 세월 지구의 지질 법칙과 그 구조 안에서 살던 인간이 그 지질과 구조를 변화시키기는 데까지 이르렀다. 12,000년 전 신생대의 마지막 빙하기 이후를 일컫는 충적세(Holocene, 홀로세)에서 이제는 '인류세' (Anthropocene)라는 새로운 시대에 접어들었다는 진단이 나왔고, 범지구적 담론의 중심이 되었다. 인간에 의해 지구의 지질 구조가 바뀌는 시대라는 것이다. 인간이 추상화시킨 자연법칙이 만들어낸 과학기술과 이 기술을 전승하고 찬양하며 인간을 지구의 주인처럼 등장시킨 자본주의의 치명적인 영향이라고 할 수 있다. 인류중심적 문명이 인류를 파괴해오고 있는 것이다.

이 글에서는 지구화의 동력을 비판적으로 성찰하면서 인류세 담론을 선도하는 사상가들, 특히 차크라바르티, 모턴, 해러웨이, 켈러 등의 자연, 지구, 물질, 생명, 행성론에 대해 알아보고자 한다. 이들이 빈번히 인용하고 있는 크뤼천, 라투르, 하먼의 사유를 참조하면서 인류세 담론의 핵심과 특징을 정리하고, 자연, 지구, 물질, 생명에 대한 대안적 인식을 재구성하고자 한다.

이러한 인식에는 지구의 주체를 인간에서 비인간 존재들(지질, 자연, 사물, 생명들)로 전환시키고, 인간은 그 전환의 눈으로 지구를 다시 보아야 한다는 직·간접적 요청이 담겨 있다. '이것이 최후의 생태론일지 모른다.' 는 절박함의 표현이라고도 할 수 있다. 지구(globe)에 대한 기존의 인간중심적·인간예외적 인식을 해체하고, 온 생명체의 복합적 근간인 행성(planet)의 관점에서 시대를 재해석하려는 '행성화' 개념부터 정리해 보도록 하자.

2. 인류세와 행성화

'행성화'(planetization)라는 말을 선도적으로 사용한 이는 떼이야르 드 샤르댕(Teilhard de Chardin, 1881-1955)이었다. 고생물학, 지질학, 신학을 두루 공부한 떼이야르는 컴퓨터의 등장을 보면서 컴퓨터 기술이 인간의 개별 영혼들을 하나로 연합해 '세계혼(world soul)'을 구성해 갈 것이라고 보았다. 컴퓨터가 생물학적 진화를 넘어 '정신권'(noosphere)을 만들어 갈 것이라 예상했다. 생물권 내 생명체들이 상호의존적으로 결속되어 있듯이, 인류의 정신이 서로 결속하면서 상호주체성(inter-subjectivity), 즉 전 세계적 집단정신의 네트워크를 형성하리라는 것이었다. 정신권 수준에 이른 지구적 차원의 인간의식을 '울트라 휴머니즘'이라 명명했고, 인간의 에너지를 모아 인류 전체의 영적 통합의 장을 만드는 과정을 '행성화'라 불렀다. 그에게 행성화는 개인의 내적 우주가 정신권에 어울리도록 건설되는 '개성화'와 병행하는 지구적 현상이었다. 그러면서 집단의식이 '오메가포인트'(우주적 그리스도)라는 정점을 향해 나아가리라고 기대했다.(Chardin 1964; 델리오 2021, 185-192)

떼이야르의 예상과 기대처럼 한편에서 인간의 정신계는 급속히 확장되어 왔다. 그러나 다른 한편에서 그 내용은 대단히 우려스럽고 위험한 방향으로 표출되어 왔다. 인간의식이 '정신권'에 어울리도록 확장되어가기보다는, 가령 인공지능(AI)의 등장에서 보듯이, 기술 자체가 거대 정신으로 작동하는 정도로까지 확대되었다. 이제는 '기술권'(technosphere)이라는 용어가 나오는 상황에 이르렀다. 오늘의 인류가 실제로 경험하고 있는 내용은 인류의 집단정신이 실제로는 기술에 종속되고 물질에 좌우되고 있다는 사실이다. 오랫동안 정신이 물질을 움직인다고 상상해 왔지만, 정신이 움직여 왔다고 여겼던 물질의 힘이 도리어 정신을 통제할 정도로 훨씬 더 커졌다. 떼이야르가 기대했던 '개성화'는 정신에 대한 물질의 우위라는 현실에 비해 미미한 가능성으로만 남아 있다고 할 수 있다.

물질의 질서가 교란되고, 교란된 물질의 질서가 정신을 교란시키면서, 교란된 집단정신이 정신의 주체인 줄 알았던 인간을 파멸로 내모는 중이다. 자원이 제한된 지구에서 끝없는 성장과 소비라는 것은 사실상 불가능한 욕망이지만, '지속발전'이라는 착각 속에서 지구를 고갈시키고 파괴시켜 왔다. 무한 생산과 소비를 자랑하는 집단의식이 인류의 파멸이라는 '오메가포인트'로 이끌어가고 있다는 것이 더 현실적 진단이다. 그런 점에서 현재 인류는 '자본세'(capitalocene)를 살고 있다는 시대 진단도 나온다.(무어 2020, 제7장)

파멸의 전형적인 징후는 '기후위기', '생물 다양성의 급감' 등 기존 생태계의 파괴로 나타난다. 지구 수십억 년 역사의 핵심이자 근간이었던 지질학적 구조를 인류가 불과 몇백 년 만에 뒤바꾸고 있다. 정치·경제적 행위자인 인간이 이제는 '지질학적 행위자'(geological agent)가 되었다. 지구의 질서와 그에 대한 인식에 '격변'이라고 할 만한 전이가 발생하고 있는 것이다.

이런 맥락에서 네덜란드의 대기화학자 크뤼천(Paul Jozef Crutzen)과 미국의 생물학자 스퇴머(Eugene F. Stoemer)가 2000년도에 '인류세'라는 말을 처음 제기했다.(Crutzen·Stormer 2000) 그 뒤 크뤼천이 『Nature』에 "인류의 지질학"(Geology of Mankind, 2002)이라는 짧은 글을 기고하면서, 이 용어는 지구 역사의 암울함을 각인시키는 화두로 등장했다. 크뤼천은 "인류의 지질학"을 다음과 같은 문장으로 시작하고 있다.

> 지난 3세기 동안 인간이 지구 환경에 끼치는 영향이 증가해 왔다. 이산화탄소의 인위적인 배출로 인해 다가올 수천 년 동안 지구의 기후는 자연스러운 행태에서 크게 벗어나게 될 것이다. 현재는 여러 면에서 '인간 지배적 지질 시대'이며, 여기에 '인류세'(Anthropocene)라는 용어를 붙이는 것이 적절해 보인다.(Crutzen 2002, 23)

'인류세'는 인간이 지구적 위기의 가장 큰 책임자라는 문제의식을 강하게 내포하고 있다. 차크라바르티도 지구의 지질학적 구조 안에서 살던 인간이 힘을 키우면서 지구를 바꾸는 지질학적 행위자가 되었다는 거대한 사실을 중시한다. '지질학적 행위자', 즉 인간이 "비인격적이고 무의식적인 지구물리학적 힘"(impersonal and unconscious geophysical force)으로 행위한다(Chakrabarty 2021, 3)는 사실은 지금까지의 과학적, 인문학적 인식의 내용과 방향을 완전히 바꿔놓고 있다. "인간의 활동이 지구상에 축적되어 자연의 존재 방식을 바꾸고 이 바뀐 자연에 의해 인간이 영향을 받는" 시대가 된 것이다.(시노하라 2022, 21;219) 지구가 더 이상 무수한 생명체들의 행성이 아니라, "인간의 행성"(the human planet) 혹은 "사피엔스에게 장악된 행성"이 되어 버린 시대라고도 할 수 있다.(루이스, 사이먼 L.·매슬린, 마크 A. 2020)

이를 둘러싼 담론은 전방위적으로 진행되며, 실제로 오늘날 벌어지는 일들은 대단히 복잡하다. 사회학자 김홍중은 인류세 담론의 세부 내용을 이렇게 분석한다.

인류세라는 말은… 지속적인 동맹과 번역을 통해 학문, 저널리즘, 상상,
운동, 실천의 장벽을 허물고 이들을 가로지르며 망상적(網狀的)으로 확장되
어 전에는 존재하지 않던 다음과 같은 새로운 배치를 형성하고 있다: '인류
세'라는 언표 - 논문들 - 컨퍼런스들 - 기후정상회의들 - 폴 크뤼첸 - 죽어가
는 북극곰 - 환경 난민들 - 녹는 빙하 - 기근 - 자연발화 산불 - 이동하는 해
충들 - 골든 스파이크 - 실험실 - 기상위성 - 인류세 워킹그룹 - 인류세 연구
센터들 - IPCC - 그린피스 - 이상기온 사망자들 - 뉴스 - 신문기사 - 다큐멘
터리 - 인터넷 댓글들 - 재난 영화 - 미술작품들 - 정치가의 연설 - 친환경
기업 비즈니스 - 환경부 장관의 담화 - 핵발전소 - 녹색당 - 시민적 책임의
식 - 환경 운동 - 저항투쟁들 - 법적 분쟁들 - 종말에 대한 공포감 …, 여러
요소들이 연합하여 형성된 이 복잡다단한 관계망은… 언표, 정동, 행위, 제
도, 운동, 사유, 가치, 규범, 욕망, 물질, 이미지, 이 모든 것들의 리좀적 연
합이다.(김홍중 2019, 13-15)

인류세는 지구의 생명 전체, 생명 자체를 다시 보게 한다. 물리학자 장
회익의 표현을 빌리면, 인류세는 여러 '개체 생명'(individual life)의 배경으
로서의 '보생명'(co-life)은 물론 온생명(global life) 개념을 소환한다. 온생명
은 이른바 '생물권'의 '신체적' 차원과 떼이야르 식의 '정신권'이 합해진 개
념으로서, 자족적으로 지탱해 나가는 우주적 차원의 생명이다.(장회익 1998,
182-191; 장회익 2008, 16-24) 지금까지의 인간의 문명은 개체 생명 중심적으로,
특히 인간 생명 중심적으로 전개되어 왔다. 감자, 고구마, 연근, 아스파라

거스 등 뿌리, 줄기, 몸통의 구분이 애매하면서 땅속에서 수평적으로 얽히며 자라는 식물 리좀(rhizome)처럼(들뢰즈 2001, 서론), 온생명적 관점에서는 사회와 자연, 인간과 자연, 인간과 비인간이 분리되지 않는다. 그곳에는 주객(主客)이나 피아(彼我)가 애매하게 얽혀 있다.

물론 인류세 시대의 '인류'가 모두 이런 인식을 구체적으로 가지고 있는 것은 아니다. 충적세(홀로세)에는 인간과 자연(혹은 인간과 비인간) 사이에 경계를 두었고 인간은 그 경계 안으로 숨으며 살았다. 그러다가 이른바 근대에 들어서는 인간이 자연을 수단화하다가 급기야 수단으로 발견한 자연법칙 안으로 들어가 버렸고, 인간 스스로 자연이 되어 버린 것이다.

3. 추상화한 자연법칙과 행성성

인간이 자연이 되었다는 말은 도가적(道家的) 무위자연(無爲自然)의 삶을 산다는 뜻이 아니다. 그 반대다. 가령 고대인이 마른 나뭇가지들을 비벼 불을 일으키는 방법을 알았을 때, 그 불이 일어나는 일은 자연법칙에 따른 것이다. 그러나 무위자연의 법칙이 아니라, 인간의 손에서 벌어진, 인간에 의해 대상화된 자연법칙이다. 인간은 대상화한 자연법칙을 하나의 방법으로 표준화하고 불 피우는 기술로 다른 이에게 전수한다. 인간은 자연법칙을 자신의 목적에 맞게 통제한다. 불도 인간의 목적에 맞추어진다. 제사 지내려 불을 지피고, 고기 굽고 집을 데우기 위해 불을 일으킨다. 인간이 자연법칙을 자신의 의도에 어울리도록 조작하는 것이다. 여기서 인간은 자신을 자연에 대한 통제자나 조절자로 인식한다. 여기서 문명이 발생하며, 이 문명은 자연법칙의 목적론적 성격을 잘 보여준다.(西谷啓治

인간이 찾아낸 기계적 자연법칙이 본래의 자연법칙을 대체할수록 인간의 문명은 더 복잡하고 정교해진다. 인간은 그 기계적 자연법칙에 욕망과 환상을 투사하며, 원하는 바를 얻으려 하면 할수록 기계적 자연법칙에 더 종속된다. 근대에 들어서는 자본주의적 확장 욕구가 그런 종속을 더 부채질해 왔고, 이른바 첨단 과학기술의 발전으로 이어졌다. 그런 방식으로 자연법칙을 수단화하고, 그럴수록 인간은 자연의 일부가 된다. 무위자연이 아니라 유위자연(有爲自然), '객체화되고 추출되고 추상화된 자연' (objectified, extracted, and abstracted nature), 그 자연법칙과 하나가 되어 가는 것이다. 그렇게 문명과 과학기술 안으로 흡수되어 간 자연이 그 이전의 자연 질서를 흔들기 시작한다. 여기에 자본주의가 가세하면서 자본화한 과학기술은 그 자체의 법칙을 갖게 되었고, 급기야 지구의 표층을 뒤덮을 지경이 된 것이다.

물론 과학기술도 엄밀하게는 '자연법칙적'이다. 하지만 전술한 대로 인간에 의해 객체화되고 추출되고 추상화된 자연법칙이다. 이런 추상화된 자연법칙이 본연의 자연법칙을 노골적으로 잠식하면서 인간이 자연 자체였던 '지구물리학적 힘'으로 등장한 것이다. 지구온난화, 가뭄, 홍수, 심지어 (가령 지열발전에 의한) 일부 지진 현상 등도 인간이 추출한 자연법칙 안으로 스며들고 인간과 자연의 경계가 무너지면서 벌어지는 일들이다. 지구의 지질학적 조건에 맞추어 생존하던 인간이 지구의 지질학적 행위자가 되어 버린 것이다. "이전에 자연이라고 불리던 것이 일상적 인간사 안으로, 그리고 그 역방향(일상적 인간사가 자연 안)으로 분출되어 버린" 것이다. (Haraway 2016, 41)

인류세는 인간과 자연 간에 경계가 사라진 시대다. 이것은 인간이 순수하게 자연 안에서 소박하게 사는 데서 오는 무경계가 아니라, 인간이 기술로 자연을 통제하면서 스스로 인위적 자연 속으로 들어간 데서 오는 무경계이다. 인간이 형성한 기술권(technosphere)에 의해 자연이 개변되고, 그에 따라 인간을 존재하게 해주는 조건도 바뀌고, 인간도 깊은 곳에서 개변되고 있다.

놓쳐서는 안 될 것은 바뀐 '인간의 조건'이 인간을 뿌리에서부터 위협하면서 인간이 자신의 생존 조건을 비로소 다시 생각하게 되었다는 것이다. 인간이 추출해낸 자연으로 자연 전체를 제압해 가는 중에도, 자연은 심층에서 인간세계를 따라다니고 있었고, 인간과의 경계를 뚫고 인간세계에 침입하여 인간세계의 존재 방식을 뒤흔들고, 때로는 붕괴시키기도 한다. 자연이 인간의 수단이 되는 중에도 인간과의 경계를 뚫고 인간의 지반을 뒤흔든다. 인간이 대상화시킨 자연법칙을 통해 자연이 그 본연의 위력을 드러낸다. 비행기가 추락하고 배가 가라앉고 핵발전소가 폭발하는 것은 인간이 추출하고 기술화한 자연법칙에 대한 더 큰 자연법칙의 공격이다. 인간에 의해 바뀐 지구의 지질학적 환경이 기존 인간의 존재 조건 자체를 뒤흔드는 것이다. 지구온난화, 가뭄, 홍수, 때론 지진과 쓰나미도 인간이 자연을 객체화시키면서 벌어지는 현상이자, 인간에 대한 본래적 자연의 역공이기도 하다. 인간이 수단화해 왔던 자연이 그 본연의 심층적 주체성을 드러내고 있는 것이다.

4. 기술권과 인류세의 징후들

차크라바르티에 의하면, 지구온난화 같은 현상은 자본주의적 지구화가 '지구적 시스템'(Earth system) 자체인 양 착각하면서 벌어진 현상이다.(Chakrabarty 2021, 4) 이와 동시에 역설적이게도 인간이 부정의, 가난, 억압, 불평등으로부터 벗어나 자유를 획득해 가는 과정이기도 하다. 인간적 자유의 대부분이 '에너지 집약적으로 얻어졌고, 근대적 자유라는 저택은 화석 연료를 대대적으로 사용하며 지어졌다는 점에서 그렇다.(Chakrabarty 2009, 208) 근대 자본주의와 기술이 지구의 모든 생명을 '기술권'의 영향력 안에 가둔 것도 이런 배경에서다.

전술했듯이 기술권은 인공적 문명의 총체를 의미한다. 피터 하프(Peter Haff)는 "기술이 지구를 가로질러 급속히 확산하면서 기술권을 다음과 같이 정의할 수 있게 되었다"고 말한다.

> 대규모 네트워크 기술들을 기반으로 지구로부터 자유에너지(free energy)의 대량 신속 추출 및 그것의 전기에너지로의 전환, 거의 순식간에 진행되는 장거리 소통, 신속한 이동 에너지와 대량 수송, 현대식 정부의 존립과 여타의 관료기구들, 식품과 온갖 상품들의 지역, 대륙, 지구적 유통을 포함하는 고강도의 산업과 각종 제조 운영, 여기에다가 현대 문명 및 7×10^9개나 되는 그 문명의 현재적이고 인간적인 구성물들을 존재하게 하는 무수히 많은 '인공적' 혹은 '비자연적' 과정들의 기저를 이루고 그것을 가능하게 하는 일련의 영역.(Haff 2014, 301-302. Chakrabarty, 2021, 5에서 재인용)

한마디로 기술권은 인공적 문명의 영역 전체, 그와 관련된 인간의 모든 활동을 일컫는 말이다. 마치 대기권처럼, 인간이 전승하고 확대시켜 온 기술의 영역이 전 생명의 영역을 감싸고 있으며, 차크라바르티의 표현에 의하면, 지구가 마치 모든 생명을 실은 우주선처럼 되었다.(Chakrabarty 2021, 6)

크뤼천이 2002년에 '인류세'라는 용어를 다시 제안하며 짧게 진단했던 지구적 현실은 기술권의 구체적 내용이라고도 할 수 있다.

지구 행성 표면의 30~50% 정도가 인간에 의해 착취되고 있다. 이산화탄소를 방출하고 종의 멸종이 급증하면서 열대 우림도 빠른 속도로 사라지고 있다. 댐의 건설과 하천의 유역 변경은 흔한 일이 되었다. 접근 가능한 모든 담수의 절반 이상이 인류에 의해 사용된다. 에너지 사용이 20세기 중에 16배로 늘어나 연간 1억 6천만 톤의 이산화황을 대기 중에 배출시켰는데, 이는 자연 상태 총 배출량의 두 배 이상이다. 농업에서 사용되는 질소 비료는 전체 지상 생태계에 자연적으로 갖춰진 것보다 더 많다. 화석 연료와 양적 생물자원(biomass)을 태우면서 발생하는 일산화질소도 자연 배출량을 능가한다. 농업과 화석 연료의 연소는 '온실' 가스의 농도를 이산화탄소의 30%, 메탄은 100% 이상 증가시켜, 지난 40만 년 사이에 최고 수준에 이르렀고, 앞으로는 더 할 것이다.(Crutzen 2002)

조효제는 다른 각도에서 좀 더 조목조목 분석한다.

"직간접적 형태로 인류세의 징후가 이미 나타나고 있다. 한 해 600억 마리가 소비되는 닭의 뼈가 지층에 쌓여 가시적인 증거를 남긴다. 호수 밑바닥 퇴적층에 짙은 농도의 유기물이 쌓인다. 지난 100년간 높이 45미터 이상의 대형 댐이 전 세계적으로 하루 평균 1개 이상 건설되었다. 지금까지 생산된 시멘트를 모두 합치면 지표면 전체를 2밀리미터 덮을 수 있을 정도가 된다. 지금까지 생산된 플라스틱을 모두 합치면 지표면 전체를 비닐 랩으로 두를 수 있을 정도가 된다. 지구 전체에 사는 동물의 무게가 약 4기가톤인데, 생산된 모든 플라스틱의 무게가 8기가톤이다. 지구상의 포유류 무게를 따져 보면 인간이 30퍼센트, 가축이 67퍼센트이며, 야생동물은 3퍼센트에 지나지 않는다. … 전 세계적으로 한순간도 쉬지 않고 땅을 파고 산을 깎고 터널을 뚫고 다리를 놓고 물길을 바꾸고 댐을 짓고 습지를 없애고 길을 내고 철도를 깔고 활주로를 밀고 숲을 베고 채석장을 깎아내고 바다를 메꾸고 광산을 개발하고 마천루를 올린다. (조효제 2022, 166-168)

이것도 기술권의 현실과 영향을 잘 보여주는 내용이라고 할 수 있다. 인간이 제작하여 지구 곳곳에 뿌리며 만든 기술권의 무게는 지구상의 생물권(biospehere), 즉 지구에 사는 모든 생명체의 무게보다 8배만큼 더 무겁다. 문명의 총 무게를 30조 톤으로 계산하기도 한다. (슈테펜스·하베쿠스 2021) 이 역시 기술권과 인류세에 대한 상통하는 진단이다.

물론 '인류세'라고 할 때의 '인류'는 지구상의 모든 인간을 균등하게 가리키는 말이 아니다. 충적세에서 인류세로 전이시킨 행위의 책임은 인공적 문명을 훨씬 많이 향유해 온 부자 나라, 부유층에게 더 크게 놓여 있다. 세계 상위 10% 이내의 부유층이 전체 온실가스의 절반을 배출하지만, 세계 하위 50%는 10%만 배출한다. 크뤼천도 "지금까지 이런 효과들은 주로 세계 인구의 25%에 의해 발생되었다."고 말한다.(Crutzen, 2002) 인류세의 원인과 책임을 모든 인간이 동일하게 제공한 것도, 또 동일하게 모두 부담할 수 있는 것도 아니라는 것이다. 그런 점에서 '인류세'라는 용어에는 다소 과도함도 있다.

그럼에도 불구하고, 생태계의 파괴, 지질 구조의 변화 등에 끼친 영향의 정도를 따지는 것보다 더 근본적인 문제는 인간의 존재 방식 자체에 있다. '기후 정의'를 위한 누구의 윤리적 책무가 제일 큰지도 중요하지만, 가장 심각하고도 결정적인 문제는 인간의 역량이 인간이 교란시킨 지구의 질서를 예전으로 되돌리기에는 역부족이라는 사실이다. 되돌리려는 의지가 모든 이에게 있는 것도 아니다. 의지가 있다고 해서 되돌려질 수 있을 정도로 지구의 질서가 단순한 것도 아니다. 인간을 위해 인간이 만든 문명을 인간이 지속시킬 수 없다는 모순이 엄연한 현실이 되었다. 위대한 인간의 초라한 이면이자 실상인 것이다.

II. 인류세 분석과 대안적 사상들

1. 공생적 실재와 사물들의 유령성

자신이 한 일을 자신이 책임지지 못하는 이 근본적인 모순을 겪으면서 인간은 기존의 모든 성취를 다시 보게 되었다. 지구화를 추동해 온 힘의 일부를 조정하고, 문명을 조금 덜 소비하는 정도로는 이 모순을 근본적으로 해결하지 못한다는 사실을 알게 되었다. 문명의 벡터(힘과 방향 모두)를 전적으로 재설정해야 한다는 목소리도 커지고 있다. 이를 위해 고전적 지혜를 재소환하기도 한다. 가령 불교는 자연이 인간의 수단이 아니라는 사실을 여실히 가르쳐 온 지혜의 전통이기도 하다. 연기설(緣起說)에 함축되어 있듯이, 나와 너, 인간과 자연, 물질과 비물질, 온갖 다양한 존재들은 상호 관계성 속에서 서로가 서로를 존재하게 한다. 이런 지혜를 인간의 주체에 대한 반성, 즉 무아론(無我論)으로 이어 왔고, 모든 실재들은 관계적이라는 사실을 그 어떤 전통보다도 강력하게 전승해 왔다.

인류세 담론의 근간에도 관계성의 문제가 들어 있다. 인류세의 관계론은 서로가 서로를, 특히 비인간이 인간을 존재하게 하는 측면 및 인간이 대상화 혹은 수단화했던 존재자들에 초점을 둔다. 이와 관련하여 문학자이자 생태이론가인 티머시 모턴(Timothy Morton)은 '공생적 실재'(the symbiotic real)에 대해 말한다. 모든 실재는 '생물성'(~biotic)을 '함께한다'(sym~)는 뜻이다. '관계'라는 평면적 원리에 모든 생명들의 현실적 생동감을 입힌 언어라고 할 수 있다. 무엇보다 그는 공생하는 존재들의 불확정적 관계에 초점을 맞춘다. 공생의 '공'(共, sym)은 상호의존의 다른 이름이지만 서로를 질서 있게 확장시키는 긍정 방식으로만 작동하는 것은 아니다. 그 반대이기도 하다. 그에 의하면 "공생에서 어떤 것이 최상위의 공생체인지는 분명하지 않고, 존재자들 사이의 관계는 울퉁불퉁하고 미완결적이다."(모턴 2021, 16) 공생체는 관계적이되, 관계의 방향성은 불확실하고 애매하다. 그는 이 관계를 '유령'이라는 은유로 해설한다.

'유령'(specter)은 실제와 환상, 가시적인 것과 비가시적인 것, 작음과 큼 사이에서 동요하는 현실의 은유적 표현이다. 견고한 듯한 rock(바위/암석)이 rocking(흔들림/진동)을 본질로 하듯이, 모든 사물은 구멍이 숭숭 뚫려 있고 자신만의 경계를 지을 수 없으며, 서로가 서로 안에 드나드는 방식으로 존재한다. 세계는 애당초 상호 결합적이되 결합의 방향성은 모호하다. 그에 의하면, "공생체가 유해하거나 이상해 보이는 관계를 형성할 수도 있는데, 이것이 진화가 일어나는 방식이다."(모턴 2021, 17) 인간이든 비인간이든 모든 실재는 공생적이며, 사실상 일가친척/동류(kindred)다.

2. 저월, 초객체, 객체-지향적 존재론

모턴은 유령성을 '저월' 개념으로 이어간다. 인간이 자연을 넘어(trans) 가는(scando) 존재인 양 여기던 초월(transcendence)의 세계관을 비판하면서, 자연의 아래로(sub) 가는(scando) 저월(低越, subscendence)의 자세를 요청한다.(모턴 2021, 164-181; Morton·/ Boyer 2021, 70) '초월'에는 인간이 자연과 사물에 대해 독자적이고 주체적이라는 전제가 들어 있다. 그에 비해 자연의 아래로 가는 '저월'은 인간이 자연을 대상화하거나 넘어설 수 있는 별개의 상위 존재가 아니라는 뜻을 담고 있다. 인간은 자연에 대해 예외적이거나 자신만의 경계를 가진 타자 초월적 존재가 아니다. 자신만의 주체라는 것도 없거나 모호하다. 모턴은 인간이 자신을 초월적이라고 생각하는 것도 인간의 능력인지 타자의 효과인지조차 확정할 수 없다고 본다. 그는 말한다: "나는 어떻게 해서 나의 자아를 넘어선 경험을 할 수 있을까? 내가 전적으로 내가 아니기 때문이다! 나는 다른 모든 것들처럼 구멍으로 채워져 있다. 즉 나는 내가 아니면서 끊임없이 틀린 반응을 하는 온갖 종류의 사물들로 구성된 살아 숨 쉬는 오작동체와 같기 때문이다. … 나는 희미하게 흔들거린다. 나아가 나는 이것이 정말로 나인지, 아니면 어떤 다른 존재자의 효과인지를 결정내릴 수 없다."(모턴 2021, 144-145)

모든 존재들은 저마다 다른 사물들과 뒤얽히며 그들의 길을 만들어 간다. "사물은 뫼비우스의 띠처럼 비틀린 고리이며, 여기서 비틀림은 어디에나 있고, 시작점이나 끝점도 없다."(Morton 2018, 58-59) 인간도 시작도 끝도 없이 사물과 얽히며 인간으로 나타난다. "설명하려는 사물을 완벽히 설명할 수 있을 만큼 전후 맥락이 깔끔한 원은 없다는 것이다."(Morton 2018, 88) 존재들이 비틀거리며 유령적으로 얽히는 과정에 시간과 공간도 생긴다. 이와 관련해 모턴의 사유의 근간에 있는 라투르(Bruno Latour)는 이렇게 말한다: "핵심적 사항은 모든 생명 형태들에게 공통적으로 있는 것은 '그들 자신의 법을 스스로 만드는' 것이라는 깨달음이다. 그들은 다른 데서 만들어진 법을 지키는 것이 아니다. 생명 형태들이 공간과 시간에 거주하는 것이 아니라, 시간과 공간은 그들 자신이 뒤얽힌 결과라는 것이 중대한 발견이다."(Latour 2020, Chap.6)[1]

모든 생명 형태들이 서로 얽히면서 그들 자신의 법을 만들어 간다. "만물이 상호 연결되는 방식도 하나의 사물이다."(Morton 2018, 78) 시·공간도 생명들이 서로 얽히는 과정이자 결과이다. 인간이 제아무리 자연을 객체화해도 인간은 자연의 복잡한 실재들보다 작다. 무수한 부분들이 인간을 만드는 것이지 그 반대가 아니다. 유령이라는 은유가 그렇듯이, 부분에는 경계가 없거나 모호하기에, 부분들을 합한다고 해서 전체가 되지 않는다. 분리된 100조 세포들을 다시 합한다고 해서 인간이 되는 것은 아닌 이치와 같다. 끝없이 얽히며 꿈틀대는 100조 세포들이 한 인간보다 더 크다.

---

1   *162-Catalogue Chicago*, p.9에 게재된 라투르의 같은 글에서 인용.

모턴은 그동안 인간이 추구해 왔던 전체론을 '외파적 전체론'(explosive holism, 공생적 실재들을 수단화하며 경계를 확장하는 논리)으로 규정하고, 인류세의 전체론은 '내파적 전체론'(implosive holism, 공생적 실재인 무수한 존재자들의 상호의존과 얽힘의 세계)이어야 한다고 말한다. "전체의 구성 요소들은 언제나 그 전체를 초과한다." 어떤 부분적 사물도 다른 것과 무한히 연결되고 끝없이 중첩되어 있기에 이들을 지배하는 하나의 전체적 연관이란 없다. 이른바 전체도 그 부분들과 같은 방식으로 존재한다. 그래서 그는 "전체가 그 부분들의 합보다 항상 더 작다는 식으로 전체론을 다시 써야" 한다고 말한다.(Morton 2018, 89, 92-100; 2021, 164; Morton · Boyer 2021, 73)

이런 점에서 모턴에 의하면 인류세는 "인류가 (지층에 있는 플라스틱이나 콘크리트와 같이) 그 부분들을 저월하는 한에서 인간들이 인류를 인식하게 되는 순간"이다. '인간'이 '인류라는 종(種)'을 인식하게 된 시대가 인류세라는 것이다. 그는 말한다: "인류세는 최초로 진정으로 반인간중심주의적 개념 중의 하나이다."(모턴 2021, 180)

'저월'은 비인간 존재 혹은 사물을 인간의 관찰이나 사유의 대상으로 보는 기존의 인간 중심 혹은 주체 중심주의를 넘어선다. 하먼(Graham Harman)의 표현을 빌리면, 저월은 '객체-지향적 존재론'(object-oriented ontology)과 연결된다. 그동안 객체는 주체에 의해 인식되는 만큼만 객체이며, 주체에 종속적인 것으로 간주해 왔다. 심지어 지구를 인간을 위한 수단으로서 객체화해 왔다. 그러나 하먼에 의하면, '객체'라고 하는 것은 인간에 의해 다 파악되지 않으며, "그것을 구성하는 요소들이나, 그것이 다른 것에 일으키는 효과들로 온전히 환원될 수 없는 어떤 것이다." (Harman 2017, 43) 객체에는 어떤 요소나 효과로 환원될 수 없는, 그 고유의 깊이와 어둠과 불투명성이 있다.

모턴은 이러한 객체를 특별히 '초객체'(hyperobject)라고 명명한다. 모든 객체는 다른 객체와 연결되며 지구 전체로 이어지는 매우 거대한 사물이라는 의미에서다. 초객체는 "시공간에 광범위하게 분포하는 사물을 가리키는" 용어로서, 인간이 대량 생산한 후 오랫동안 곳곳에 존재하는 스티로폼도 초객체이고, 어디나 있고 언제든 존재할 비닐봉지 무더기도 초객체다. 한 번에 동전의 한 면밖에 보지 못하듯이, 모든 객체는 단편적으로만 이해된다. 그런 방식으로 초객체는 공간과 시간에 엄청나게 분포되어 있는 실재물(entity)이다."(모턴 2023, 9, 315; Morton 2018, 22, 125-126) 수십 년, 수백 년에 걸쳐, 그리고 지구 전체에 걸쳐 일어나는 지구온난화도 초객체다. 인간은 한 번에 그 단편만 볼 수 있을 뿐이다. 모든 객체는 인간의 접근 방식을 초월하며 인간의 인식에 순응하지 않는 과잉성(hyper)을 지닌다는 것이다.(박일준 2021, 11)

하먼도 이와 비슷하게 모든 객체는 그저 무수한 객체들과 함께 실존하며 행위한다고 본다. 세계는 주체-중심이 아닌 객체-지향적일 때, 그 존재성을 확보할 수 있다. 칸트(I. Kant)가 세계를 물 자체(Ding an sich)와 현상세계로 구분하면서 물 자체는 그대로 남겨 두었는데, '객체-지향적 존재론'이 사물을 있는 그대로 긍정할 수 있는 계기를 마련한 것이라고 할 수 있다. 객체지향적 존재론에 따르면 어떤 것도 단박에 그 전체성에 접근할 수는 없다. 사물은 인간에 의해 인식되기에 존재하는 것이 아니다. "사물은 그냥 거기에 있다. 눈에 띄지 않는다. … 우리가 큰 주의를 기울이지 않아도 사물은 언뜻 그냥 우리 주변에 있다."(Morton 2018, 33, 45)

객체-지향적 존재론은 인간과 무관하게 존재하는 객체와 객체들 사이의 관계에 대한 사유다. 인간도 그 객체들과 함께 있음으로써 존재하는 하나의 객체다. 지구도 인간의 필요와 목적으로 환원시킬 수 없는, 인간이 있기 수십억 년 전부터 활동해 온, 인간에 대한 객체이며 타자다. 인간도 다른 객체에게는 하나의 객체이며, 이 객체들과 더불어 행위하며 실존한다. "객체-지향적 존재론은 우리에게 그림자에 가려진 구석의 놀라운 세계를, 생각의 자외선으로 온전히 조명되지 못하는 사물을 담고 있는 세계를, 그대 인간이라면 생각으로 찾아갈 일을 오소리라면 그냥 스치고 지나가는 일이 그대의 접근만큼이나 타당하게 사물에 접근하는 것인 그런 세계를 보여준다. … 객체-지향적 존재론은 인간이 의미와 권력(기타 등등)의 중심이라고 보는 인간중심주의를 포기하려 한다."(Morton 2018, 34) 그 객체성이 '주체 지향적 존재론'을 전복시키고, 지구와 자연과 생명들을 긍정할 수 있게 해준다.

3. '내월'과 행위자 네트워크 이론

객체성이 주체성을 전복시킨다는 말에는 두 가지 의미가 있다.

첫째, 객체는 그저 거기 있는 수동체가 아니라, 적극적 행위자라는 뜻이다. 제인 베넷(Jane Bennett)의 "생기적 물질주의"(vital materialism)가 이런 입장을 잘 보여준다. 오랫동안 인간에게 물질은 특정 질량과 부피를 지닌 무생물, 인간이 늘이거나 줄일 수 있는 수동적 대상 정도였다. 마르크스주의에서는 인간의 정치·경제적 삶의 물적 토대였다. 하지만 베넷은 물질에서 "생기를 불어넣는, 어떠한 행위를 하는, 극적이고 미묘한 효과를 생산해내는, 활기 없는 사물들의 기이한 능력", 곧 "사물적 힘"(thing-power)

을 읽는다.(베넷 2020, 46) 물질은 비생명적 수동체가 아니라, 인간의 몸과 얽혀 있는 역동적 사물이며, 그 사물적 힘은 인간에게 두루 영향을 미친다. 베넷은 생기를 이렇게 규정한다: "인간의 의지와 설계를 흩뜨리거나 차단할 뿐만 아니라, 자신만의 궤적, 성향 또는 경향을 지닌 유사 행위자나 힘으로서 작용할 수 있는, 먹을 수 있는 것, 상품, 폭풍, 금속 같은 사물들의 역량."(베넷 2020, 9) 물질의 생동성을 인식하고 사물을 일종의 행위소(actant)로 여기면, 정치와 사회도 달라지리라는 것이다. 물질적 행위성 및 온전히 인간으로 흡수되지 않는 사물들의 역량을 확보함으로써 물질을 비생명적 도구로만 인식하던 인간의 오만을 극복하는 일종의 '사물의 정치학'을 확립하려는 시도다.

동학의 2대 교조인 해월 최시형의 '삼경(三敬)', 즉 경천(敬天), 경인(敬人), 경물(敬物) 가운데 '경물'은 사물을 하늘 및 인간과 같은 급으로 존중할 때 비로소 하늘과 인간도 그 자리에 있을 수 있다는 원리를 잘 보여준다. '경물' 사상 및 그 한국적 전개로서의 '경물의 영향사'는 '사물의 정치학'의 선구적 모델이라고 할 만하다. 객체를 도구적 수동체가 아니라 활력적 행위자로 보는 '객체-지향적 존재론'이 '생기적 물질주의'와 만나면서 시너지를 확보하게 되는 과정은 '경물'의 '경'의 의미를 더 정교하게 논리화하는 데 기여할 수 있을 것으로 보인다.

둘째, 객체성을 제대로 보는 곳에서 주체성도 다시 보인다는 뜻이다. '저월'이 비인간 존재들을 포함한 여러 존재자들의 상호의존적 얽힘 속으로 들어가는 자세라면, 그 얽힘이 바로 존재의 동력이자 근원이 된다. 얽힘이 객체와 주체를 연결시킨다. 객체의 '아래로 감'으로써 객체의 '안으로 가게' 되고, 그럼으로써 주체의 '안'을 비춰준다. 그런 점에서 '저월'은 사실상 '내월'(內越, endoscendence/안으로 넘어가기)이라고 재명명해 봄 직하다.

모든 존재자들의 경계는 흐릿하고 유령적이며, 그런 방식으로 저마다 행위자들이다. 인간중심주의 혹은 개체주의에서는 부분이 전체를 향해 자신을 '초월'한다지만(외파적 전체론), 공생적 실재의 세계에서는 "전체들이 자신의 부분들을 저월한다."(모턴 2021, 164) 저월함으로써 부분들의 '안'/실상을 드러낸다. '밖'(trans)만 보던 데서 오는 인간 중심적 부조리와 부작용을 '안'(endo)으로 들어가는(scando) 자세로 간파할 수 있게 되는 것이다.

이때 '아래(低)'와 '안(內)'이라는 방향성보다 더 중요한 것은 '넘어가는'(越) 행위다. 모든 존재자들은 agency, 즉 행위자/대행자/작용자이다. 물질도 자체의 힘(thing-power)을 지니며, 모든 것들은 그 자체로 생기적(vital)이다. 라투르가 어떤 주체의 행위나 사건을 주체의 관점이 아닌 행위자/대행자/작용자의 관점에서 해석하면서 이른바 '행위자-네트워크 이론'(Actor-Network Theory)을 제안한 바 있다.(라투르 2010, 4장) 그 핵심은 주체적 행위로 여겨지는 것도 사실상 객체의 대행자이며 모든 행위는 그런 방식의 작용이라는 데 있다. 관계의 복잡성을 하나의 원리로 환원해 내는 것은 불가능하며, 사회라고 하는 것은 여러 연합체들이 지속적으로 네트워킹해가는 과정이라는 것이다. "행위자를 행위하게 한 다른 행위자, 그것을 행위하게 한 다른 행위자, 또 그 뒤의 행위자를 추적하는 것. 행위자들 너머에, 그들의 하부 어딘가에, 혹은 배후에는 아무것도 없다. 그들 '사이'의 연결만이 있을 뿐이다."(김홍중 2023, 16)

어떤 행위도 다른 행위 주체에게 점령되지 않는다. 인간에 의해 독점되지 않는다. 인간이라는 과잉된 주체(hypersubjects)가 자본주의와 같은 인간 중심적 문명을 낳으며 타자를 수단화하던 것으로부터, "과소 주체들의 저월(hyposubjects subscend)"로 인간 중심적 흐름을 벗어나야 한다.(Morton·Boyer 2021, 70) 이런 식으로 물질을 활동적 객체로 긍정하는 '객체-지향적 존재론' 및 객체들 간 '행위자 네트워크'는 '과소주체들의 저월'과 연결되면서 인간중심주의 혹은 인간예외주의의 모순을 간파하는 공동의 동력이 된다.

4. 소문자들의 세계와 쑬루세

해러웨이도 객체는 인식 주체에 종속된 노예가 아니라, 도리어 지식을 적극적으로 생산하는 행위자라고 본다.(해러웨이 2022, 355-356) 비인간 존재들이 인간을 구성하는 적극적인 행위자라는 것이다. 자연은 인간을 위한 원료가 아니며, 모든 주체는 객체들의 얽힘, 상호의존성을 전제로 해서만 인정된다. 인간예외주의(human exceptionalism), 한정된 개체주의(bounded individualism)라는 것은 불가능하다는 것이다.(Haraway 2016, 30) 그렇다면 모든 학문은 인간이 아닌 비인간에, 위가 아닌 아래에, 밖이 아닌 안에, 보편이 아닌 개별에, 형이상'학이 아닌 형이하'학에 집중하면서, 주체를, 특히 인간의 주체성 개념을 재설정하는 데 집중해야 한다.

이를 위해 해러웨이는 현실을 위해 현실 밖의 보편 이념을 가져오는 자세를 거부하며 이렇게 말한다: "위기에 처한 어떤 당사자도 난국을 해소하기 위해 섭리(Providence), 역사(History), 과학(Science), 진보(Progress) … 신의 속임수(god trick)에 요청할 수는 없다." "사태의 진상을 더 상위의 통합적 권위에 위임할 수는 없다." "소문자로서의 과학들(sciences)은 수용하지만, 대문자로서의 과학(Science)은 수용할 수 없다." 즉, '대문자'로 대변하

곤 하는 통합적 원리 같은 것에 대한 믿음은 위험하다는 것이다.(Haraway 2016, 40-41) 현실은 이질성들 간 엮임과 얽힘의 연속이기 때문이다.

해러웨이는 이런 사유들을 모아 '쏠루세'(the Chthulucene)의 개념으로 이어간다. '인류세'는 미래에 대해 너무 냉소적이고, 근대성의 자취를 남기고 있는 개념이자, 여전히 인간 중심적 언어라고 본다. 해러웨이는 인류세에 함축된 인간 중심성을 탈각시키면서 쏠루세라는 신조어를 제안한다. 그것은 인간이라는 거대 생물, 대문자의 '형이상학'이 아닌, 땅 아래 있는 작은 생물들의 존재 방식, 소문자의 '형이하학'에 관심을 기울이며 만든 개념어다.

'쏠루세'는 '땅 아래 것(the chthonic)'과 '새로운 시대(-cene)'의 결합어다. 신이 인간을 '흙'으로부터 만들었다는 창세기 설화에서처럼, 인간에게는 '흙적인 세계화' 혹은 '땅으로 세상 만들기'(earthly worlding)가 필요하다.(켈러 2020, 168) 땅/흙(terra)은 생명을 존재하게 하는 공동창조자다. 땅이야말로 존재의 집이다. "땅(terra)의 생물다양성적인 힘들을 새롭게 하는 것이 쏠루세의 공동생산적인 일이자 놀이"인 것이다.(Haraway 2016, 55)

해러웨이는 생물학자답게 땅 아래 있는 온갖 크리터(미생물들)의 생존 방식으로 눈을 돌리고, 실뜨기(string figure), 퇴비(compost), 공동생산(sympoiesis) 등의 개념을 가져온다. 여럿이 함께하는 실뜨기는 능동과 수동의 주고받기로 패턴을 만들어가는 과정이다. human(인간)은 humus(부식토)이고, 부식토와 퇴비는 미생물들의 공동생산 과정이며, 인간과 미생물들은 동종이라 할 수 없는데도 서로를 이용하며 관계를 맺는다. 그렇다고 해서 서로에게 유리하게 진행되기만 하는 것도 아니다. 늘 난관(trouble)에 부딪힌다. 하지만 이 난관은 회피의 대상이 아니라 '함께 하기'의 필연적인 과정이다. 최종적인 해결책이 없고 미래가 보장되지도 않는다. 그의 책 제목처럼 난관과 함께 머물러야(Staying with the Trouble) 할 뿐이다.

이런 자세는 라투르가 말한 '땅에 묶인 자(Earthbound)'에서도 드러난다: "어떤 이들은 인류세에서 '땅에 묶인 자(Earthbound)'로 살아갈 준비를 하고, 다른 이들은 홀로세에서 인간(Humans)으로 남기로 결정했다."(Haraway 2016, 41에서 재인용) 여전히 인간이 지구를 조절한다는 근대적 사고방식을 가지고 사는 이들이 다수이지만, 행성화를 거쳐 다시 도달한 지구에 남기로 작정한 이들도 있다는 것이다. 이들 '땅에 묶인 존재'는 난관 속에서도 서로 연결하며 서로를 만들어 간다. 어떤 최종적인 해결책을 장담할 수 없고 긍정적 미래도 보장할 수 없는 난관과 상실을 견딘다. "철저하게 땅스럽고(terran) 혼란스럽고(muddle) 필사적으로(mortal)", '흙적인 세계만들기'(earthly worlding)를 감행한다.(Haraway 2016, 55).

그러면서 역설적인 희망의 끈을 놓지 않는다. 생물 대멸종이 일어났던 중생대 백악기와 신생대 팔레오기 사이의 경계처럼, 인류세도 경계적인 사건(a boundary event)이라고 본다. 이 경계의 시간을 줄여 다양한 생물군이 함께 살 수 있는 시대를 만들어야 한다는 것이다: "상상할 수 있는 모든 방법으로 인류세를 가능한 한 짧게/얇게 만들고, 다가올 시대에 피난처를 되살릴 수 있도록 서로 가꾸어가는 것이 우리의 임무이다."(Haraway 2016, 100)

이런 임무에 충실한 개념의 하나가 김진석의 "포월(匍越)"이다.(김진석 1994) 땅에서 하늘로 초월하는 것이 아니라, 복잡하게 얽힌 혼돈의 땅을 기어가는[匍] 것이다. 라투르의 "땅에 묶인 자"와 상응하는 개념이라 할 만하다. 그 목적 없고 희망 없는 듯한 기어감이 인류세라는 경계의 시간을 줄인다. 그렇게 인류세를 '저월'한다.

에코페미니스트 신학자 켈러(Catherine Keller)는 해러웨이에 동의하며 이런 위험한 상황, 위험들이 서로 연결되는 현장에서 '메시아의 부활'을 다시 써야 한다고 말한다. 사무엘 베케트의 말을 빌려 '더 잘 실패하기' (failing better; 켈러 2020, 224-226)로 가야 한다며, 인류세를 감당할 신학적 과제를 제시한다.(켈러 2020, 171)

III. 인류세 신학의 가능성과 점선적(點線的) 경계

'더 잘 실패하기'에는 두 차원이 들어 있다. 인류는 이미 실패의 길을 걸어왔고, 현실 너머를 지향하는 인간중심적 희망이 그 실패를 재촉했지만 (failing), 그 길의 한복판에서 이제까지 외면했던 불편한 길로 들어가 실패 아닌 실패의 길(better)을 열어야 한다는 역설적 희망의 차원이다. 희망이라지만 인간 중심적 미래에 대한 보장이 아니다. 이런 식의 희망은 그 희망의 영역 밖의 것들을 버리는, 자기만의 보상책에 지나지 않는다. 이런 식의 희망이 그동안 외부의 것을 외면하면서 도리어 그 희망을 아래로부터 갉아먹고 끝없이 지연시키는 역할을 했다.

이천 년 전의 바울을 재소환하는 바디우(Alain Badiou)는 희망을 보상이나 벌에 대한 비전으로서가 아닌, 현재의 '난관을 살아내는 충실성', '현존하는 주체의 형상'으로 해석한다.(바디우 2008, 184;187) '난관과 함께 머물겠다'는 작정이 인류세의 기간을 단축시킬 수 있듯이, 실패를 외면하지 않고, 작고 낮고 이질적인 것들과 함께 하는 데서 오는 난관을 살아내는 충실성이 지구를 위한 길이라는 것이다. 그런 의미의 사랑이기도 하다. 불확실성이나 뒤얽힌 관계들을 배제하거나 초월하지 않고 온전히 '직면하는 행위'(facing)이다. 켈러가 차이를 존중하며, 차이들 간 갈등에서 오는 난국을 함께 헤쳐 나가는 경합, 일종의 '사랑의 아고니즘'(amorous agonism)을 말한 것도 이와 통한다.(켈러 2021, 22, 116-118, 276)

이런 식의 관점들은 대단히 '신학적'이기도 하다. 모턴이든 해러웨이든, 라투르든 차크라바르티든, 인문적 관점의 인류세 연구자들은 인간중심주의와 그것을 뒷받침해 온 초월적 이념을 부정하고 철저하게 현실에 집중하지만, 그렇다고 해서 이것이 신학적 관점과 충돌하는 것은 아니다. 켈러와 같은 전위적 신학자의 눈에 이들의 인류세 담론은 도리어 신학의 필수적인 주제가 된다.

가령 켈러의 "신과 함께 만들기"(theopoiesis)는 '인류세 신학'의 한 축이라고 할 수 있다. 켈러는 과정철학을 수용하며 낮고 작고 이질적인 비인간 존재들과 '함께'하는 행위가 그대로 '신적'이라고 해석한다. 신은 세계 안에서 세계와 함께 움직인다. 신의 육화/incarnation는 세계와의 '사이에서' 벌어지는 "intercarnation, 즉 사이의 육화"이다.(Keller 2017 Chap 6, 특히 111-114; 켈러 2020, 231) 그 '사이'는 인간들만의 사이도, 인간과 신의 사이만도 아니다. 신의 세계는 "거의 비인간(nonhuman)"의 세계로서(켈러 2020, 230), 지구, 인간, 절지동물, 미생물들에 이르는 이들의 공생적 삶 전체가 신의 육화라는 것이다.

독보적인 과정철학자 화이트헤드(Alfred North Whitehead)는 이렇게 정리한 바 있다: "세계가 신에 내재한다고 말하는 것은 신이 세계에 내재한다고 말하는 것과 마찬가지로 참이다. 신이 세계를 초월한다고 말하는 것은 세계가 신을 초월한다고 말하는 것과 마찬가지로 참이다. 신이 세계를 창조한다고 말하는 것은 세계가 신을 창조한다고 말하는 것과 마찬가지로 참이다.” 그리고 “신은 모든 창조에 앞서(before) 있는 것이 아니고 모든 창조와 더불어(with) 있다”고도 말한다.(화이트헤드 1992, 591, 598) 더불어 있다고 해서 신을 공간적 혹은 양적 존재로 상상할 이유는 없다. 굳이 ‘신’이라는 용어에 집착할 것도 없다. 여기서의 ‘신’은 모든 존재들의 ‘함께’에 대한 전적인 긍정과 사실상 동의어기 때문이다.

이러한 사실을 인식하기 시작한 인류세는 카이로스의 시대이다. ‘응축되고 충만한 크로노스’라고도 할 수 있다. 위기로 충만하고, 극복의 의지로 충만하다. 그 충만성의 다른 이름이 신이다. 바울의 종말론(고린도전서 7:29-31)에 담겨 있듯이, “끝나야 했던 것은 인간이 구성하는 세계이지, 결코 세계 그 자체가 아니었다.”(켈러 2020, 43) 인간이 구성하는 세계라는 크로노스적 인식이 멈추고, 지구와 비인간과 물질을 주체로 하는 카이로스적 인식이 도래하고 있다. 그런 맥락에서 인류세는 비인간이 정치와 신학의 주제로 등장하고, 혼돈의 가장자리가 신으로 충만해지는 시대이다. 그렇게 인류세는 “현재의 파괴를 동반하는 획기적 새로움”의 시대이다.(켈러 2020, 168)

지구는 파괴되었고 인류는 실패했다는 인식의 한복판, ‘혼돈의 가장자리’에서 기존의 실패를 전환시키는 힘들이 결집한다. 지구화라는 실패, 화성으로의 이주를 상상할 정도로 파괴된 지구를 예상하고서야, 지구가 인간의 것이 아니라 “대기권, 수권, 생물군, 그리고 단단한 땅”으로 구성되어 있고, “복잡한 다세포 생명 일반”이라는 사실(Chakrabarty 2021, 77;83)을 알게 되었고, 지구의 행성성을 되돌아보게 되었다. ‘지구화’가 인류를 ‘행성화’로 안내했다. ‘더 나은 실패’의 길, 라투르의 표현대로 하면 “땅에 묶인 자”가 “지구와 충돌하지 않고 착륙하는 방법”(라투르 2021)을 찾아가는 중이다. '중심은 아무 데나 다 있고 둘레는 어디에도 없다'(라투르 2021, 123)는 다중심과 점선적 경계 의식이 그 길의 근간이다. 그렇게 땅 아래로 내려가 비인간과 결합하고 서로 교환하며 모두가 중심이라는 점선적 사유가 더 깊고 넓어진다면, 떼이야르의 '정신권'에 대한 앞선 상상도 그저 오류였다고 말할 수만은 없을지도 모르겠다.

빼앗긴 이름과 이름 없는 하나님

: 부정신학의 인문학적 성찰

―――

황성하

들어가는 말: 이름을 기억하지 못하는 소년

내가 겪는 남모를 어려운 일 중 하나는 사람의 이름을 기억하지 못하는 것이다. 누군가 내 이름을 친근히 부르는데도, 정작 나는 그의 이름을 기억하지 못해 한참 동안을 망설인 적이 많다. 영화를 보고, 소설을 읽고 나서도 영화 속의 주인공 이름도, 또 소설의 주인공 이름도 기억해내는 것이 늘 힘들었다. 그 이유를 가만히 생각해보니, 어린 시절 잦은 이사가 한몫을 했다. 유치원을 가기 전에 알았던 최초의 친구들과 갑작스럽게 헤어지고, 다시 초등학교 1, 2학년 때 만난 친구들과도 제대로 인사도 하지 못한 채 헤어졌다. 그렇게 다시 전학 간 초등학교를 졸업하기 1년 전에 나는 또 새로운 곳으로 이사를 했다. 친해졌던 친구들과 헤어지고 다시 친구 관계를 시작해야 했다. 이렇게 이름이 불리지 않는 곳에서 내 존재감을 확인하는 것이 늘 힘들었다. 준비되지 않은 이별들이 어떤 영향을 끼쳤는지를 내가 이해하는 데에 오랜 시간이 필요했다. 내 이름을 불러주는 사람이 없으니, 나도 그 친구들의 이름을 부를 필요가 없었다. 그렇게 나는 오랜 시절 존재감이 전혀 없던 사람이었다.

이름에 대한 애착이 없으니 사람을 자세히 보는 것도, 사물을 자세히 관찰하는 것도 나에겐 중요하지 않았다. 영화나 TV 드라마의 과거에 대한 회상 장면들을 볼 때, 문득 나는 어떻게 과거의 순간들을 기억해내는지 생각해 보았다. 그리고 몇몇 친구들에게도 물어보았는데, 각기 다른 대답을 내어놓았다. 어떤 이는 사진처럼 그 장면을 떠올렸고, 어떤 친구는 그곳에서 풍긴 향기까지 기억이 난다고도 했다. 또 어떤 이는 꿈을 묘사할 때도 너무나 생생하게 사람과 풍경과 장면 들을 그려낸다. 하지만 나에게는 그런 생생한 그림과 같은 기억과 꿈이 드물었다. 관계 맺기의 첫 단계인 상호 이름을 교환하고 기억하는 것이 힘들었던 나에게는 캐릭터보다는 사건에 대한 전체 줄거리 혹은 어떤 일에 대한 의미 찾기가 더 중요했던 거 같다.

　또 다른 문제도 있었다. 나는 목사 아들로 자랐고 그 덕에 어린 시절부터 칼뱅주의, 청교도 사상과 교리 등을 접할 수 있었다. 나름대로 세상이 설명되었다. 선과 악이 선명해졌다. 그렇게 설명되는 신앙, 설명되는 하나님에 관한 이야기가 참 좋았다. 원리와 법칙을 찾는 것, 주어지는 상황과 사물을 그 틀에서 보는 것을 통해 깊은 안정감을 누렸던 것 같다. 하지만 내가 누렸던 신앙의 안정감은 이름 대신 목사의 아들로 자란 내가 나를 지키기 위한 하나의 방어기제였다. 돌아보면 어린 시절, 체계를 잘 갖춘 그 신학적 설명은 나중에 읽어본 칼뱅의 실제 저작과는 기실 상관이 없는 내용이었다. 청교도를 표방하면서도 교회에서는 일 년에 두 번 이상한 부흥회를 했다. 부흥회에서 들었던 하나님의 음성, 놀라운 감정들이 두고두고 삶을 옥죄는 가스라이팅으로 작용하고 있었다는 것도 차차 깨닫게 되었다. 하나님께 영광을 돌려야 한다는 강박관념으로 살았던 나는 남 보기에 성실하고 말 잘 듣는 좋은 '교회 형'이었다. 하지만 나는 이름이 없었다. 타인의 시선에 갇힌 나는 오즈의 마법사에 등장하는 반짝거리는 양철 나무꾼과 다름이 없었다.

내가 가진 이 문제가 큰 문제가 된다는 것을 알게 된 것은 주변의 사람들과 진실한 관계를 맺는 것을 어려워하는 나 자신을 돌아보았을 때였다. 특히 사랑하는 사람이 생기고, 결혼생활을 이어가는 과정에서 애착 관계를 맺는 것이 어려웠다. 아내는 나에게 텅 비어 있는 사람 같다고 했다. 역사의 의미, 철학적인 질문, 신 관념에 대한 많은 이야기에 대한 논리적인 진술들이 둘 사이에 이어졌지만, 정작 나의 이야기와 아내의 이야기가 만나 새로운 이야기를 만드는 데 정말 오랜 시간이 필요했다. 그 어떤 개념으로도, 그 어떤 설명으로도 결혼을 통해 새롭게 시작된 삶을 설명해 낼 수 없었다. 결혼은 형이상학적 개념으로 설명할 수 있는 그 무엇이 아니었다. 무엇보다 방어기제 없이 다가오는 아내가 나에게 원하는 거리가 당혹스러울 때가 많았다. 아내를 만나기 위해서는 내가 가진 개념이 아니라 살아 있는 이야기가 필요했다. 사상과 개념으로 포장된 나를 벗고, 내 슬픔과 아픔을 말할 수 있기까지 몇 년의 시간이 필요했다. 모든 이야기들의 폭풍이 지나고 나서야 내가 얼마나 외로웠는지를 비로소 알게 되었다. 이름을 부른다는 것, 그 사람의 이름을 안다는 것은 그 자신에게도 또 타인에게도 대단히 중요하다. 하지만 직함과 이름 사이에 넘을 수 없는 거리가 있다는 것을 사람들은 여전히 잘 모르는 것 같다.

I. 부를 수 없는 하나님의 이름, 테트라그람마톤

성서에서 하나님은 시간과 공간을 열고, 하늘과 바다를 창조하고, 구분하고 이름을 짓는 분이다. 그 하나님은 사물을 불러내면서 이름을 짓고 경탄했다. 그런 점에서 창세기의 하나님은 최초의 예술가이다. 인간의 역할은 창조된 세상을 가꾸는 역할을 부여받았다. 그리고 최초의 인간 아담은 이름 짓기를 통해 이 역할을 수행했다. 성서의 하나님이 경탄의 언어 '토브', 다시 말해 '보기 좋다'로 세상을 마주한 것처럼 최초의 인간 아담도 자기 아내를 경탄으로 맞이했다. 아담이 한 최초의 행동은 은총으로 받은 자기 아내를 향해 경탄하며 그 이름을 부른 것이다. 하나님은 태양과 달도 그저 두 광명체로 인간에게 이름 짓도록 남겨두었다. 이집트나 그리스에서 태양을 신성화했던 것과 달리 성서에 등장하는 최초의 인간은 태양을 숭배하지 않는다.

창세기 1장에 기록된 하나님은 보통명사이다. 다시 말해 우리말로 '신' 영어로 "God'에 해당하는 말이다. 창세기 2장에서 등장하는 신의 고유명사 '여호와'는 모세에게 처음 드러낸 하나님의 이름이다. 자음만 기록하고 구전으로 전승된 토라는 기원후 9세기경에 맛소라 학파에 의해서 모음의 체계를 갖추게 되었다. 여호와의 이름을 함부로 말해서는 안 된다는, 모세가 전한 세 번째 계명에 의해 고대의 이스라엘 사람들은 하나님의 이름, 즉 신의 고유명사인 여호와의 이름을 차마 말하지 못했고, 그 대신 '주님'에 해당하는 '아도나이'로 발음했다. 맛소라 학자들도 네 개의 거룩한 자음에는 감히 모음을 붙이지 못했다. 르네상스 시대에 이르러 네 개의 거룩한 자음에 '아도나이'에 속하는 세 개의 모음 'a', 'o', 'a'를 결합해서 '여호와'라는 호칭을 만들었다. 다시 말해 하나님이 인간에게 이름을 하사받았다. 그리고 이렇게 하나님의 이름의 신비는 사라져갔다. 인간이 신에게 이름을 주고 그 존재를 규정했을 때, 신의 진정한 이름은 역설적으로 은폐되었다. 우리는 이렇게 신의 이름을 상실하고 말았다. 하나님의 이름을 알고 부를 수 있다고 생각했을 때, 오히려 역설적으로 신의 존재는 숨겨지고 은폐되고 만다. 어떤 이들은 '여호와' 대신 '야훼' 혹은 '야웨'로 발음해야 한다고 말하지만, 이 네 개의 거룩한 자음, '테트라그람마톤'이 실재로 어떻게 발음되었는지 알 수가 없다. 역설적으로 신의 이름을 규정함으로 진정한 신의 이름은 숨겨졌다. 다시 말해 아무도 그 이름을 모른다는 말이다. 여전히 유대인들은 하나님의 이름을 부를 수 있다고 생각하지 않는다. 그들에게 하나님은 "아도나이" 다시 말해, "주님"이시다.

이 전통을 이어받았던 중세의 신학자들은 신을 개념적으로 정의될 수 없으며 오직 그를 찬양하며 그를 향해 기도할 수 있다고만 생각했다. 이런 신학의 전통은 아우구스티누스, 위 디오니시우스, 마이스터 에크하르트, 그리고 토마스 아퀴나스와 같은 중세의 기독교 부정신학에 깊이 영향을 끼쳤다. 이들은 신을 이름이나 존재로 규정하는 것을 극도로 경계했다. 그런데 이름을 부를 수 없는, 다시 말해 존재로 부를 수 없는 바로 그분이 인간으로 하여금 세상에 이름을 가져오도록 했다. 성서에서 신의 말은 신의 행동과 분리되지 않는다. 신의 말이 곧 존재이며 행동이다. 이런 전통에서 이름 짓기는 소쉬르 이후의 기호 상징체계의 우연성과는 완전히 다르다. 카발라에서 신의 이름을 안다는 것은 신의 신비를 안다는 것이다. 우리의 말과 이성으로 규정한 신은 결국 우리가 구분한 범주 안에 규정되고 제한되기 때문이다. 신의 이름의 신비는 그 이름을 온전히 알지 못하고 온전히 고백하지 못한다고 말할 때 비로소 가능해진다. 다시 말해 신의 이름을 알지 못한다는 물러섬이 신학의 시작점이라는 말이다. 포스트모던의 중요한 특징인 사물에 대한 인식 불가능성은 성서에서 말하는,

신의 이름을 알지 못하며 부를 수 없다는 전통과 깊이 연결된다. 이러한 사유의 연장선에서 인간이 사물의 이름을 부른다는 것은 기표와 기의의 우연성 너머, 즉 감탄과 경탄의 언어로 바뀔 수 있다.

성서에서 인간의 이름 짓기는 하나님의 창조기사와 함께 읽어야 한다. 신이 이름을 부르고 존재를 드러내고 경탄한 것처럼, 인간 역시 이름 짓기를 통해 사물과 관계를 맺는다. 성서에서 말하는 인간의 통치 행위는 그런 점에서 통치 개념보다는 예술가의 경탄과 더욱 관련이 있다. 발터 벤야민은 언어의 매체성에 주목했다. 그의 언어에 관한 생각은 다음과 같은 표현에 잘 드러난다.

> 언어는 무엇을 전달하는가? 언어는 그 언어에 상응하는 정신적 본질을 잘 전달한다. 이 정신적 본질이 언어 속에서 전달되는 것이지 언어를 통해 전달되는 것이 아니라는 것을 아는 것이 핵심이다(벤야민 2021, 73).

벤야민은 언어를 소쉬르 이후의 언어 상징체계로 보는 것을 반대한다. 언어는 기표와 기의의 우연한 만남을 넘어 정신적 본질을 그 자체를 전달한다. 이러한 그의 사고는 유대·기독교의 언어관과 깊은 관련이 있다. 하나님의 말은 사물의 존재를 불러내는 이름언어이고 따라서 순수언어이다. 벤야민에게 있어서 원죄란 인간이 언어의 이 특징을 잃어버리고 언어를 수단으로 여기게 되었다는 것이다.

성서의 하나님은 위대한 아버지라는 뜻을 지닌 '아브람'에게 새로운 이름, 열국의 아버지라는 뜻을 가진 '아브라함'을 주었다. 하나님이 보기에 한 가문의 족장 아브람은 열국의 아비 아브라함의 가능성을 그 안에 가지고 있었다. 창세기에서 이름을 통해 만물을 불러낸 하나님은 다시 새로운 이름을 통해 아브라함이라는 존재를 불러내었다. 그의 손자 이삭도 새로운 이름을 하나님으로부터 받았다. 형과 아버지를 속이고 평생을 형에 대한 두려움으로 살았던 '야곱'은 하나님을 대면하고 나서야 자신의 존재 의미를 발견했다. 그는 자신의 힘의 근원인 환도뼈가 끊어지고 나서야, 이름을 드러내지 않은 그 낯선 신에게 '이스라엘' 다시 말해 신과 겨루어 이긴 자라는 이름을 부여받았다. 야곱이 하나님과 사람을 이겼다는 말의 의미는 그다음 장면에서 구체적으로 그려진다. 야곱은 하나님의 얼굴을 마주했고, 그 후에는 자신이 평생 두려워했던 그의 대적이자 형 에서를 향해 하나님의 얼굴을 보는 것과 같다고 말했다. 그가 실상 두려워하던 것은 과거 아버지와 형을 속인 자기 자신이었을 것이다. 하나님을 이긴 사람은 하나님을 마주하여 볼 수 있는 사람이다. 이렇게 하나님과 마주 선 사람은 비로소 타인을 마주할 수 있는 사람이다. 또한 그 반대 방향도 가능하다. 타자를 거래의 대상으로 보지 않는 사람이 하나님을 볼 수 있는 사람이다. 타자의 얼굴에서 신의 얼굴을 발견하는 그것이야말로 성서에서 말하는 최고의 사랑이다. 이렇게 거룩한 타자의 얼굴과 가난한 타자의 얼굴은 겹친다(마태복음 25장).

창조 내러티브뿐 아니라 구원의 서사에서도 이름은 중요하다. 관계 맺기는 상호 이름을 교환하면서부터 시작된다. 하나님은 잊힌 광야의 사람 모세의 이름을 두 번이나 불렀고, 그 후 자신의 고유한 이름을 비로소 드러내었다. 모세는 창세기 1장의 창조 내러티브를 기반으로 삼아 이집트 신들의 상징과 맞선다. 10가지 재앙은 신이라고 불리는 존재들의 원래 이름을 되찾아 주는 행위이다. 어느 스님의 말처럼 '산은 산'이고 '물은 물'

이다. 10가지 재앙을 통해 '해'도 '강'도, '소'도 '나귀'도 '파리'도 자신에게 부과된 거짓 신의 무거우면서 헛된 이름을 비우고, 고유한 이름과 지위를 되찾는다. 모세와 함께 이집트를 탈출한 히브리인들은 이름 없는 신과 함께 거짓 신들에 대항했다. 또한 그들은 거짓 신들을 등에 업는 파라오와 맞설 수 있었다. 다시 말해 히브리인들의 구원 내러티브는 신들로 불린 모든 것들의 그 원래의 이름을 되찾아 주는 여정이기도 했다는 것이다.

II. 이름을 빼앗긴 사람들과 함께하는 하나님

인간이 신의 이름을 명명함으로써 역설적으로 신의 이름을 빼앗았다면, 이름의 상실의 다른 이야기는 포로기의 다니엘에서 찾아볼 수 있다. 다니엘서를 이해하려면 먼저 선지자 예레미야를 주목해야 한다. 예수가 가장 많이 인용한 구약의 말씀은 눈물의 선지자로 알려진 예레미야였다. 예레미야는 당대에서는 인기가 없는 소수파에 속한 사람이었고, 특히 그가 미움을 받았던 이유는 그가 예루살렘의 멸망을 예언했기 때문이다. 그당시 사람들은 예레미야의 말을 도무지 받아들일 수 없었다. 당시 경제가 나쁘지 않았고, 이집트와 바벨론 사이의 줄다리기 외교도 어느 정도 성공을 거두고 있었기 때문이다. 무엇보다 그들에게는 우리는 절대로 망하지 않을 거라고 말해주는 희망의 선지자 하나냐와 같은 다수의 선지자들이 있었다. 이들 선지자들이 유다가 망하지 않을 거라고 했던 세 가지 분명한 근거는 다음과 같다. 첫째 우리는 선택된 아브라함의 후손이다. 둘째, 우리에게는 모세의 율법이 있다. 셋째, 우리에게는 다윗과 솔로몬이 지은 성전과 언약이 있다. 하지만 역사는 다수파의 바람대로 진행되지 않았다.

유다의 왕과 귀족들 그리고 수십만 명의 사람들은 기근과 질병과 전쟁으로 죽었으며, 모세가 받은 하나님의 말씀인 기록된 돌판을 담은 법궤는 사라졌다. 다윗이 그토록 마음을 다하여 준비하고 솔로몬이 최고의 기술자들을 동원해 만들었던 성전도 결국 파괴되고 말았다.

그 당시 유다 사람들, 특히 돈과 권력을 가진 사람들은 하나냐를 적극적으로 지지했다. 예레미야는 늘 수세에 몰렸다. 하지만 유다의 상황을 정확하게 이해하고 바라보는 선지자는 단연 예레미야였다. 그는 유다 백성의 탐욕을 직시했고, 그 결과로 고통을 당하는 사회적 약자들의 눈물을 알아보았다.(예레미야 22장) 하나냐는 영적 체험을 강조하며 하나님의 신탁 회의를 근거로 들며 확신에 찬 목소리와 몸짓으로 예레미야야 목에 건 줄과 멍에를 빼앗아 꺾었다. 그는 또한 바벨론 왕의 명예를 꺾을 것이라고 예언했다. 하지만 예레미야는 다니엘과 같이 먼저 포로가 된 첫 세대에게 70년의 긴 세월이 지나야 한다고 편지를 보내었다. 나라가 망할 것이라고 예언한 예레미야의 말을 당대의 사람들이 좋아할 리가 없었다.

예레미야 내러티브에서 중요한 것은 유다 사람들이 헛된 이름과 명성에 매달렸다는 것이다. 성전에 계신 하나님, 율법을 통해 다스리는 하나님, 그리고 무엇보다 아브라함을 복 주신 하나님을 높였던 유다의 백성들은 가난하고 학대당하는 자들의 소리에 귀를 기울이지 않았다. 예레미야의 목소리는 1980년대 민중신학의 울림과 비슷하다. 민중신학은 민중의 통곡의 소리인 '한'에 귀 기울이는 '한의 사제'로서의 교회의 역할에 대해서 말했다. 예레미야 시대의 유다의 사제들은 높고 화려한 성전에서 군림하며 통치하는 신을 자신들의 신이라고 생각했고, 영적인 환상 가운데 그 소리를 들을 수 있다고 여겼다, 하지만 그 안에 신의 목소리는 없었다. 예수가 가장 많이 인용한 선지자는 예레미야였다. 그리고 마태가 전한 예수의 선포에서 예수는 가장 낮은 자들, 세상에서 버려진 자들, 감옥에 갇혀 있는 자들을 자신과 동일시했다. 예레미야와 예수의 선포에서 중요한 것은 하나님의 공의와 진리는 기득권을 누리는 자들에게서 늘 왜곡된다는 것이다. 따라서 신의 목소리가 있는 곳은 통치자들이 말하는 왜곡된 공의와 정의의 실제 담지자인 가장 연약한 자들의 현장에서야 들을 수 있다는 것이다.

예레미야 이후 포로기의 다니엘은 느부갓네살의 꿈을 해석해 주었다. 금, 은, 놋, 철과 진흙으로 이어질 제국은 어디선가 날아온, 사람이 손대지 않는 돌에 의해 무너질 것이라는 꿈이었다. 이 꿈은 제국의 역사들의 종말을 말한다. 하지만 세계 제국의 왕 느부갓네살은 신의 계시에 대한 자의적 해석을 근거로 자신의 모양을 한 대략 27미터쯤 되는 금 신상을 세웠다. 하나님이 제국들의 멸망을 말씀하신 계시를 느부갓네살은 오독하고 악용했다. 이렇듯 신의 계시와 그 해석의 담지자 사이에 거리를 인정하지 않으면 계시가 만들어낸 상징은 폭력을 정당화하는 도구가 되고 만다. 그런 점에서 해석이라는 것은 우상숭배에 대한 최초의 바리케이드다. 역설적으로 하나님은 말씀하시지만, 그 말을 듣는 나는 신이 아니며 또 온전히 들을 수 없다는 것을 자각할 때만 비로소 하나님의 세미한 음성을 들을 수 있다. 하나님의 말을 들었다고, 그래서 그 말을 알고 하나님을 안다고 말할 때, 그는 이미 신의 자리에 서 있게 된다.

젊은 시절 바울은 자신을 교회의 지도자로 세웠던 바나바와 선교지에서 이탈한 마가의 일로 심하게 다투었다. 아직 복음을 듣지 못한 이들에 대한 갈망에 사로잡힌 바울과 연약한 한 사람을 세워야 한다는 바나바 둘다 확신에 차 있었다. 선과 악의 싸움보다 선이라고 믿는 두 세계가 충돌할 때 비로소 재앙이 시작된다. 하지만 바울은 나이가 들어가면서 우리가 온전히 알지 못한다고 한 발자국 물러선다(고전 13장). 하나님을 체험하고, 그의 음성을 듣고, 특별한 사건들의 신비한 우연성을 접한다고 해도 우리가 신이 되는 것이 아니다. 그 누구도 신의 목소리를 독점할 수 없다. 또한 그때 그 장소에서 적합했던 말이 오늘, 이 자리, 내일 다른 곳에서 그대로 적용되지도 않는다. 그래서 해석자들은 우리의 자리, 타인의 자리를 늘 살펴보아야 한다. 그 다름의 자리를 잘 살펴보고 그 차이를 수용하려는 노력을 바울은 '사랑'이라고 불렀다. 하지만 늘 그렇듯이 사랑보다는 우리는 나의 확신과 믿음을 통해서 자신을 정의하려고 할 때가 많다.

다니엘서에서 바벨론의 군주 느부갓네살은 사람들의 이름을 탈취했다. 다니엘서 1장에 기록된 하나야, 미사엘, 아사랴는 3장에서 그 이름을 빼앗기고 새로운 이름, 사드락, 메삭, 아벳느고로 불린다. 느부갓네살은 계시에서 결국은 멸망할 제국들의 일부를 상징하는 금신상에게 절하라고 명령한다. 그가 금신상에게 정당성을 부여한 것은 놀랍게도 신의 계시 때문이었다. 그가 꿈을 꾸지 않았다면 그는 신상을 세우지 않았을지 모른다. 신의 계시를 앞세워 신상을 세우고 그 권위로 타국의 소년들은 이름을 빼앗긴다. 하지만 이렇게 이름을 빼앗긴 사드락과 메삭과 아벳느고는 제국의 허상에 절하지 않았다. 우상에게 절하지 않아야 할 이유에 대한 창세기의 설명은 아담과 하와의 첫 가정, 서로를 향한 경탄과 진실의 공동체에 하나님의 형상이 있기 때문이었다. 다시 말해 내 눈 앞에 보이는 약한 타자가 바로 하나님의 형상이라는 말이다. 창세기의 하나님이 존재들에 대한 경탄으로서의 이름과 생명을 주는 분이라면, 다니엘서의 황제는 이름을 빼앗는 자이다. 그는 자신의 모습으로 신의 형상을 만들었고 그 권위로 약한 타자의 이름을 빼앗는다. 그러나 성서의 하나님은 그 형상에 갇히지 않았다. 오히려 하나님은 이름을 빼앗긴 자들과 풀무불 안에서 함께했다.

구약의 모든 이야기의 지류들은 예수가 선포한 하나님 나라의 장강으로 합류한다. 하나님의 나라는 이름 없는 자들의 나라다. 고아, 과부, 감옥에 갇힌 자들을 향한 태도가 신을 향한 태도이다. 내가 믿기로 성서의 하나님은 존재를 불러내고, 경탄하며 그 가능성을 발견해주는 신이다. 그리고 그 신은 이름을 부를 수 없는 낯선 신이다. 낯선 신이라는 말은 우리의 이성과 이성이 만든 어떤 범주로 환원할 수 없다는 말이다. 그러나 하나님 이름에 대한 자신감으로 신의 이름을 소유했던 이들은 그 신의 이름으로 제국을 만들고, 타인의 이름을 빼앗는다. 많은 종교들의 교리의 문제는 하나님을 정의하고 이름을 붙이고 그 안에 하나님을 가두는 것이다. 그런데 이렇게 하나님의 이름에 대한 낯섦이 사라지고 나면 그 자리에 하나님의 신성도 사라지고 만다.

성서의 놀라운 이야기는 풀무에 던져진 이들에게 신의 형상을 한 이가 함께했고, 그들이 불의 위협을 이겼다는 것이다. 다시 말해 이름을 빼앗긴 이들과 신이 함께했다는 것이다. 다니엘서는 제국으로 포장된 이름의 과잉에 대한 성서의 고발이다. 느부갓네살이 자신의 신상을 쌓은 시날평지는 과거 자신의 이름을 내고자 했던 이들이 하늘에 닿고자 쌓았던 바벨탑을 쌓으려 했던 곳이다. 바벨탑을 쌓으려고 했던 이들, 다시 말해 신이 있는 곳까지 다다르려고 했던 이들은 자신의 이름을 과장하는 자들이다. 사람들은 자신의 이름을 높이기 위해 타인의 이름을 빼앗는다. 하지만 성서는 예루살렘 성전과 율법과 아브라함의 이름을 버리는 신, 풀무에 버려진 이들과 함께하는 무명의 신의 소리에 귀를 기울이라고 한다. 왜냐하면 신의 목소리는 예루살렘 성전에도, 큰 제국의 압박과 위협의 큰 목소리에도 있지 않고 가난한 타자들에게 있기 때문이다.

성서의 하나님은 이렇게 이름을 빼앗긴 이들처럼 부를 수 없는 이름이다. 부를 수 없는 그 이름은 '스스로 존재하는 자'이다. 스스로 존재한다는 것은 다른 존재에 근거에 기대어 존재하지 않는다는 의미에서 초월성을 표현하는 말이다. 다른 존재에 기대지 않으니 그 위치를 알 수 없다. 그 스스로가 존재의 시작이 되려면 스스로를 생성해내야 한다. 이런 근거를 바탕으로 약한 메시아주의를 말하는 존 카푸토는 하이데거의 에크하르트에 대한 해석을 통해 '신'을 '무'라고 말하기도 했다(Caputo, 1986, 69). 중세의 신학자 에크하르트는 창조주와 신성을 구분했다. 세상과 인간을 창조한 신은 창조자라는 이름을 얻었다. 창조자를 창조자라 부르는 이들은 피조물의 자리에 있는 인간이다. 에크하르트에 따르면 창조의 하나님은 창조자 이전의 신의 숨겨진 이름, 다시 말해 신성으로 복귀한다(Walshe 1979, 546). 그리고 이 복귀는 자신의 이름을 비움을 통해서 이루어진다. 에크하르트가 말한 '버리고 떠나 있음'은 신의 자기 비움의 다른 표현인 케노시스, 즉 자기를 비워 종의 형체를 가진 예수에게서 정점을 이룬다(빌립보서 2장 7절). 그리고 자기의 이름을 비운 신은 세상에서 이름을 잃어버린 모든 이들과 연대한다. 따라서 신의 이름을 부른다는 것, 신과 연합한다는 것 그리고 신과의 진실한 관계를 맺으려는 행위, 다시 말해 종교의 궁극적인 목표는 빼앗긴 이름들, 익명성으로 처리된 이들의 이름, 분류기호로 전락한 이들의 이름을 회복시켜 주는 것이다. "졸려서 죽어"라고 마지막 문자를 보냈던 SPC 노동자의 이름, 아무런 보호 없이 방치된 이태원의 아이들, 늦은 밤 안갯길을 운전하며 택배 물건을 분류하느라 쪽잠의 시까지 뺏긴 트레일러 운전자들의 이름에 신의 숨겨진 이름이 있다.

III. 이름의 갈등과 화해
: 24601과 장발장/ 윤동주와 히라누마 도주/ 첼란과 안첼

빅토르 위고의 소설 레미제라블에서 장발장은 감옥에서 이름을 빼앗기고 24601이라는 분류 번호를 받는다. 24601은 국가가 한 사람의 이름을 빼앗는 분류기호이다. 동시에 소설에서 경사 자베르가 장발장을 범죄자의 일면만을 부각해서 불렀던 말이다. 어느 날 레미제라블 영화를 보면서 자베르가 장발장을 24601이라고 부를 때 가슴이 미어지는 독특한 경험을 했다. 얼마나 많은 이들이 자신의 이름을 빼앗긴 채 분류기호로 전락했는지 생각했다. 광주에서 4년간을 지내면서 5.18이 한 사건이 아니라 잃어버린 상실의 이름들임을 알게 되었다. 이런 경험 후에야 한강 작가의 소설 『소년이 온다』, 『작별하지 않는다』들 앞에 마주 설 수 있었다. 세월호의 아이들도, 이태원의 청년들도 그 무엇으로도 해석될 수 없는 이름들이다.

그러나 동시에 24601은 장발장이 자신의 존재를 드러내고자 직면해야만 했던 이름이기도 하다. 그는 자기 대신 장발장의 이름으로 잡힌 한 사람을 구하기 위해 재판장 앞에서 자신의 정체를 드러낸다. 뮤지컬에서 장발장은 "나는 누구인가 Who am I"라고 테너 톤의 높은 피치로 스스로 묻는다. 레미제라블에서 '장발장'과 '24601'은 줄곧 서로 대립했다. 하지만 장발장이 재판장 앞에서 자신이 24601이며 동시에 장발장이라고 고백할 때, 이 두 가지 이름은 화해한다. 이 순간 장발장에게 24601은 더 이상 분류기호가 아니다. 자기 죽음을 받아들이는 분류기호는 이제 한 타인의 정당한 이름을 되찾아 주는 생명의 이름이 되었기 때문이다. 그가 버려야 했던 것은 '장발장'도 '24601'도 아닌 선한 시장 '마들렌'이었다. 장발장이 살아남기 위해 사용했던 '마들렌'이라는 이름과, 한 공장을 잘 운영하는 능력 있는 사장, 그리고 선한 영향력을 행사하는 '시장'이라는 신분들을 벗어던지고서야 비로소 그는 한 사람의 목숨을 건질 수 있었다. 나에게는 장발장에게 미리엘 신부에게 받은 환대가 가져온 구원보다 24601의 분류기호와 장발장의 이름의 화해되는 재판장 앞에서의 고백이 극적이었다. 서로를 밀어내었던 분류기호인 24601과 장발장은 타인의 이름 얼굴 앞에 화해의 악수를 청하는 손을 내밀 수 있었기 때문이다.

윤동주는 1917년 일제강점기에 북간도 용정에서 태어났다. 그의 외조부 김약연은 민족 주권의 회복을 위해 모든 재산을 정리하고 그의 여러 가족과 북간도 행을 택했다. 1차 세계대전 시기 용정은 유럽에 식량을 공급하는 일로 풍요한 시기를 보내기도 했다. 하지만 일본이 세력을 확장하면서 이 지역 역시 궁핍해졌다. 원대한 민족 주권 회복의 꿈은 위태해졌다. 결국 윤동주의 가족은 1940년 '히라누마'로 성씨를 바꾸었다. 일본식 성명 강요를 거절하고 학교를 자퇴했던 그도 1941년 유학 직전 '히라누마 도주'라는 이름으로 개명했다. 가을의 별을 하나하나 헤며 그리움 혹은 우수를 표현하는 이 시는 사실 이름의 상실에 대한 시다(김응교 2016, 326). 세상 모든 것에 이름이 있는데 이제 그의 이름은 부를 없는 이름이 되고 말았다.

별 하나에 추억과

별 하나에 사랑과

별 하나에 쓸쓸함과

별 하나에 동경과

별 하나에 시와

별 하나에 어머니, 어머니

어머님, 나는 별 하나에 아름다운 말 한마디씩 불러 봅니다. 소학교 때 책상을 같이했던 아이들의 이름과, 패, 경, 옥 이런 이국 소녀들의 이름과, 벌써 아기 어머니 된 계집애들의 이름과, 가난한 이웃 사람들의 이름과, 비둘기, 강아지, 토끼, 노새, 노루, '프랑시스 잠', '라이너 마리아 릴케', 이런 시인의 이름을 불러 봅니다(윤동주, 「별 헤는 밤」 중에서).

그의 시 「별 헤는 밤」의 여러 이름을 부르는 것을 통해 윤동주는 자신의 이름 없음에 따른 상실의 감정을 극적으로 표현한다. 하지만 그의 이름의 상실은 부활에 대한 소망의 표현으로 이어져 초월성을 지닌다. 그는 이름을 버리고 얻는 부끄러움을 말했고, 그 수치심은 순수에 대한 열망으로 읽는 자들의 마음속에 다시 생명력을 발휘한다. 히라누마 도주인 윤동주, 윤동주인 히라누마 도주 사이에서 갈등한 윤동주는 그의 최후의 시로 알려진 「쉽게 씌여진 시」에서 자신을 향해 위안과 위로의 최초의 악수를 건넨다.

...

六疊房은 남의 나라,

窓밖에 밤비가 속살거리는데,

등불을 밝혀 어둠을 조금 내몰고,

時代처럼 올 아침을 기다리는 最後의 나,

나는 나에게 적은 손을 내밀어

눈물과 慰安으로 잡는 最初의 握手 (윤동주, 「쉽게 씌여진 시」 중에서)

데카르트의 도식에서는 내가 되기 위해 내가 아닌 것들을 밀어내야 한다. 그러나 윤동주는 내가 살기 위해서 밀쳐 두었던 그 자신을 다시 껴안는다. 그리고 바로 그곳에서 그는 우리를 기다린다. 그가 다다른 곳에서 그의 배웅을 받으며 어쩌면 새로운 출발을 할 수 있지 않을까?

지금 전쟁이 한창인 곳, 우크라이나 체르니히우에 '안첼(Ancel)'이라는 성을 가진 유대인 가족이 있었다. 1차 세계대전 전에 합스부르크 왕가의 영토였던 이곳은 독일어를 사용했다. 2차 세계대전이 발발했고, 유대인들이 나치에 의해 당했을 때, 안첼 가족도 그 재앙을 피하지 못했다. 아버지와 어머니가 나치의 수용소에서 죽었고, 그 아들 파울은 겨우 살아남았다. 파울 '안첼'은 유대 식 이름을 피하고자 그의 성을 '첼란 (Celan)'으로 바꾸었다. 그 후 첼란은 말할 수 없는 고통을 시(詩)로 형상화하는 데 온 힘을 다했다. 가족을 잃은 상실과 수용소에서의 고통의 기억을 그는 짊어지고 살았다. 이 기억을 잊어야 하루하루의 삶이 유지되겠지만, 그는 고통의 기억을 잊어버리면 그 자신의 정체성이 사라진다고 생각했다. 고통에서 벗어나기 위한 '생존의 망각'과 고통을 기억함으로 주어지는 '시인으로서의 정체성' 사이에서 그는 한 시도 벗어날 수 없었다. 그는 이 이중의 자아의 무거움을 언어에 담았다. 그는 평생을 언어와 씨름했다. 나치가 오염시킨 말을 붙들고 대항하여 싸웠고 파괴했으며 새로운 말을 만들었다. 하나님이 예레미야에게 '뽑고', '파괴하며', '파멸하며', '넘어뜨리며' '건설하고' '심게' 하도록 불렀다. 거짓된 말과 대항하는 일은 유대교에서 가장 중요한 일이다. 네 가지의 파괴의 말이 있고 나서야 두 개의 생성의 말이 따라온다. 유대인인 첼란에게 말은 신의 언어였다. 언어를 새롭게 함으로 메시아가 도래한다. 그는 언어의 문제, 말의 문제를 고민했고, 이 고통을 허락했다고 여겨지는 전지전능한 신에 대해서 고민하지 않을 수 없었다. 그는 그의 시 「테네브래 TENEBRAE」에서 고통받는 신과 그 소리에 응답을 요구받는 다른 고통 받는 이들을 소환한다.

테네브래 TENEBRAE

우리가 가까이 있습니다, 주여
가까이 손에 잡힐 듯.

이미 붙잡혔습니다, 주여
우리 각자의 몸이
당신의 몸인 것처럼
서로 움켜잡고 있습니다, 주여

기도하소서, 주여

우리에게 기도하소서,

우리는 가까이 있습니다.

(...) (Celan 1983, 163)

이 시의 중요한 특징은 무엇보다 기도하는 주체와 기도를 듣는 주체가
서로 바뀌어 있다는 것이다. 기도란 연약한 인간이 온 세상을 창조하고,
다스리는 신을 향한 외침이 아닌가. 그런데 첼란은 기도의 성격을 바꾸어
신이 기도하고 인간이 그 기도를 듣는다. 신의 기도를 인간이 들을 수 있
는 까닭은 신이 가장 작은 자, 버려진 자, 고통 속에 있는 자와 함께 하고
있기 때문이다. 「테네브레」에서 첼란이 신과 인간의 자리바꿈을 시도했
다면, 그의 다른 시 「피에타」에서는 화육한 신이 인간에게 안겨 있음을 표
현한다. 따라서 그의 시는 성육신과 성만찬의 상징 이미지를 통한 윤리가
형상화된다 하겠다. 따라서 신의 목소리를 듣기 위해서는 자기를 비워 가
장 낮은 자들과 함께하는 신의 목소리에 귀를 기울여야 한다.

나는 당신을 압니다, 깊이 머리 숙인 여인,

꿰뚫린 나는 당신에게 복종합니다.

우리 둘을 증언할 한마디 말은 어디서 불타고 있는가요?

당신은 온전히, 온전히 현실, 나는 온전한 광기. (Celan 1983, 30)

이 시는 "당신"과 "나"의 모든 이야기가 (괄호) 안에 들어와 있다. 이 둘은
따로 떼어서 생각할 수 없이 연결되어 있는 한 존재이다. 신과 인간의 이

야기는 고통과 그 고통에 대한 연민을 통해 하나로 연결되어 있다. 신학의 중요한 점은 인간의 이야기와 신의 이야기, 신의 이야기와 인간의 이야기를 분리해서는 안 된다는 것이다.

그는 신과 인간을 고통을 통해 하나로 묶어 서로서로 책임지는 존재로 그려낸다. 또한 그는 「테네브래」처럼 인간과 신이 상호 기도를 통해 연대함을 보여준다. 이 연대의 깊이는 「피에타」에서는 "온전한 광기"라는 말로 그려진다. 첼란은 신학의 본연의 자리인 인간에 대한 신의 사랑, 그리고 함께 고통당하는 신을 향한 인간의 사랑을 동시에 그려낸다. 이것은 형이상학적인 신에 대한 거부이며, 동시에 자기를 비워 인간과 연대 혹은 연합하는 케노시스에 대한 첼란의 해석이며, 에크하르트의 자기비움을 통해 창조주에서 신성으로 귀환하는 신의 여정에 대한 표현으로 읽혀도 무방하다. 인간이 신의 기도를 듣는다는 모티브는 구약 성서에서도 찾아볼 수 있다. 소돔을 향해 가는 하나님을 향해 아브라함은 의인 10명 존재 여부를 두고 하나님과 씨름한다. 그런데 이 스토리는 요나서에서는 다른 양상으로 전개된다. 요나는 이방인이며 결국 이스라엘을 멸망시킬 앗수르의 수도 니느웨를 향한 심판을 기다리지만 하나님은 오히려 요나에게 무고한 어린아이와 가축들을 근거로 심판의 유예를 말하고, 요나를 설득하려고 한다. 창세기에서 하나님이 인간의 말을 들었다면, 요나서에서는 하나님이 기도하고, 요나가 그 기도를 듣는다. 그리고 하나님은 요나의 응답을 기다린다.

IV. 이름 짓기의 두 의미: 지배 혹은 회복

2020년 룰루 밀러가 쓴 베스트셀러 『물고기는 존재하지 않는다』에서 실존 인물 데이비스 스타 조던은 범주와 분류 작업을 통해 물고기에 이름을 붙인다. 작가가 데이비드에게 주목하게 된 이유는 불확실성의 시대에서 불굴의 의지를 가지고 맞선 사람을 탐구하고 싶었기 때문이다. 데이비드 스타 조던은 삼십여 년의 작업을 통해 수천 종의 물고기들을 발견하고 이름을 붙인 입지적인 인물이다. 특히 그는 외피에 속지 않고 해부학을 통해 발생학의 모델을 만들고 모든 것을 분류했다. 그의 작업은 물고기들을 찾아내고 해부하고 그 특징 등을 발생학적으로 분류하고 그 종에 이름을 붙이는 것이었다. 그의 이 작업은 지면보다 낮은 곳, 계곡, 강, 바다에 사는 어류들을 정복하는 행위처럼 보인다. 작가가 데이비드를 주목하게 한 가장 중요한 사건은 샌프란시스코에 일어난 강도 7.9의 지진 때의 그가 보여준 행동이다. 그는 이 지진으로 그가 30년간 수집한 어류들이 표집본과 대도서관 자료들의 파괴에 직면했을 때, 다시 말해 그의 모든 연구가 수포가 되는 시점에 물고기들의 이름을 지키기 위해 물고기 표본들에 곧바로 이름표를 꿰매는 불굴의 기개를 보여주었다. 데이비드와 동료 두 사람은 표본들을 지키기 위해 고무 덧신을 신고 며칠이고 표본을 보호할 에탄올이 도착할 때까지 죽은 물고기들을 부패로부터 지켜내었다. 그는 아내의 죽음, 사랑하는 딸들의 죽음, 화재로 인한 자료의 손실, 그리고 강력한 지진의 위협에도 무한한 긍정성으로 자기 자신과 표본들, 그리고 연구 자료와 결과물들을 지켜냈다. 무엇이 그를 모든 어려운 상황을 이겨내게 했을까 작가는 탐구했다.

하지만 작가는 데이비드 스타 조던에 관한 연구를 진행하며 그가 그 목적들을 성취하기 위해 저지른 여러 범죄들을 발견한다. 특히 그가 만든 분류가 도덕적인 잣대의 역할을 하게 되었을 때 일어난 비극을 주목한다. 데이비드는 그의 발견을 근거로 우월한 생명 그렇지 못한 생명, 타락한 생명과 같은 범주를 인간에게도 적용했다. 이 범주들은 우생학에 영향을 끼치고 결국 나치의 유대인 학살의 논리적 근거가 되었다. 이렇게 작가는 위대한 과학자이자 불굴의 의지로 자연을 탐구한 데이비드 스타 조던을 역사의 법정에 세운다. 그리고 그가 저질렀던 수많은 악들의 근거를 '확실성 자체에 대한 믿음과 인간의 의지의 위대함'에서 찾았다. 책의 결말에서 작가는 컴퓨터의 무지막지한 계산 능력의 도움을 받은 수리분류학(numerical taxonomy)과 분기학의 도움을 받아 데이비드 스타 조던이 세웠던 어류의 범주를 해체한다. 위대한 과학자가 해부학으로 그려낸 어류는 분류학적으로 허구다. 이런 결론 근거를 통해 작가는 인간의 종교, 윤리, 철학적 신념들이 있는 그대로의 자연을 제대로 그려내지 못함에 대해서 말한다. 그리고 더 나아가 코페르니쿠스, 조르나도 부르노, 갈릴레오가 지구를 도는 우주의 모든 별들을 포기했을 때, 다시 말해 천동설을 포기했을 때, 인간은 비로소 달에 다다르고 우주를 탐험할 수 있는 자유를 얻었다는 것이다.

데이비드 스타 조던의 이름 짓기는 창세기와 다윈에 대한 오독이다. 그의 젊은 시절 그를 과학의 세계로 인도한 루이 아가시(Louis Agassiz)의 기도에는 '이름을 붙일 수 없는 존재', '유일자', '근원', '힘', '진리', '보이지 않는 존재'에 대한 갈망이 드러나 있다.

우리는 진실을 찾으러 온 것이라네.

불확실한 열쇠로 신비의 문을 하나하나 열려고 시도하지.

우리는 그분의 법칙에 따라

원인의 옷자락을 붙잡으려 손을 뻗는다네.

그 무한한 존재, 시작된 적이 없이 영원히 존재하는 그분,

이름 붙일 수 없는 유일자,

우리의 모든 빛의 빛, 그 빛의 근원,

생명의 생명, 그리고 힘의 힘을

(...) (밀러 2021, 43)

작가는 데이비드의 위대한 스승 아가시는 자연의 모든 종 하나하나가 '신의 생각'이며, 그 '생각들'을 올바로 순서로 배열하는 작업이 창조주의 생각을 인간의 언어로 번역하는 것이라고 믿었다고 말한다. 그리고 이 위대한 일에 참여하는 것은 데이비드에게 있어서 가장 높은 수준의 선교활동이자, 신의 계획, 생명의 의미, 더 나은 사회를 건설하기 위한 해석 작업이었다.

데이비드는 그의 스승과 달리 다윈을 받아들였고, 신의 자리에 자연을 위치시킬 수 있었다. 하지만 작가는 위대한 일을 꿈꾸었던 과학자가 자연의 불확실성과 가능성보다 더 큰 인간의 위대한 의지에 매료되었음을 밝혀낸다. 느부갓네살이 해석의 오류를 범했던 것처럼 아가시도, 데이비드도 동일한 문제에 봉착했다. 이름을 소유하고 분류하고 범주화하여 불확실성을 제거하려고 했을 때, 각자의 생명의 아름다움은 은폐되고 말기 때문이다. 작가는 아가시의 관념이 데이비드의 우생학으로, 그리고 다시 앨

버트 프라다(Albert Priddy)의 우생학 불임화로, 매디슨 그랜트(Madison Grant)의 『위대한 인종의 소멸』(1916)을 거쳐 히틀러의 강제 불임화와 '부적합'이라는 낙인으로 국가가 한 개인의 인권을 박탈하는 합법적 도구가 되었음을 추적한다.

데이비드 스타 조던이 이름을 지배의 도구로 사용했다면 소설가 최명희는 이름 없이 살았던 이들을 기억해내고 찾아낸다. 작가는 장편소설 『혼불』을 1980년에 쓰기 시작해서 1996년까지 무려 17년간 집필했다. 구한말과 일제 강점기를 배경으로 한 이 소설에서 최명희는 "매안 이씨" 문중에서 무너져 가는 종가를 지키는 종부 3대 특히 청암부인을 중심으로 하는 긴 서사와 함께 이씨 문중의 땅을 부치며 살아가는 '거멍굴 사람들'의 삶을 치열하게 그려냈다. 작가는 이 작품을 쓰는 것을 손가락으로 바위를 뚫어 글씨를 새기는 것만 같다고 했다. "날렵한 끝이나 좋은 쇠붙이를 가지지 못한 나는 그저 온 마음을 사무치게 갈아서 생애를 기울여 한 마디 한 마디 파나간다."고 했다. 1부를 이끌어가는 청암 부인의 이야기 못지않게 작가가 들려주고 싶었던 이야기에는 설움 받고 살았던 거멍골 사람들의 희로애락이 있다. 그리고 그 소설의 가장 중심부엔 잊힌 노비들의 이야기가 있다. 최명희는 남자 노예인 '노'와 여자 노예들인 '비'의 역사를 고려시대로부터 추적한다. 어떻게 한 사회구조가 사람의 존귀함을 박탈할 정당성을 획득할 수 있는가에 대한 그의 탐구의 정점에는 이름을 빼앗긴 이들이 있다. 그리고 최명희는 그들의 이름을 되찾아 주는 것이 그의 소설의 이유라고 생각했다. 노비들의 존재를 확인하고 그들의 삶을 추적하면서 작가는 여러 도서관들을 샅샅이 뒤졌다. 그리고 조선시대 노비들의 이름들을 찾아낸다.

『혼불』제2부 4권에 '귀천'이라는 항목을 쓸 때, 소설적으로 편의상 지어낸 것이 아닌 진짜 노비의 이름을 단 한 사람 것만이라도 꼭 알고 싶었다. 나는 도서관의 낡은 도록에서 조선조 중기 어느 재상의 문서에 재산으로 분류된 노비의 이름을 발견하였다. 그들은 모두 열아홉 명이었다. 아아, 실제로 거기 노비가 있었던 것이다. 존재의 체감. '귀매', '귀득', '영근', '양례', 일생을 가엾게 살다 간 그 이름들을 보는 순간, 나도 모르게 손으로 글씨를 어루만지며 쓸어보았는데, 종잇장에 갇히어 몇백 년이 다 묵은 노비의 설움이 역력히 묻어나 치미는 울음을 참기 어려웠다(최명희 1996, 12-13).

작가는 이렇게 일제강점기에 대한 비판이나 조선의 역사 회복을 위한 정당성이 아니라 잊힌 이름들과 그들이 살았던 시절을 복원해 내는 데 주력했다. 위대한 이야기들의 가장 중요한 특징은 이렇게 잊힌 사람들의 이름과 목소리를 복원하는 데 있다. 그런 점에서 소설들은 은폐된 이름과 사건들을 복원하는 역사 기술 중의 하나이다.

나가는 말: 다시 부르는 이름

이태원 참사가 발생했을 때, 몇 명이 죽었고, 몇 명이 다쳤다는 이야기에 너무 큰 고통을 겪었다. 부모에게, 또 친구에게, 그들을 아는 모든 이들에게 영원한 상실을 가져온 이 참사에 대해 내가 정말 화가 났던 부분은 대중매체에서 그들의 얼굴을 보여주지도, 그들의 이름을 불러주지도 않았다는 것이다. 고통에 대면할 용기, 그들의 슬픔과 아픔을 마주할 용기가 없는 이들은 아무것도 책임질 수 없는 텅 빈 자들이다. 기후 위기의 다른 이름은 한 종 전체의 이름이 사라진다는 것에 있다. 식물의 종의 이름, 동물 종의 이름 들이 기억의 저편 너머로 상실되고 있다. 전쟁 역시 수많은 이름들을 빼앗는다. 이렇게 다른 이들의 이름을 가볍게 여기고 빼앗는 자는 성서에서 가장 가벼운 자다. 신의 저울에 무게를 달 수 없다. 다니엘서 벨사살 왕은 신의 저울에 그 무게가 나가지 않았다. 신전의 기물로 채워진 화려한 잔치는 오히려 그가 아무 무게가 나가지 않는 사람임을 드러낸다. 사람의 이름은 개념화되지도 않으면, 대상화할 수도 없는 신성한 타자, 다시 말해 신의 다른 이름이기 때문이다. 그래서 한 사람의 이름을 부르는 것은 그의 모든 삶을 불러내는 것이다. 우리는 이름을 통해 존재를 불러낸다. 우리의 이름이 불릴 때, 그 모든 존재 역시 함께 부름을 받는다. 이름을 부를 때 이 이름을 부르는 자도 함께 드러난다. 그런 의미에서 이름은 그 무엇보다 상호주체적이다. 창세기에서 이름은 무엇인가를 소유한다는 의미도 아니고, 대상을 부름으로써 자신이 더 우월함을 드러내는 것도 아니다. 오히려 타자의 이름을 불러줌으로써 최초의 예술가이신 하나님의 창조에 함께 참여하는 것이다. 하나님은 사물의 존재를 드러내고 이름을 지었다. 그리고 그들을 향해 경탄했다. 다른 말로 신은 자신이 지은 존재들을 찬양했다. 이는 신성모독의 표현이 아니다. 바울은 빌립보에 있는 성도들을 향해 그들이 하나님의 영광과 찬송이 되게 하시기를 구한다고 말했다. 성서에서 신의 이름을 알고 부른다는 말, 신을 찬양한다는 말은 놀랍게도 이름을 빼앗긴 이름들을 되찾는 것을 통해서 가능해진다. 지극히 작은 자에게 한 것이 나에게 한 것이라는 예수의 말은 윤리적 레토릭이 아니다. 그것은 이름을 부를 수 없는 신과 이름을 빼앗긴 자들이 신비하게 얽혀 있음을 표현하는 말이기 때문이다.

욕망과 실패에 관한 정신분석학*

강웅섭

* 본 논문은 '한국문화신학회 2022 공동저서 출판기획'의 주제인 "우리의 실패들에 대하여: 신학적, 철학적, 인문학적 성찰"에 준하여 작성하여 발표 및 토론한 결과물(2023.2.24.)이다. 이 글은 다음 표에 따른 구도에서 작성되었다. A의 <외밀, 겸허, 실패>는 B의 <신앙, 욕망>으로 이어진다.

각 용어의 원어는 본문에서 확인

출처	A	B	
	외밀, 겸허, 실패 →	→ 신앙, 욕망	
창세기 1:26	하나님의 형상(첼렘)	하나님의 모양(데무트)	
창세기 2:7/고전15:45	네페쉬 하야/프시케 조산		
	젖음의 네페쉬 하야	마름의 네페쉬 하야	
고린도전서 15:45	살려주는 영(프뉴마 조오포이운)	생령(프시케 조산)	
빌립보서 2:6-7	하나님의 본체(모르페)	종의 형체(모르페, 케노시스)	
아우구스티누스(삼위일체론)	하나님의 형체(포르마)	종의 형체(포르마)	
플라톤(국가론)	이데아(에이도스)	에이돌론	
		에이코네스	판타스마타
프로이트(꿈의 해석)	그것(에스)	사고(Gedanke)	표현(Ausdruck)
라캉(세미나II)	실재(르 헤엘)	언어(langage)	말(parole)
		언표행위(énonciation)	언표(énoncé)
		말하기(Dire)	말한 것(Le dit)
본 글	본(本)	본캐(本Character)	부캐(副Character)

들어가는 말: 거리끼고 미련한 십자가

기술문명이 발달할수록 나(Ich)를 표현하는 방법은 정교하게 "외밀한 (extime)"(Lacan 1986: 167, 1960.2.10. 강의. Lacan 2006: 224, 1969.3.12. 강의. Lacan 미출판: 1962.6.27. 강의. 강응섭 2023: 179-180) 것이 되고 있다. 라캉이 고안한 용어 '외밀한'은, 프랑스어 intime(내밀한)와 대조적인 것처럼 보이지만 이 단어를 사용하는 의도를 보면 그렇지 않은데, 자신의 내부로 축출하거나 밀어내거나 내팽개친 것을 표현하는 용어다. 상징화 과정을 통해 나동그라져 있는 것들은 외밀한 상태에 있다고 말할 수 있다. 이 상태는 프로이트 정신분석에 따르면 그것(Es)으로부터 문뜩 떠오른 것들이고, 라캉 식 정신분석으로는 실재(le réel)로부터 상상적인 것(l'imaginaire)으로, 상징적인 것(le symbolique)으로 재현되는 것들이다. 우리가 일상에서 접하는 단어 '본캐-부캐'도 이런 외밀한 상태와 연결하여 사색할 수 있다. 2010년 전후에 '딴짓'이라는 용어로 표현되던 것이 2019년에 이르면서 '부캐'로 대체되었다.(김난도 외 2020 참조) '본캐-부캐'는 기술문명을 집약적으로 보여주는 온라인 게임에서 게임 계정이나 게임 캐릭터를 지칭하는 말에서 나왔다. 본캐는 본캐릭터(本 Character), '부캐'는 부캐릭터(副 Character)의 약자이다. 이 글에서 '본캐-부캐'는 '본'(本)에 기초하여 재현되는 것으로 이해한다.

이 글은 '본캐-부캐'를 창세기에서부터 시뮬라크르에 이르는 다양한 표현 방식으로 돌이켜보았다. 우선, 성서의 표현(이 글의 II장 참조)에 근거할 때, '본-본캐-부캐'의 관계는 형상에 따른 '모양', '네페쉬 하야'(נֶפֶשׁ חַיָּה, nephesh chaya)[1]에서 그 기원을 찾을 수 있다. '네페쉬 하야'는 '젖음의 네페쉬 하야와 마름의 네페쉬 하야'로 구분하여 볼 수 있다. 이런 표현은 플라톤-아리스토텔레스의 표현(III장 참조)에 근거할 때 이데아와 에이돌론(에이코네스-판타스마타), 바울-아우구스티누스의 표현(IV장 참조)에 근거할 때 '하나님의 모르페와 종의 모르페', 프로이트의 표현(V장 참조)에 근거할 때 '사고와 표현', 라캉의 표현(VI장 참조)에 근거할 때 '언표행위와 언표'의 관점에서 볼 수 있다.

이 글은 이런 표현들을 본과 본캐-부캐의 관점에서 하나씩 정리한다. 이런 과정에서 외밀화된 것(the Extimed), 부차화된 것(the Secondaried), 실패된 것(the Failed)에 관해 살펴볼 것이다. 창세기의 요셉(VII장) 이야기는 이것을 보여주는 사례이다. 궁극적으로 이런 표현들은 "유대인에게 거리끼는 것이고 이방인에게 미련한 십자가에 못 박힌 그리스도"(고린도전서1:23)를 돌이켜보게 한다.

---

1   '생령'은 히브리어 '네페쉬 하야'의 번역이다. 개역개정판에는 '생령'으로 번역되어 있지만, 개역한글판에는 '산 영'으로 번역되어 있다. '네페쉬'는 목구멍을 지칭하는 해부학적 용어이자 '갈증'이란 의미를 지닌 정동적 용어이다. '네페쉬'는 살기 위해 마시고 먹고 호흡하는 통로인 목구멍이자, 자신의 갈급함을 표현하는 말을 전달하는 통로다. 한스 발터 볼프는 『구약성서의 인간학』(문희석 옮김, 왜관: 분도출판사, 1976, 28-56)에서 "네페쉬 하야"를 잘 설명한다.

I. 성서의 표현

: 젖음의 네페쉬 하야 vs 마름의 네페쉬 하야, 산 영(생령) vs 살려주는 영

'나는 누구인가?' 이 질문은 계통발생적 측면에서나 개체발생적 측면에서 줄곧 제기되어 왔다. 전자의 관점에서 보면, 역사 이전 시기에는 동굴 그림, 돌 조각 등 비언어적 형태로, 역사 시기에는 언어적 형태로 이 질문에 대한 답이 기록되었다. 후자의 관점에서 보면, 비언어적 형태는 언어적 형태 속에 스며들어 이 둘의 묘한 엮임으로 그 답이 제시된다. 이렇게 비언어적 형태와 언어적 형태는 계통발생 및 개체발생이라는 틀 속에서, 또는 자연과 문화라는 구조 속에서 논의가 될 수 있다.

창세기 1장 26절은 '나는 누구인가?'에 답을 주는 첫 번째 본문이다. "하나님의 형상을 따라 그 모양대로"에서 '형상'(מֶלֶם, 첼렘)과 '모양'(מוּת, 데무트)은 동어반복으로 이해할 수도 있지만, 대극적으로 볼 수도 있다. 즉, '형상'이 '본'이라면 '모양'은 '본캐-부캐', '형상'이 하나님만의 것이라면 '모양'은 형상의 겉, 거죽으로 볼 수 있다. 인간은 처음부터 본캐-부캐로 지음받았다고 볼 수 있다. 하나님이라는 본을 따라 만들어진 '모양으로서 본캐-부캐'가 사람이다.

우리는 창세기 2장에서 다시 한번 '나는 누구인가?'에 답을 듣는다. 자연의 초기 모습, 이미지로 그려지는 역사 이전 시기의 그 모습은 역사 시기의 산물인 언어를 통해 서술된다. 언어는 역사 이전 시기의 모습을 역사 시기에 전하려고 도입한 고난도의 기술(Technic)이다. 그 기술을 터득한 이래로 인간은 계속해서 그 기술을 정교하게 만들어 왔고, 그것을 이용해 기록 문화를 남겨 왔다. 철기시대의 산물인 '쟁기'로부터 '정보화 기술'과

'디지털 기술'이 대두되기까지 우리는 지금, 네 번에 걸친 산업혁명의 산물들과 공존하며 살고 있다. 이러한 기술의 발전은 '나는 누구인가' 하는 질문과 이어져 있다.

창세기 2장은 그 질문에 근거하여 서술된다. '여호와 하나님께서 땅에 비를 내리지 아니하셨다'(5절)는 "안개만 땅에서 올라와 온 지면을 적셨더라"(6절)와 대조를 이룬다. 6절의 오름은 1장 2절의 '깊음(테홈)'에서 시작되는 물의 오름과 연결된다. 즉, 5절과 6절의 대조(對照)는 물의 내림과 물의 오름의 대조, 물의 없음과 물의 있음의 대조를 보여 주고, 그 이면에는 '깊음'이 자리한다. 물이 아래서 위로 올라오는 모습은 안개 낀 여명의 장면을 연상시킨다. 지면을 적실 정도로 충분한 안개가 올라왔다. 대류 현상의 물기로 인해 충분한 수분을 머금은 흙은 사람을 짓는 재료가 된다. 하나님은 이 흙으로 사람을 만든다. 그리고 바람은 지어진 사람, 즉 젖음의 네페쉬 하야를 말린다. 그 결과 마름의 네페쉬 하야가 탄생한다. 7절은 이렇게 말한다. "여호와 하나님이 흙으로 사람을 지으시고 생기를 그 코에 불어 넣으시니 사람이 생령이 된지라"라고 기록한다. 이 구절에서 '생령'은 히브리어 '네페쉬 하야'의 번역이다. 개역개정판에는 '생령'으로 번역되어 있지만, 개역한글판에는 '산 영'으로 번역되어 있다. '네페쉬'는 '목구멍'을 지칭하는 해부학적 용어이자 '갈증'이란 의미를 지닌 정동적 용어이다. '네페쉬'는 살기 위해 마시고 먹고 호흡하는 통로인 '목구멍'이자, 자신의 갈급함을 표현하는 말을 전달하는 '통로'다.(볼프 1976: 28-56 참조)

기록문자가 없던 시기의 모습을 기록문자로 정리함으로써 인간의 기원을 담고 있는 5~7절은 '나는 누구인가'를 질문하는 이에게 큰 실마리를 제공한다. '젖음'과 '마름'의 대조는 이 질문에 어떤 실마리를 줄 수 있을까? 바울은 창세기 2장 7을 고린도전서 15장 45절에서 다루었다. "기록된 바 첫 사람 아담은 생령이 되었다 함과 같이 마지막 아담은 살려주는 영이 되었나니…." 그는 '살려 주는 영'을 추가한다. '생령'(ψυχή ζῶσαν, psyche zosan, a living soul)은 창세기 2장 7절 "네페쉬 하야"의 번역이고, '살려주는 영'은 바울이 '생령'과 대조를 이루도록 추가한 것이다.

'네페쉬'는 창세기 1장 20절에 처음 등장한다. 창조의 다섯 번째 날에 "하나님이 이르시되 물들은 생물을 번성하게 하라 땅 위 하늘의 궁창에는 새가 날으라"고 하셨다. 물속에 번성하는 생물이 바로 네페쉬 하야이다. 그러니까 바다에 사는 살아 있는 존재를 네페쉬 하야, 생명이라고 명명하신다. 21절에는 "하나님이 큰 바다 짐승들과 물에서 번성하여 움직이는 모든 생물을 그 종류대로, 날개 있는 모든 새를 그 종류대로 창조하시니 하나님이 보시기에 좋았더라"고 하신다. 큰 바다에 사는 짐승들과 물에 번성하여 움직이는 생물이 최초의 네페쉬 하야이다. 이어서 창조의 여섯째 날에 "하나님이 이르시되 땅은 생물을 그 종류대로 내되 가축과 기는 것과 땅의 짐승을 종류대로 내라 하시니 그대로 되니라"(24절)고 말씀한다. 땅이 내어놓는 생물(네페쉬 하야)은 가축, 기는 것, 땅의 짐승이다. 땅이 내어놓는 것을 식물로 볼 수 있지만 동물과 연결하고 있다. 창세기 2장 19절도 동물과 연관된다. 바울은 고린도교회가 제시한 두 개의 질문을 해결할 때 창세기 1장과 2장을 들어 답한다. 즉, "죽은 자들이 어떻게 다시 살아나며 어떠한 몸으로 오느냐"는 질문에 답하면서, 맨 먼저 식물의 씨, 식물의 알맹이, 종자를 언급한다. 창세기 1장 24절에서 땅과 식물의 관계가 모호했다면, 고린도전서 15장 36절 이하에서는 식물을 앞세우면서 다시 사는 문제를 다룬다.

바울은 창세기 2장 7절의 '네페쉬 하야'(히브리어)를 그리스어 '프시케 조
산'(고린도전서 15장 45절)으로 번역한다. 그리고 네페쉬 하야-프시케 조산(생령,
산 영)을 '살려 주는 영'과 대조시킨다. 바울은 '생령(산 영)'과 살려 주는 영
을 대조하면서, 마치 물의 오름과 물의 내림의 대조, 젖음과 마름의 대조
를 연상시키면서, 어쩌면 젖음의 네페쉬 하야와 마름의 네페쉬 하야를 대
조하면서, 극적인 장면을 연출한다. 이 대조에는 추락, 실패가 자리한다.
이것이 하나님의 추락-하나님의 실패로 인한 것인지, 인간의 추락-인간의
실패로 인한 것인지, 이에 관한 논의는 뫼비우스의 띠의 속성으로 이해할
수 있을 것이다.

II. 플라톤-아리스토텔레스의 표현
: 이데아의 침대 vs 에이돌론(에이코네스-판타스마타)의 침대

본서에서 다루는 본캐와 부캐는 플라톤식 '이데아'(Ιδέα, eidos)에 근접하
는 '에이돌론'(εἴδωλον, eidolon, 그림자, 복사물, 이미지 등으로 번역)과도 비교할 수 있
다. 졸리는 『이미지와 기호』에서 고대에서 현대에 이르는 주요 작가들이
말하는 이미지와 기호 간의 개념을 다룬다.(Joly 1994/2004: 74-75) 플라톤(bce
428/427년 또는 424/424년-348/347), 아리스토텔레스(bce 384-322) 이후 필로스트
레이트(ce 190-230, 그리스 소피스트, Philostrate, Φιλόστρατος Philóstratos, Lucius Flavius
Philostratus, Philostrate de Lemnos)는 그리스어 용어인 '이데아'(Ιδέα, Idea), '에
이돌론'(εἴδωλον, eidolon), '에이코네'(εικόνε, eikone), '판타스마'(φάντασμα,
phantasma) 등을 사용하여 이미지와 기호의 관계를 정리하였다.(Philostrate

1991 참조) 본서에서는 이런 용어들을 사용하여 '본캐'와 '부캐'의 관계를 추론한다. '본캐와 부캐로서 에이돌론'은 두 가지 속성을 갖는데, 이데아를 닮으려는 속성일 때 에이코네(εικόνε, eikone, 복수형태는 εικόνες, 복사물들)라고 표현하고, 이데아를 벗어나려는 속성일 때 판타스마(φάντασμα, phantasma, 복수형태는 φάντασματα, 시뮬라크르들, 허깨비들, 환상의 감각상들)라고 표현한다. 에이돌론의 두 속성은 한편으로는 부캐가 본캐와 가까워지려고 자기증식을 하는 것이고, 다른 한편으로는 부캐가 본캐와 더 거리를 두면서 본캐도 아니고 본캐의 복사물도 아닌 지위를 가지려고 자기증식을 하는 것이다. 판타스마타는 본체에서 비롯되었으나 본체에 부속되는 것으로 다뤄지는 것을 거부하고 그 자체로 지위를 갖고자 또 다른 가능성을 시도한다. '부캐'는 이런 후자의 자기증식 속성에 속한다고 볼 수 있다.

플라톤은『국가』의 제5권에서 세 개의 침대(신이 만든 침대, 장인(목수)이 만든 침대, 화가가 그린 침대)를 이야기하는데, 신이 만든 침대를 '이데아'라고 할 때, 본캐와 부캐로서 침대는 장인(목수)과 화가의 침대인 '에이돌론'이다.(Platon 2002 참조) 우리가 세 개의 침대를 다룰 때, 신의 침대에서 다른 두 침대를 볼 수도 있고, 장인(목수)의 침대에서 다른 두 침대를 볼 수도 있고, 화가의 침대에서 다른 두 침대를 볼 수도 있다. 본캐와 부캐의 문제는 이데아에 대한 모방의 문제이다. 모방은『국가』에 따른 플라톤의 견해와『시학』에 따른 아리스토텔레스의 견해로 나뉜다.(Aristote 2003) 즉, 이데아의 침대에 대한 '본캐로서의 침대'와 '부캐로서의 침대'라는 모방은 역(부정)기능으로서의 모방이냐 순(긍정)기능으로서의 모방이냐로 갈렸다. 이런 양분된 견해는 역사를 통해 전개되었고, '이데아'에 대한 '에이돌론', 즉 '이데아'에 대한 본캐(에이코네스)와 부캐(판타스마타)의 관계로 논의되었다.

플라톤 식 '이데아'에 대한 '에이돌론'은 현대에 이르러 시뮬라크르 (프: simulacre, 라: simulacrum), 시뮬라시옹(simulation)으로 다시 회자되고 있다.(Baudrillard 1981/2001 참조) 또한 AI의 발달로 인해 플라톤이 생각했던 이데아의 복사에 대한 염려가 현실화되고 있다. 가령 딥페이크(Deepfake)가 그것이다. 이미지나 영상물이 진짜인지 가짜인지에 대한 문제가 제기된 것이다. 2017년부터 제기된 딥페이크는 필자가 앞서 전개한 첼렘과 데무트에 대한 창세기 1장의 표현과도 이어져 있고, 젖음의 네페쉬 하야와 마름의 네페쉬 하야에 대한 창세기 2장의 서술과도 이어져 있고, 이데아와 에이돌론(에이코네스, 판타스마타)에 대한 플라톤의 구분과도 연관된다. 그리고 모르페를 이중적으로 사용한 바울의 표현(하나님의 모르페, 종의 모르페)과도 맞닿아 있다. 오늘날의 시뮬라크르 또한 이런 흐름에서 논의된 것으로 볼 수 있다.

III. 바울-아우구스티누스의 표현
: 하나님의 모르페와 종의 모르페(케노시스) vs 하나님의 포르마와 종의 포르마

바울은 빌립보 교회에 보내는 글에서 예수 그리스도를 일컬어 "그는 근본 하나님의 본체(형상-필자)시나 하나님과 동등 됨을 취할 것으로 여기지 아니하시고 오히려 자기를 비워 종의 형체(형상-필자)를 가지사 사람들과 같이 되셨"(빌립보서 2:6, 7)다고 말씀한다. 한글 성경에서 사용하는 용어 '본체'와 '형체'는 그리스어로 모르페(μορφή), 라틴어로 포르마(Forma)이다. 즉, 그리스어 성경에는 "하나님의 모르페(μορφή θεου)"와 "종의 모르페(μορφή δουλου)"로 표기되어 있고, 라틴어 성경에는 "하나님의 형상(Forma Dei)"과 "종의 형상(Forma serui/servi)"으로 표기되어 있다. 바울은 '모르페'라는 용어를 통해 극(極)과 극(極)을 대비시킨다. '모르페'는 창세기 1장 26절에서 말한 하나님의 '형상'(첼렘)이고, 질료형상론을 말한 아리스토텔레스의 '형상'이고, 아우구스티누스의 Forma이다.

하나님의 모르페를 본캐, 종의 모르페를 부캐로 볼 경우, '종의 모르페로서 케노시스'(κενοσις, kenosis)는 부캐에 연결된다. 케노시스는 마름의 네페쉬 하야이지만 모든 무릎을 꿇는 자리이다. 예수 그리스도는 '본캐로서 하나님의 모르페'에서 '부캐로서 종의 모르페'로 자신을 낮추시고 비우심(케노시스)으로 "모든 이름 위에 뛰어난 이름"(9절)인 "주"(Κύριος, Kurios, 11절)로 고백되고 하나님께 영광을 드리게 된다. 여기서 역설이 비롯된다. 아우구스티누스는 빌립보서 2장을 읽으면서 본캐로서의 하나님(성자)과 부캐로서의 하나님(성자)을 지칭한 바울의 그리스어 표현(하나님의 본체/형상(μορφή θεου)과 종의 형체/형상(μορφή δουλου)을 라틴어로 변환시켜 '하나님의 형상'(Forma Dei, La condition de Dieu)과 '종의 형상'(Forma serui/servi, La condition d'esclave)으로 표현한다.(Augustine 1991: Ⅰ. Ⅶ. 14) 전자의 표현은 성자께서 성부와 동등하다는 것을, 후자의 표현은 성자께서 성부보다 작다 또는 성부로부터 나온다는 것을 표현한다. 아우구스티누스는 본캐와 부캐를 구분함에 있어서 Forma를 공통으로 갖는 관계로서 성부와 성자의 관계를 말한다. Forma는 '같지만 구별된다'는 것을 표현한다. 성자는 하나님이라는 것에서는 성부와 '같고', 인간이 되고, 십자가를 지고, 죽음에 이른다는 것에서는 성부와 '구별된다'. 아우구스티누스는 Forma라는 용어를 통해 본캐(성부)와 부캐(성자)의 '역설'(Paradox)을 보여주고, Forma에 Dei와 serui/

servi를 덧붙여서 본캐(성부)와 부캐(성자)의 '대극'(Polarity)을 표현한다.

또한 하나님과 인간의 관계를 설명할 때, 본캐가 하나님, 하나님의 형상(Forma)이시라면, 부캐는 그 형상을 따라 그 '모양'대로 지음 받은 존재, 네페쉬 하야, 프시케 조산으로 볼 수 있다. 그렇기에 형상(본캐)의 모양(부캐)을 따라 지은 바 된 인간 존재는 형성될 때부터 이미 본캐의 본질을 그대로 갖고 있지 않다. 그렇기에 부캐로서의 인간, 젖음에서 마름으로 이행한 '네페쉬 하야'(생령, 사는 영)는 추락, 실패를 전제하고 있다. 신학의 역사에서 하나님의 형상으로서 인간을 다뤄 왔는데, 그 인간의 모습은 악한 영들에 사로잡혀 있고, 그렇기에 특별한 구속(救贖)을 요청하는 존재로 그려졌다.

IV. 프로이트의 표현: 영혼(정신)의 장치에 관한 여러 표현들

프로이트(1856~1939)는 ps(psi, 프사이)-system을 구상하면서 몸 밖과 몸 안의 관계를 정립하고자 그 과정과 진행을 도면으로 그렸다. 물론 프로이트의 도면은, 여러 다양한 학자들의 견해 중 하나의 견해에 불과하다. 그럼에도 우리가 그의 도면을 간과할 수 없는 이유는 무엇인가?

프로이트가 정신분석 영역을 만들면서 가장 고심한 것은 인간의 '영혼(정신, 심리)장치'는 '밀어냄'의 과정을 거치면서 형성된다는 점이다. 프로이

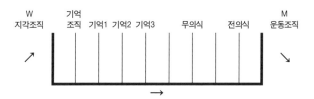

트는 '영혼(정신, 심리)장치'에 관하여 Seelischen instruments, Seelischen Apparat, Psychische Apparat, Appareil psychique, Gerüst 등의 표현을 사용한다. 이 발달에 따라 신경증, 정신증, 도착증이 구조화된다. 인간이 구축해 온 근본적인 문화작업은 신경증의 구조작업이었다. 이 작업은 창세기 3장에 잘 제시된다. 성경은 신경증의 구조화 작업뿐 아니라, 정신증의 구조화나 도착증의 구조화 작업을 기록하고 있다. 율법 앞에 놓인 인간의 모습은 신경증의 구조화에 관계되고, 뱀이 신처럼 된다고 말한 것은 정신증의 구조화에 관계되고, 십계명에서 제시한 항목들은 신경증에 내몰린 도착증의 구조화에 관한 것으로 볼 수 있다.

프로이트는 제2차 산업혁명이 한창 여물어 가던 시기에, 곳곳에서 나타난 폐단의 인과관계를 연구했던 의학자, 생리학자, 신경학자였다. 그는 그 문제를 진단하고자 몸 밖과 몸 안을 대조시키면서 '감각-기억-무의식-의식'이라는 가교 장치를 마련한다. '무의식'은 몸 밖과 몸 안을 잇는 하나의 장치다. 프로이트는 이걸 '비계'(독: Gerüst, 프: Echafaudage, 영: Scaffoldm, 飛階)라고 불렀다. 건물을 짓기 위해 세우는 장치인 비계에 비유한 것이다. 비계를 통해 작업하다 보면, 도면에 그려진 것이 현실에서 모습을 드러내는 것을 볼 수 있다. 정신분석가는 분석수행자(내담자)의 자유연상을 통해 프시케의 모습을 본다. 하나님은 흙으로 빚고, 그것에 생기를 불어 넣어 아담이라는 생령(사는 영), 네페쉬 하야, 프시케 조산으로서의 인간을 만들었다. 이 피조물은 에덴동산에서 저녁을 보내고 아침을 맞이한다. 이 피조물을 만드신 하나님의 예지(prescience)와 에덴동산에서 살게 된 인간의 삶(habitus)은 계통발생과 개체발생이라는 뫼비우스적 틀 속에서 재현된다.

프로이트는 『꿈의 해석』(1900)에서 '꿈-사고'와 '꿈-내용'의 간극을, 『농담과 무의식의 관계』(1905)에서 '사고'(Gedanke)와 '표현'(Ausdruck)의 간극을, 라캉은 『세미나 11. 정신분석의 네 가지 근본 개념』(1963-1964)에서 '언표행위'(énonciation)와 '언표'(énoncé)의 간극을 이야기한다. 정신분석학은 대립적인 것으로 보이는 두 항 또는 양극을 엮는 장치로 '감각-기억-무의식-전의식-의식'이라는 심급 또는 비계를 사용한다. 정신분석학은 후자(알려지는 것, 아는 것)를 통해 전자(가려진 것, 모르는 것)의 진리를 밝히고자 한다.

1932년에 프로이트가 출판한 『새로운 정신분석 강의』의 제31장 마지막 문장이 힌트를 줄 수 있을까? "Wo Es war, soll Ich werden. Es ist Kulturarbeit etwa wie die Trockenlegung der Zuydersee."(Freud 1932/1944: 86) 이 문장은 정신분석 영역에서 해석에 관한 논란도 있고, Es와 Ich 간의 관계에 대한 해설에서도 논란이 있다. 이 문장의 영어 번역은 이러하다. "Where id was, there ego shall be. It is a work of culture-not unlike the draining of the Zuider Zee."(Freud 1932/1964: 80. Freud 1932/1973: 112) 열린책들에서 출간한 프로이트전집에 따른 한글 번역은 "이드가 있었던 곳에 자아가 생성되어야 합니다. 그것은 조이더(Zuider) 만 근처의 바다를 간척하는 것과 같은 문화적 작업입니다."(Freud 1932/2014: 109) 이 문장의 첫 소절은 여전히 어렵다. "Wo Es war"(Where id was-이드가 있었던 곳)는 Es가 있었던 곳이다. 프로이트가 비유하고 있는 대서양과 조이더 만의 간척지를 염두에 두면서 상상해 보면, 그의 진의를 알 수 있다. 대서양은 Es(그것, 이드)이고, 조이더 만 간척지는 생성되어야 할 Ich(나, 자아)이다. 간척지를 만드는 문화작업은 자아를 생성하는 것과 같다. 이때 대서양 심연에 있던 Es가 간척지에 그 흔적을 남긴다. Es가 본캐라면 Ich는 부캐이다. 부캐로서 간척지는 대서양의 것을 담고 있다. 대서양을 알려면 간척지를 보는 수밖에 없다. 물론 대서양의 심해를 조사할 수도 있지만 대서양의 것은 연안 지대인 간척지에 자신의 것을 각인시킨다. 프로이트는 Es를 소환하여 Ich로 드러내는 것을 '조이더 만 간척사업'에 빗대어 '문화작업'이라고 말한다. Ich는 Es의 것을 담고 있다. 매립된 간척지(와 같은 Ich)는 망망대해(와 같은 Es)에서 유래하는 것들, 즉 요즘 문화에서 '부캐'라고 부르는 것, 프로이트는 이것을 '표현'(Ausdruck)이라고 불렀다. 이것은 '사고'(Gedanke)라는 대서양, 본캐에서 기인한다.

V. 라캉의 표현
: 언어처럼 구조화된 무의식 vs 언어처럼 구조화된 저항

창세기 2장이 젖음의 네페쉬 하야와 마름의 네페쉬 하야를 대조하듯, 바울이 '생령(산 영)'과 '살려 주는 영'을 대조하듯, 프로이트가 사고(Gedanke)와 표현(Ausdruck)을 대조하듯, 라캉은 언표행위(énonciation)와 언표(énoncé)를 대조(對照)한다.

디지털 기술이 발달하여 많은 계정에 자신의 것을 투영한다고 해서, 자신의 참 정체성을 거리낌 없이 잘 표현한다고는 볼 수 없다. 조이더 만 간척사업에 비교되는 부캐의 재현, 디지털 시대의 문화작업, 이런 표현은 극도로 발달된 기술문명 앞에 놓인 인간을 바라보게 한다. 문화작업 방식이 아날로그 식이거나 디지털 식이라고 해서, 사고/언표행위와 표현/언표 간의 간극이 넓어지거나 좁혀진다고는 볼 수 없다. 디지털 기술 공간이 '사고'와 '표현' 사이에서 기능하는 '저항'과 '밀어냄'(Verdrängung, 억압)을 느슨하게, 더디게 한다는 것은 근거가 약해 보인다.

창세기 3장은 문화작업의 구조화 앞에 놓인 이 인간이 어떤 과정을 통해 하나님과 자연과 사귀는지를 보여준다. 에덴에서의 생활(habitus) 기록은 기록 이전의 역사를 잘 나타낸다. 즉, 하나님은 자신이 만든 모든 것을 다스릴 자(1장 26절)로서 네페쉬 하야인 아담을 만들었다. 하나님은 그 일을 실험할 공간인 에덴에 아담을 데려다가 다스리는 일을 수행하게 했고, 그 일을 도울 하와도 주었다. 다스리는 일은 각 실재에 이름을 부여하는 것이다. 다스리는 일을 하기 위해 필요한 기술은 무엇이며, 염두에 둬야할 일은 무엇인가? 하나님은 아담에게 규율을 주었고, 아담은 그것을 준수하는 가운데 실재와 소통하면서 다스림을 수행해야 했다. 하나님이 제시한 규율은 아담과 하와에 의해 파괴된다. 하나님이 심혈을 기울인 젖음과 마름의 네페쉬 하야로서 아담과 하와, 이 둘은 하나님의 규율을 이뤄내지 못했다. 하나님의 '먹지 말라'는 말씀을 '어긴 것'이다. 이 '어김'은 프로이트가 말하는 '표현', 라캉이 말하는 '언표'에 해당한다. 이 '어김'은 프로이트가 말하고자 했던 사고, 라캉이 말하고자 하는 '언표행위'를 지칭하는 것은 아니다. 젖음의 네페쉬 하야와 마름의 네페쉬 하야의 차이는 프로이트 식의 사고와 표현의 차이, 라캉식의 언표행위와 언표의 차이를 보여준다.

이 차이로 인해 인간은 첫 번째 추락, 실패를 한 것일까? 물론 환경의 영향을 살펴볼 수 있다. 뱀이 등장하여 소통을 방해했기 때문이고, 뱀의 제안을 듣고 방황이 부족했던 탓이다. 하나님의 제안을 염두에 두었다면 더 방황했어야 했다. 속는 자는 방황하지 않지만, 속지 않는 자는 방황하기 때문이다. 이 첫 부부가 방황하지 않았던 것은 아니다. 하지만 더 철저하게 방황했다면 어떠했을까? 왜 방황이 그렇게 어려웠을까? 젖음의 네페쉬 하야에서 마름의 네페쉬 하야로의 이행 때문일까? 하나님이 그렇게 지어서일까? 인간이 속임수를 피할 능력을 개발하지 못해서일까? 다시 말해, 인간이 속을 수 있는 구조로 만들어져서일까, 인간이 속임에 안주해서일까? 필자는 두 가지 질문에 대하여 좀 더 구체적으로 '인간이 속임 구조로 만들어졌고 그 결과 이어질 것에 대한 예지(prescience)가 있지 않았을까, 아울러 속임 구조에 놓인 인간이 그 구조에 익숙해진 생활(habitus)이 있지 않았을까'라고 의견을 제시해 본다. 이 두 가지 질문은 수렴되지 않는, '나는 누구인가'에 대한 양날의 주장으로 이어져 왔다. 그 첫 번째 주장은 '나는 존재한다 그러므로 나는 생각한다.'이고, 두 번째 주장은 '나는 생각한다 그러므로 나는 존재한다.'이다. 전자는 방황 없는 '믿음의 시대'를 대변하고, 후자는 방황하는 '이성의 시대'를 대변한다. 의심은 근대를 출범하게 했다. 의심은 속지 않으려는 인간의 몸부림에서 비롯되었다. 속지 않으려는 인간의 무기는 의심이다. 그것은 곧 이성에 대한 신뢰였다. 실패하지 않으려고 인간이 기댄 것은 이성이었다. 그런데 이 신뢰 역시 속임이었고 실패였다. 또 한 번 인간의 실패를 밝힌 이는 프로이트이다. ps(psi, 프사이)-system을 정립한 프로이트는 데카르트의 주장을 뒤엎었다. 믿음의 시대에서 이성의 시대로 갈아탄 서양사회는 또 다른 형태의 속임 구조를 밝힌 프로이트로 인해 적잖이 불편해했다. 프로이트의 이러한 주장을 무신론적이라고 하는 것은 하나님의 인간 창조 원리를 잘 이해하지 못한 데서 비롯된다. 정말 속고 있는 이가 누구인지, 누구의 의심이 믿음에 근거한 것인지를 깊이 상고해 보는 것도 의미가 크다. 하나님이 지은 인간의 원래 모습이 어떠했는지.

기록문자가 없던 시기의 일을 기록문자로 남긴 창세기 도입부로 돌아가 논의를 다시 시작하면 프로이트의 작업이 의미 있지 않을까? 이런 맥락에서 "무신론의 진정한 공식은 신은 죽었다가 아니다. [...] 그것은 '신은 무의식입니다'이다."(Lacan 1973: 58, 1964.1.29. 강의)라고 말한 라캉에게서 잘 드러나는데, 이 말은 "무의식은 언어활동처럼 짜여 있다"(앞의 책, 137, 1964.4.29. 강의)는 원리를 전제로 한다. 과학기술 발전에 따라 인간에 관한 견해가 차곡차곡 쌓이면서 지금까지 주장되던 이론은 새로운 질문을 받게 된다. 이런 질문을 통해 이전에 확정한 결론을 새롭게 생각해 보는 기회가 주어진다. 과학이나 기술이 발전한다는 것은, 새로운 과학 이론이나 기술이 제기된다는 것은 하나님이 지으신 세계, 하나님이 갖고 있던 도면을 밝히는 것으로 이해할 수 있을 것이다. 이런 시대 환경에서 '나는 누구인가'에 접근하는 또 하나의 방식은 무엇인가? '나는 속고 있는가', '나는 실패하고 있는가'라는 질문이 아닐까?

정신분석에서 분석가와 분석수행자(내담자)의 관계가 형성되려면, 저항(Widerstand)의 문제를 잘 다루어야 하고, 그것은 전이라는 기술개념과 기술실천으로 이어진다. 라캉은 "유일한 저항이 있는데, 그것은 분석가의 저항입니다. 분석가는 그가 무슨 일을 하고 있는지 이해하지 못할 때 저항합니다(Il n'y a qu'une seule résistance, c'est la résistance de l'analyste. L'analyste résiste quand il ne comprend pas à quoi il a affaire.)"(Lacan 1978: 267, 1955.5.19. 강의)라고 말하지만, 『정신분석 대사전』은 저항의 정의를 "정신분석에서 분석수행자(analysant)의 반응 전체를 정의하기 위하여 사용하는 용어"(Roudinesco 2002/2005: 988)라고 제시한다. 양극적인 저항에 대한 이해를 기술적 측면에서 연구하는 것이 정신분석의 핵심 부분이다. 정신분석은 저항의 중요성을 어떤 분야보다 더 강조한다. 저항은 아날로그 공간에서나 디지털 공간에서도 작용한다. 저항이 덜한 매체가 있다는 것은 수용하기가 쉽지 않다. 저항은 두 축 사이에 있는 공기, 언어활동처럼 구조화된 무의식과도 같다. 무의식의 체계는 저항의 체계이다. 본캐와 부캐 사이에도 저항이 있다. 두 주체 사이에도, 두 매체 사이에도 저항이 존재한다. 현실적으로 봐도, 점점 디지털 공간에 대한 법적 장치가 강화되고 있고, 개인정보에 관한 엄격함은 날이 갈수록 공론화되고 있다. 아날로그에 남긴 흔적으로 찾는 것보다 디지털에 남겨 둔 흔적을 찾는 게 더 용이한 시대가 되었다. 젖음의 네페쉬 하야에 근접하는 시도이다. 우리의 손이 놀린 모든 것이 생명책에 기록된다고 말할 수 있을까? 이런 관점에서 볼 때, 아날로그와 디지털은 모두 '알 수 있는 부분'에 해당한다. 정신분석은 '알 수 없는 부분'과 '알 수 있는 부분'의 관계를 살피는 행위이다. 정신분석의 기술은 저항을 다루면서 '알 수 없는 부분'에 근접하려는 시도이다.

VI. 요셉: 12번째 아들의 외밀한 장자권

창세기의 요셉은 야곱의 아들이다. 야곱은 태어나면서부터 에서의 발꿈치를 잡았기에 이름이 야곱이다(창25:26). 에서가 들사람 사냥꾼이라면 야곱은 장막에 거하는 조용한 사람이다(창25:27). 야곱은 쑨 붉은 죽으로 장자의 명분을 샀다(창25:31, 33). 태생 때부터 야곱은 '장자'(長子) 사건에 엮이고, 장자권은 '외밀화' 된다. 그것은 노상 마음 깊은 곳에서 기회를 노리고 있다. 장자권이 결정되는 시점에서 외밀화되었던 것은 현실화된다. 장자권을 갖게 된 야곱은 역설적이게도 타향살이를 하게 된다. 요셉의 아버지 야곱은 네 명의 아내(레아, 라헬, 빌하, 실바), 열두 명의 아들(르우벤, 시므온, 레위,

유다, 잇사갈, 스불론, 단, 납달리, 갓, 아셀, 요셉, 베냐민), 한 명의 딸(디나)을 두었다. 그중 요셉은 열두 번째로 태어났고, 어머니는 라헬이었다. 라헬은 야곱의 아내 중에서도 특별한 아내였기에, 그녀에게서 난 요셉은 야곱에게 특별했다. 총애를 받은 요셉은 아버지 야곱처럼 장자 사건에 엮여 외밀한 삶을 산다. 왜일까? 장자병이 전념된 것일까?

열두 번째 아들인 요셉이 장자의 자리를 넘보는 것은 현실적으로는 불가능했다. 그의 앞에는 열 명의 장자 대기자들이 있었다. 그러나 그것은 꿈에서 가능했고, 그의 꿈(망상, 욕망)은 그것을 가능하게 했다. 17세 때 요셉은 '꿈-내용'을 말한다. "우리가 밭에서 곡식을 묶더니 내 단은 일어서고 당신들의 단은 내 단을 둘러서서 절하더이다"(창37:7). 이때부터 장자권 사건이 일어난다. 꿈꾼 자는 죽은 상태로 내팽개쳐진다. 이 내팽개쳐짐은 내팽개친 자들의 안으로 던져진 것이다. 그래서 언젠가는 밖으로 나올 것이었다. 이 사건은 에서의 발꿈치 잡기와 야곱의 붉은 죽에서처럼 요셉의 곡식 단에서 발화된다. '장자의 꿈'은 타자의 내면으로 던져진 '외밀화'된 욕망과 연관된다.

장자가 되고자 했고 장자가 된 야곱의 욕망은 아버지 이삭과 어머니 리브가에게서 비롯된다. 에서가 가나안 여인을 아내로 맞자, 이삭과 리브가는 근심하였다(창26:34, 35)고 한다. 그래서 부모의 욕망은 야곱에게로 향한다. 어쩌면 야곱의 아내에게로 향한다고 해야 정확할 것이다. 그래서 야곱에게 더 기댄 것으로 보인다. 장자권에 대한 이삭, 야곱, 요셉의 욕망은 도착적인 형태의 '부캐'로 나타났다. 도착적 욕망은 적어도 3대(이삭-야곱-요셉)에 이르는 부자지간에서 공통된다. 구약성서에서 제시하는 장자권은 하나님의 욕망이기도 하다. 이런 내용을 알고 있는 자들이 장자권을 오용하는 것은 도착적인 행위이고, 더 나아가서는 하나님의 권위를 '부인'(否認)하는 것이다. 그들이 하나님의 권위를 몰인식하거나 하나님의 권위가 그들에게 부재해서가 아니다. 그들은 하나님의 권위에 압도되고 억압되어 도착적인 반응을 한 것으로 볼 수 있다. 도착은 '신경증의 음화'라고 말한 프로이트의 말처럼, 강력한 하나님의 말씀, 아버지의 이름으로 제시되는 율법에 대한 순응은 도착적인 형태로 나타난다. 이런 도착적인 형태를 통해 현실을 기대하는 것은 '망상'일 것이다. 요셉은 오랫동안 이런 망상 가운데 살았다. 즉, 형들의 곡식 단이 자신의 단에 절하는 그런 현실을 보디발의 집에서도, 감옥에서도, 총리 재임 중에도 기대했을 것이다. 도착적인 형태에서 망상적인 삶을 사는 것, 이것은 십계명의 계명이 겨냥하고 경계하는 내용이다.

창세기 37장은 채색 옷을 입은 17세의 요셉이 꿈을 이야기하는 장면(창37:5, 9, 19)을, 창세기 39장은 보디발의 관원복을 입은 요셉이 보디발의 아내로부터 옷을 갈취당하는 장면(창39:13)을, 창세기 40장은 30세 된 요셉이 죄수복을 입고 꿈을 해석하는 장면(창40:9 이하에 술 맡은 관원장, 16절 이하에 떡 굽는 관원장)을 담고 있다. 창세기 41장은 죄수복을 벗고 바로의 꿈을 해석하는 장면(창41:25, 26)을 담고 있다.

요셉은 꿈 해석자를 찾는 술 맡은 관원장에게 이르기를 "해석은 하나님께 있지 아니하니이까 청하건대 내게 이르소서"(창40:8)라고 말한다. 요셉은 하나님의 해석 대리인으로 자처한다. 요셉은 어떤 근거로 이런 이야기를 하는가? 당시 제사장이나 마술사 같은 직업군이 이런 일을 했을 텐데, 요셉은 이런 일을 서슴없이 하고 있다. 혹시나 잘못된 해석을 할 수도 있는데, 그의 꿈 해석의 자부심은 어디서 오는 것일까? 그는 '해석은 하나님께 있다'고 말한다. 이런 견해를 어떻게 갖게 되었을까?

술 맡은 관원장이 추천한 요셉은 바로의 꿈을 듣고 "바로에게 이르되 바로의 꿈은 하나라"(창41:25)고 말한다. 이 원리는 프로이트가 제시한 것과 같다. 꿈은 여러 개일지라도 꿈은 하나이다. 특히 분석 중에 꾸는 다른 꿈들은 하나의 메시지를 갖는다.

요셉은 이 원리대로 관원장의 꿈을 해석했었다. 이 원리는 꿈을 보고하는 자와 꿈을 해석하는 자 사이에 있는 저항에 어떤 영향을 끼칠까? 꿈해석을 요청한 바로는 요셉에게 이런 말을 했다. "들은즉 너는 꿈을 들으면 능히 푼다 하더라. 요셉이 바로에게 대답하여 이르되 내가 아니라 하나님께서 바로에게 편안한 대답을 하시리이다."(창41:15, 16) 요셉은 '내가 아니라 하나님'이라고 말한다. 어떤 과정을 통해 그는 하나님으로부터 해석을 얻는가? 혹 그가 열일곱 살이었던 때에 형들에게 꿈 이야기를 한 것과 연관이 있을까? 꿈 잘 꾸는 요셉이 꿈을 잘 해석한다고 볼 수 있을까? 요셉이 하나님으로부터 받은 해석은 "일곱 좋은 암소는 일곱 해요 일곱 좋은 이삭도 일곱 해니 그 꿈은 하나라"(창41:26)이다. 25절, 26절에서 보듯, 요셉의 꿈 해석 원리는 '하나님은 하나의 메시지를 여러 표상들로 알린다'라고 볼 수 있다.

요셉이 17세 때에 꿈을 알리고 그 꿈을 해석한 형들로부터 위협을 받아 종으로 팔려갔다. 그는 감옥에서 꿈을 해석하여 인연이 된 술 맡은 관원으로부터 바로의 꿈을 해석할 기회를 얻었다. 요셉의 직업이 행정가(공무원)라면, 꿈 해석은 그의 또 다른 재능으로 볼 수 있다. 꾼 꿈을 잘 이야기하던 17세 청소년기에서부터 요셉은 꿈에 관심이 많았다. 그로 인해 형들의 위협을 받아 목숨이 위태했지만, 그는 이 재능을 묵히지 않은 것으로 보인다. 그는 타자의 욕망(혈육의 형들)을 거스르다가 죽음에 직면하고, 종으로 팔려 보디발의 집에서 자신의 주체를 재구성하는 시기를 보낸다. 타자의 욕망과 주체의 재구성 기간 사이에서 요셉은 큰 사건에 휘말린다. 보디발의 아내의 유혹이 그것이다. 그녀는 요셉을 유혹하는 일이 실패하자 요셉으로부터 희롱을 받았다(창39:14, 17)고 고소한다. 30세가 되어 감옥에 갇혔을 때도 꿈을 해석하여 현실적인 효과를 본다. 이런 과정을 볼 때 요셉의 꿈 해석은 취미이고, 취미를 넘는 어떤 것으로 보인다. 당시 주술사들처럼 행세를 하지 않았으나 오히려 그들보다 더 나은 해석을 하였다. 해석을 들은 "바로와 그의 모든 신하들은 요셉의 해석을 좋게 여겼다"(창41:37). 요셉이 꿈만 잘 해석하였다면 바로로부터 '총리'(창41:41)라는 일자리를 얻지 못했을 것이다. 그는 꿈 해석과 아울러 현실적 대안을 제시한다(창41:34-36).

요셉이 애굽에서 가졌던 직업, 직업인으로서 해야 하는 일들이 있었다면, 이 일을 하면서 진정으로 이루고 싶었던 것이 있었을 것이다. 그것은 아버지 야곱과 동생 베냐민과의 만남이었다고 볼 수 있다. 결과적으로 요셉은 꿈 때문에 종으로 팔려 오고, 꿈 해석 때문에 아버지와 동생을 만날 수 있었다. 이로서 17세 때 꾼 꿈을 성취한 것이다. 아버지 야곱이 요셉에게 그랬듯이 요셉도 아버지 야곱을 지극히 여겼고, 그의 동생 베냐민에게도 그랬다. 요셉은 타자의 욕망 앞에서 직업인으로 살았지만 자신의 욕망을 갖고 있었다. 욕망은 욕구를 요구할 때 성취되지 못함으로 생긴다. 욕망은 때로는 망상적인 모습으로 보일 수도 있다. 도착적인 모습은 망상적인 모습으로 비칠 수도 있다. '부캐'의 모습은 다양하게 비칠 수 있다. 신경증적인 측면으로 보이기도 하고, 신경증이 깊어지면 도착증적으로 보이기도 한다. 도착증적 모습은 망상의 형태로 보이기도 한다.

프로이트의 어머니 아말리아(Malka Amalia Nathansohn, 1835~1930, 1855.7.29. 결혼)는 아버지 야콥(Jacob Freud, 1815~1896)의 세 번째 아내였다. 야콥은 첫 번째 아내(Sally Kanner와 1831년 결혼)와 두 아들(Phillip, Emanuel)을, 세 번째 아내와 여덟 자녀를 낳았다.(Diller 1991: 61)[2] 애굽의 요셉과 빈의 프로이트는 아버지가 여러 번 결혼했고, 이 결혼에서 자녀가 많이 태어났다는 공통점을 갖는다. 애굽의 꿈해석가인 요셉이 구체화시키지 못한 것을 프로이트는 『꿈의 해석』으로 남겼다. 하지만 요셉이 프로이트에 비해 덜 공헌했다고는 볼 수 없다. 그의 꿈 이야기는 창세기 기자를 통해 핵심적인 부분을 전하고 있다.

요셉은 바로의 '꿈-내용'을 듣고 극단적인 상태에 놓인 바로를 보았을 것이다. 흉악하고 파리한 소와 아름답고 살진 소(창41:4), 세약한 이삭과 무성하고 충실한 이삭(창41:7)이라는 기표는 극과 극을 보여준다. 7년의 풍년

2　야콥 프로이트의 두 번째 아내는 Rebekka인데, 프로이트는 '레베카'라는 이름을 플리스에게 보낸 편지(1897.9.21. 플리스에게 보낸 편지)에서 언급한다. 그는 문학선집에서 읽은 대목이라고 하면서 "내가 읽은 문학선집의 한 구절이 떠오르네: 레베카여! 옷을 벗어라. 너는 더 이상 신부가 아니라네!"라는 말을 한다. 세 번째 아내에게서 낳은 야콥 프로이트의 여덟 자녀 이름은 아래와 같다. 첫째 Sigmund(1856.5.6.生), 둘째 Julius(1857.10월生, 일찍 사망), 셋째 Anna(1858.12월生, 일찍 뉴욕으로 이민, 남편은 Eli Bernays), 넷째 Rosa(Regine Debora, 1860.3.21.生, 라이헨할(Reichenhall) 역 인근에 거주, Bad Reichenhall은 독일 바이에른 북부의 베르히테스가데너 란트 지구의 온천 마을), 다섯째 Maria(Mitzi, 1861.3.22.生), 여섯째 Adolfine(Esther Adolfine/Dolfi, 1862.7.23.生), 일곱째 Paula(Pauline, 1864.5.3.生), 여덟째 Alexander(1866.4.19.生). 이 중에서 둘째 Julius는 일찍 사망했고, 여섯째 Adolfine는 Theresienstadt에서, 넷째(Rosa) 다섯째(Maria) 일곱째 Paula는 Auschwitz에서 학살되었다. 여덟째 Alexander는 프로이트와 런던으로 갔다.

(창41:34, 47)과 7년의 흉년(창41:54) 또한 극과 극을 보여준다. 요셉은 바로의 염려가 얼마나 큰지를 보았다. 대 제국의 왕 바로는 애굽의 술객들과 박사들에게 자신의 꿈을 해석하도록 했다. 누구든지 자신의 꿈을 해석해 줄 것을 기대했다. 결국 요셉에게까지 기회가 왔다. 요셉은 바로가 이야기해 준 '꿈-내용'을 듣고 바로의 '부캐'를 넘어 바로의 '본캐'를 보았다. 바로 또한 '부캐'로서 왕과 '본캐'로서 왕 사이를 질주하고 있었다. 이런 질주는 아무리 채워도 채워지지 않는 욕망의 속성과도 이어져 있고, 현실적인 것과 망상적인 것 사이에 놓인 리더의 심리와도 연결된다. 이런 상황에서 극(極)과 극(極)의 꿈-내용이 나타난다. 어쩌면 '부캐' 넘어 '본캐', '본캐' 넘어 '본'을 향하는 바로의 진지함이 요셉을 만나게 한 것일 수도 있을 것이다. 이런 바로에게 하나님의 욕망이 개입한다. 하나님은 바로와 요셉을 만나게 한다. 이 둘은 곧 하나님의 섭리에 동원된다. 이렇게 요셉의 이야기는 '장자권'을 꿈꾼 열두 번째 아들의 격정적인 인생을 잘 보여준다. 이 아들은 아버지와 할아버지의 외밀화된 욕망에 동일시된, 아버지와 할아버지의 아바타와 같은, 부캐의 삶을 살아냈다.

나가는 말: 십자가 외에 결코 자랑할 것이 없으니

시뮬라크르(simulacre)의 시대에 유저(user)로 살아가는 '본캐-부캐'에게 캐서린 켈러는 "잘 실패하는 것(failing well)"(Keller 2018/2022: 224)[3]을 말한다.

────

3 "그것(*The Queer Art of Failure*-필자)은 잘 실패하는 것에 관한, 자주 실패하는 것에 관한, 사무엘 베케트의 말을 따르자면, 보다 낫게 실패하는 방식을 배우는 것에 관한

켈러가 말하는 '실패하기'는 라캉이 말하는 '욕망하기'에 준한다. 1964년 1월 라캉은 로마대학교 철학과 교수 Enrico Castelli가 주최하는 'Colloque 〈Technique et Casuistique〉(기술과 결의론 콜로키움, 1964.1.7.-12. 로마대학교)에 참여하여 기술발전에 따른 윤리적 문제에 관한 글을 발표하고 토론한 적이 있다. 그리고 세미나 11권을 시작하는 첫 시간(1964.1.15일 강의)에 "조작자 영혼의 순수함(la pureté de l'âme de l'opérateur)"(Lacan 1973: 14)에 관해 말하면서, 물리학자 오펜하이머의 욕망과 연금술사의 욕망을 비교한다. 1964년에 라캉의 입을 통해 오펜하이머가 거론된 것으로 볼 때, 핵물리학과 핵폭탄 제조 및 사용이 거론되었을 것이다. 과학자의 학문과 학문의 기술적 적용 간의 격차를 논한 것으로 보인다. 또한 라캉은 농과학(agronomie)과 농기술(agriculture)의 관계를 논한다. 농학에서도 농약이나 유전자 변형 등 과학과 기술에 대한 논의가 있었다고 보인다. 이 차이를 좁히는 것은 전자가 후자를 이끄는 것, 전자의 욕망이 후자를 이끄는 것이라고 말한다. 이것이 과학기술의 발전에 따른 윤리 문제 해결책이라고 말한다. 이런 틀에서 교육이 이뤄져야 한다고 말한다. 그러나 현실은 이와 반대이다. 기술이 과학을 지배한다. 정치가 과학을 이용한다. 이로 인해 파생되는 결과는 엄청나다. 라캉은 1964년 1월에, 2024년 1월 현재 우리가 당면한 과제,

---

책이다(It(*The Queer Art of Failure*-필자) is a book about failing well, failing often, and learning, in the words of Samuel Beckett, how to fail better.)." 이 문장은 켈러가 할버스탐의 책 The Queer Art of Failure를 평하는 가운데 베켓의 글을 끌어들이면서 등장한다. 옮긴이에 따르면, 여기서 사무엘 '베켓의 글'이란 그의 마지막 저작 중 하나(소설로는 2번째, 중편소설)인 Worstward Ho에 나오는 대목이고, 베켓은 찰스 킹슬리(Charles Kingsley)의 *Worstward Ho*!를 패러디하여 썼다고 한다.

켈러가 말하는 지구적 비상사태에 관한 논의를 했었다. 이런 논의를 한 지 60년이 흘렀다. 라캉은 '조작자 영혼의 순수함'을 언급했다. 과학자의 욕망과 기술자의 욕망에 관하여 논의했었다. 과학자가 포기하지 말아야 하는 욕망, 기술자가 포기해야 할 욕망에 관하여 말했다.

쾌락원칙을 가늠하는 현실원칙의 상황에서 본캐-부캐는 쾌락원칙으로 되돌아가고자 욕망할 수도 있고, 현실원칙으로 진입하고자 욕망할 수도 있다. 본캐-부캐가 Es에 접근하는 것을 쾌락원칙 너머로(독: jenseits) 또는 쾌락원칙 밖(독: hinaus)으로 이행하는 것, 즉 현실원칙에 역행하는 방향으로 이행하는 것으로 볼 경우, Es는 본캐-부캐로서 자신을 드러낸다. 이것은 정신분석 상황에서 분석가가 당면하는 욕망이다. 반면에 본캐-부캐가 Es에 접근하는 것을 막고, 현실원칙만을 강요할 경우 본캐-부캐는 외화(Außerung)되고 소외(Alienation)될 것이다. 이것은 파리에 입성한 히틀러가 "어떠한 경우에도 욕망을 드러내 보여서는 안 되오"(Lacan 1986: 363)라고 한 말에 잘 나타난다. 히틀러는 파리 시민들의 욕망을 막았다. 라캉은 "욕망을 양도하는 것(céder sur son désir)"(앞의 책, 370)을 '배반'(trahison)이라고 말한다. 그렇다면 양도하지 말아야 할 욕망은 무엇인가? 즉, 팔지 말아야 할, 매각하지 말아야 할 욕망은 무엇인가? 이 매각은 누구에게 하는 매각인가?

장자가 되기를 욕망한 것은 아버지의 야곱의 장자 욕망이고, 에서 대신 야곱이 장자가 되기를 바라는 할아버지 이삭과 할머니 리브가의 욕망이다. 이 큰 타자는 잘 욕망하기를 바라는 타자이며, 잘 실패하기를 바라는 타자이다. 자주 욕망하기를 바며, 자주 실패하기를 바라는 타자이다. 더 낮게 욕망하는 것은 더 낮게 실패하는 것이다. 더 낮게 욕망하는 것은 더 낮게 실패하는 것이다. 이 큰 타자의 욕망 앞에 놓인 12번째 아들은 상징계를 배반하면서 엄청난 고통을 받는다. 요셉의 욕망은 실패를 예정한 큰 타자의 욕망이다. 실패를 하지 않고자 자신의 꿈을 이야기하지 않는 것은 큰 타자의 욕망을 배반하는 것이다. 그가 꿈 이야기를 한 것은 잘 실패하겠다는 결단이었다. 그는 자신의 꿈을 매각하지 않았다. 이것은 에서의 매각 행위와 대조적이다. 신약성서에도 이런 매각 행위가 나타난다. "주여 그리 마옵소서 이 일이 결코 주에게 미치지 아니하리이다."(마16:22) 베드로는 예수의 십자가 욕망을 막았다. 예수께서는 자신의 십자가 길을 막는 베드로에게 "사단아 내 뒤로 물러가라 너는 나를 넘어지게 하는 자로다"(마16:23)라고 말씀한다. 즉, 베드로의 말뜻에 대하여, 예수께서는 하나님의 일을 사단에게 매각하는 것이라고 간주하였다. 사단은 예수께서 공적 생애를 시작하실 때 세 번 시험을 하였는데, 네 번째 시험은 베드로의 입을 통하여 한 것이다. 예수께서는 종의 모르페, 케노시스 모르페의 길을 욕망하시고 이 길을 가시면서 "나를 따라 오려거든 자기를 부인하고 자기 십자가를 지고 나를 좇을 것이니라"(마16:24)고 말씀한다. 케노시스의 역설이 없었다면 우리의 믿음은 없다. 바울은 말한다. "내게는 우리 주 예수 그리스도의 십자가 외에 결코 자랑할 것이 없으니 그리스도로 말미암아 세상이 나를 대하여 십자가에 못 박히고 내가 또한 세상을 대하여 그러하니라."(갈6:14) 루터는 이 고백 위에 '탈-본캐ㆍ부캐'(ex-istance)의 삶, '외밀한-본캐ㆍ부캐'(extime-istance)의 삶을 시작했었다. 우리의 자랑거리가 십자가라면 무엇으로부터 외밀해야 할지, 어디로 외밀해야 할지, 무엇을 누구에게 매각하지 말아야 할 지 살필 수 있을 것이다.

2부 · 실패가 한국사회에 묻다

실패의 세대 / 윤영훈

안전의 실패 / 박종현

THE HUMANITIE

——————————————————————— : 기독교적 성찰

평화의 실패 / 이병성

**교회의 실패, 한국 개신교의 '성공'과
'실패'에 관하여** / 김종만

OF FAILURE

실패의 세대

: 청년세대 신조어와 기독교 청년 사역의 대안들

———

윤영훈

들어가는 말: 전환점에 선 청년 담론

청년들의 불안한 삶은 우리 사회를 관통하는 난제가 되었다. 한국에서 청년에 대한 논의는 근대화 시기 계몽의 대상으로, 군부정권 시대 저항 주체로, 90년대 소비 주체로서의 신세대 등에 이르는 꽤 오랜 역사가 있다. 하지만 출판 시장과 사회 정책과 미디어 콘텐츠에서 청년 담론은 최근 10여 년 전부터 본격화되었다. 이 시기 논의의 특징은 청년세대를 일종의 '문제'로 바라보게 되었다는 것이다. 꿈, 열정, 비전, 도전, 미래 등의 미사여구는 어느새 체념, 포기, 생존, 탈출, 현실 등의 비관적 정서로 옮겨간다.

청년들의 현실적 '문제'에 대한 화두가 사회-문화적 차원에서 활발하지만, 정작 시간이 지나고 정권이 바뀌어도 그 현실은 크게 달라지지 않고 있다. 이런 상황에 청년 정책 네트워크 활동을 지속해 온 김선기는 자신의 저서 『청년팔이 사회』에서 세대 분석에 기초한 청년 담론의 '발화 주체'는 주로 '문화 매개자'를 자처하는 기성세대 전문가 집단이며, 이들에게 청년은 단지 '해석'의 대상일 뿐이라고 분석한다. 이들의 과잉 담론은 오히려 청년들을 유별난 대상으로 '타자화'하는 기제로 작용한다고 비판한다.(김선기 2019, 278-279) 오늘날 사회과학과 마케팅 기획에서 논의되는 세대 개념은 각 세대 내 '다양한 분화'를 거칠게 일반화하여 실상을 왜곡하는 경우가 많다. 그 단적인 사례로 미디어에서 유행처럼 지칭하는 소위 'MZ세대'의 특성들은 실재 청년들을 제대로 반영하지 못한다. 이러한 담론들이 역으로 특정 사고와 행동을 조성하는 경향이 있다. 이들이 특별한 세대인 것이 아니라 이 시대가 청년들을 이전과 다르게 살도록 만든 것이다. 세대가 아니라 시대가 변했다.

청년들은 교회에서 예배, 교육, 선교, 친교 전 영역에 적극적으로 참여하며 '부흥'의 동력을 제공했다. 또한 70년대 이후 다양한 학원 선교단체들의 적극적 활동은 캠퍼스를 넘어 교회 문화 갱신과 해외 선교의 원동력이 되었다. 1980년대 이후 발흥한 CCM 운동도 '청년 하위문화'로 기성세대 교회 문화와 예배에 큰 변혁을 불러온 문화운동이다. 교회개혁과 사회선교를 주도한 단체들 역시 로잔 언약 과 민주화 운동의 직간접적 영향으로 당대 청년 세대가 주도해 교회의 도덕적이며 사회적인 성숙을 도모했다. 아마도 이 때가 한국 기독교의 가장 좋았던 시절로 지금도 곱씹으며 회상하는 부흥의 추억이다.

그들은 이제 아버지가 되었다. 여전히 사역의 중심에 청년을 강조하지만, 지금의 청년들은 이전과 전혀 다른 상황에 놓여 있다. 오히려 청년들이 '헬조선'을 넘어 '탈조선'이란 급진적 담론을 펼치는 것처럼, 기독 청년들의 '탈교회' 현상도 큰 이슈가 되고 있다. 청년들이 교회를 떠나는 가장 큰 이유는 종교적 무관심이 아니라 교회가 젊은이들의 관심사와 사회적 상황을 이해하지 못한다는 데에 있다. 성석환은 교회 청년 집회에서 강조해 온 부흥에 대한 가르침은 청년들의 사회적 현실과 시대적 고민을 반영하지 못한 채 그들을 교회의 내적 '성장'을 위해 '동원 대상'으로 인식하는 것이라며 비판한다.(성석환, 2018: 27-28) 교계 청년 연구들은 교세 감소를 극복하기 위한 차원에 머물러 답보하고 있다. 기성세대가 염려하는 '다음세대' 기독교는 자신들이 쌓아 올린 세계가 무너질지 모른다는 불안을 반영한다. 대부분 연구의 결론은 어떻게 청년들을 교회로 돌아오게 할 것이냐는 진단과 처방에 그친다.

2010년대 중반부터 청년들의 주체적 담론들이 출현했다. 젊은 작가들의 서적들이 주목받았지만, 청년들의 마음과 삶의 방식은 소셜 미디어를 중심으로 번져나간 신조어에 가장 잘 드러난다. 신조어들은 계속해서 탄생한다. 젊은이들에게 신조어는 사적 언어에만 국한하지 않고 공적 공지와 매체에도 활발히 사용되고 있다. 젊은 세대에서 신조어들은 기존 언어와의 연관성을 토대로 형성되며 시의성이 강해 급격하게 전파되고 통용된다. 신조어들은 사람들 일상에 윤활유 역할을 하고 소통에 생기를 더해준다. 일종의 언어유희로 가볍게 소비되기도 하지만, 한 시대의 "특징적 현상을 포착하는 시대상의 거울"이 되기도 한다.(신동기, 신서영 2022, 5) 꼰대

최근 청년 세대 신조어들의 저변에 있는 페이소스 상황은 가볍지 않다. 10여 년 전 청년세대 신조어들은 저항적이며 투쟁심을 자극하는 표현이 많았다면, 오늘의 유행어들은 사회 현실을 냉소적으로 조롱하며 부정적 현실을 유쾌한 감각으로 반영하는 경우가 많다. 이런 신조어와 세대 담론이 상업적 마케팅의 수단이란 비판도 있다. 미디어가 보여주는 유행을 무분별하게 따라가며 자신을 특정 카테고리로 규정하며 자신의 욕망이 왜곡될 수 있기 때문이다. 그럼에도 신조어들은 청년세대의 현실을 반영하고 동시에 의미 있는 대안을 제시하기도 한다.

이 글은 청년들의 암울한 현실과 처세 방식 및 이전 세대와의 관계에

대한 신조어들 가운데 '잉여', '아싸'를 키워드로 선택해 이와 연관된 다양한 신조어들을 소개하며 그것이 내포하는 사회적 의미 분석과 신학적 적용을 도모하고자 한다. 이런 신조어들은 'N포 세대,' '이생망,' '헬조선'처럼 자조적이고 절망적인 뉘앙스의 단어들이 많다. 이 용어들을 다각적으로 분석해 보면 지난 세대 '성공 담론'을 넘어 '실패 미학'에 기초한 삶의 새로운 가능성을 모색해 볼 수 있을 것이다.

I. '잉여'로 사는 법: 포기가 아닌 대안을 선택하기

1. '소확행': 'N포 세대'가 터득한 생존 기술

2010년대 방송계에는 오디션 붐이 일어났다. 무명의 아티스트 발굴이란 긍정적 효과가 있었지만, 그 저변의 핵심 기재는 살벌한 경쟁이다. 극단적인 사례로 〈프로듀스 101〉 시리즈는 피라미드 구조를 연상시키는 구조물을 등장시키며 처절한 경쟁을 통해 매주 하위권 참가자들을 제거해 가다 마침내 최후 승자들을 선발한다. 영화계도 마찬가지다. 지난 10여 년간 화제가 된 〈헝거게임〉, 〈메이즈러너〉, 〈다이버전트〉[1] 등의 작품에서 주인공들은 모두 청소년이며 이들은 규칙이 정해진 게임에 이유도 모른 채 참여해 생존을 위해 뛰어다닌다. 물론 규칙은 그들이 만든 것이 아

---

1   청소년들의 이유 없는 생존게임의 원형은 후카사쿠 킨지 감독의 영화 〈배틀로얄〉(2000)이다. 이런 형식을 차용한 넷플릭스 드라마 〈오징어게임〉(2021)은 전 세계적 K드라마 신드롬을 일으켰다.

니다. 이 과정에 발생하는 희생자들은 개인적 불행일 뿐, 결국 최후의 승자만이 살아남아 환호 받게 된다. 어른들이 만든 생존게임에 경쟁하며 살아남아야 한다는 영화의 '허구적' 세계관은 오늘의 청년들이 처한 '현실적' 상황을 반영한다.

패트릭 드닌(Patrick Denneen)은 '자유주의 체제'가 확보해 준 개인 권리란 이미 충분한 지위와 부를 확보한 사람들의 권리와 자율이라 주장한다. 그는 '실력주의'(meritocracy)를 기초로 한 현 체제가 기득권자들이 자기 소유와 능력을 세습하며 사회적 불평등과 양극화를 낳는다고 비판한다. 그 결과는 집단에 '획일성'을 부여하고 오히려 자유를 침해했다. 이로 인해 교육체계는 소위 "'루저'(loser)를 솎아내는 시스템"이 되어 버린다.(Denneen 2018, 3)

'잉여'는 마르크스의 '잉여가치론'이나 손창섭의 소설 『잉여인간』(1958) 이후 사회과학과 문학계에서 익숙한 개념이다. 소설 속에서 이 용어는 취업에 실패해 남아도는 인력, 즉 '백수'를 뜻하는 부정적 정서를 반영하며 쓰인 이래, 한국 사회에서 보편화되었다. 연관 신조어들은 '루저,' 'N포 세대,' '흙수저,' '찐따,' '룸펜'(lumpen) 등이 있다. 디지털 기술의 발흥과 신자유주의 환경 속에 청년들이 선망하는 한정된 취업 시장에 던져진 청년들의 자조적 현실 인식이다. 치열한 경쟁 상황에서 소위 '자기계발론'에 자극받아 의욕적으로 '스펙'을 쌓으며 매진하지만, 아무리 '노오력'(노력보다 더 큰 노력)해도 이미 '기울어진 운동장'에서 '금수저'들과 공정한 경쟁은 불가능하다. 결국 스스로 사회의 낙오자로 인식하는 청년들이 세상을 바라보는 방식은 '냉소'이다. '기승전병'²으로 대체한 삶의 불연속성에 대한 냉소만이 자신의 처지를 정당화할 수 있는 유일한 방법이다. 결국 살아남기 위해 그들은 '포기'를 선택하고 '이생망'('이번 생은 망했다')을 선언한다.

이런 상황에 2018년경부터 '소확행'(소소하지만 확실한 행복)이라는 용어가 유행하기 시작했다. 이는 노력해도 더 나아질 수 없다는 사회심리적 상황에서 개인적 행복과 개성을 찾으려는 삶의 방식으로 수용된 것이다. 소확행은 "미래보다 지금," "특별함보다 평범함," "강도보다 빈도"를 추구한다. 소박하지만 작은 행복을 줄 수 있는 행위를 계속 실천하다 보면 "현실적 박탈감을 극복하는 삶의 의욕을 얻을 수 있을 것이라는 막연한 낙관"이 자리하고 있다. 청년들은 미래를 위해 지금을 희생하려 하지 않는다. 자신이 원하는 꿈을 성취하기 어려운 시대를 살아가는 이들에게 불확실한 거대 담론은 공허하다. 존재론적 의미 찾기에 좌절한 이들은 현실의 일상 쾌락을 최대치로 즐기는 것에서 의미를 찾는 자족의 길을 터득했다. 특별한 삶의 철학이 아니라 일종의 '생존법'이다.

김옥진은 오늘의 소확행이 허영심을 버리지 못하고 타자의 욕망을 선망하는 "'신낭만주의자'의 굴절된 쾌락주의"라고 진단한다. 그는 질문한다. 소확행이 현실적 박탈감을 극복하는 심신의 만족을 줄 수 있지만 삶의 궁극적 목적이 될 수 있을까? 결국 소확행은 "미래에 대한 답을 제공하지

---

2 '기승전결'이 아닌 '병맛'으로 끝나는 씁쓸함을 의미한다. '병맛'은 '병신 같은 맛'의 축약어로 청년들이 자신들의 불우하고 희망 없는 처지를 자조하는 표현으로 이말년의 웹툰에서 기인한 신조어이다. 세련되지 않지만 전형적이지도 않은 B급 문화현상이며 자조적 유머 코드로 젊은이들 사이 크게 유행했다.

못하고 삶의 본질을 간과"하게 한다.(김옥진 2021, 196) 일본의 '사토리'(さとり) 세대[3]는 경기 침체 상황에서 자본주의적 욕망을 지양하는 경향으로 등장하지만, 한국의 소확행은 내면의 성찰보다 타인의 소확행을 모방하며 소셜 미디어를 통해 '전시'하는 경향이 강하다. 이런 욕망의 자극과 전시는 자본주의적 마케팅과 메커니즘에 쉽게 조정되고 종속될 수밖에 없다.

김옥진은 소확행이 아니라 절대적 존재로서의 그리스도 안에 자기 존재 의미를 찾을 것을 권면한다. 그는 르네 지라르(René Girard)의 욕망론과 아리스토텔레스의 행복론에 근거해 "다른 무엇의 수단이 될 수 없는 자기 목적성과 자족성을 지닌 행복"을 강조한다. 그것은 이웃을 모방하는 '잔인한 게임'에서 벗어나 그리스도 안에서 "실존적 자아를 발견하고, 궁극적 초월로 시선을 돌려 진정한 자유의 삶을 사는 것"이라 말한다.(김옥진 2021, 210) 김옥진은 자본주의적 메커니즘에 종속된 소확행 삶의 방식을 상대적인 것에서 절대적인 것을 도출할 수 없음에 근거해 비판한다. 분명 중요한 지적이지만 그의 대안은 자족과 정신 승리라는 고전적 행복론으로의 회귀로 보인다. 오늘의 청년들은 바로 이 지점에 저항한다. 궁극적 실존에 대한 인식은 너무 추상적이어서 그들이 처한 현실적 삶의 정황을 반영하지 못한다.

이에 반해 심리학자 서은국은 행복은 '관념'이 아니라 '경험'에서 온다

---

3   사토리(달관) 세대는 2013년 이후 일본에서 크게 주목받은 단어로 특별한 희망 없이 적당히 살아가는 현실주의자들을 지칭한다. 1987년~1996년 사이에 태어난 청년들로 이들의 가장 큰 특징은 사회적 성취뿐 아니라 자본주의적 소비에 대한 욕심이 없다는 것이다.

고 주장한다. 진화론적 관점에서 인간은 행복이란 '목적'을 위해 사는 것이 아니라, 살기 위해 행복감이란 '정신적 도구'를 추구한다는 것이다. 그는 "행복한 사람들은 '시시한' 즐거움을 여러 모양으로 자주 느끼는 사람"이라고 말한다. 인간의 행복은 곧 강도보다는 빈도에 근거하며 그 실체는 "외부로부터 오는 좋은 자극"의 총합에 기인한다.(서은국, 2014: 71-72) 서은국의 주장에 따르면 소확행은 오늘날 청년들이 '생존 기술'로 자연스럽게 선택한 삶의 방식으로 이해할 수 있다.

필자는 소확행을 방법론적으로 수용하는 것이 필요하다고 생각한다. 즉 소소한 행복의 내용이 쾌락주의적 자극을 넘어 의미와 가치를 함유하는 것이다. 일상에서 소소한 (사회적) 가치 실현이 매력적인 '전시'를 통한 동료의 '모방'을 자극하는 방식이다. 즉 소확행의 쾌락적 요소에서 의미를 추구하는 방식으로 전환되고, 그런 가치 언어들과 경험이 타인에게 전수될 필요가 있다. 청년세대 소확행 확산의 핵심에는 진지함보다는 유머와 효능감이 중요하게 작용한다. 이를 위해 일상에서 내가 행한 선택에 가치와 의미를 부여하는 유쾌한 콘텐츠 메이킹과 소셜 미디어 활용이 요청된다.

이은경은 청년세대 소비 형태에서 '무엇'보다 '어떻게'와 '왜'를 강조해야 한다고 주장한다. 최근 대두되는 ESG 담론에서 알 수 있듯이, 청년들은 자신들의 신념과 가치관을 착한 소비를 통해 의미를 창출하는 방식으로 표현한다. 이은경은 사회적 가치와 신념을 드러내는 행위를 '미닝아웃'(meaning out)이란 신조어로 설명한다. 청년세대 '미닝아웃'의 대표적 수단이 'SNS 해쉬태그'(#)이다. 소소하지만 확실한 가치 실현을 위해 기독교 복음에 사회적 가치를 담아내 소셜 미디어를 통한 창의적 소통이 있다면 소확행은 일상의 쾌락을 넘어 더 나은 '세상을 함께 만드는'(worlding with) 일상 선교를 도모할 수 있다.(이은경 2022, 884, 891)

또 다른 방향은 효능감이다. 실패와 한계를 반복하며 쌓인 잉여 세대의 좌절감을 극복하기 위해서는 일상의 작은 성취 경험이 필요하다. 이것은 막연한 정신 기법이 아닌 실질적 '경험'에 근거한다. 우선 청년들에게 거대한 목표보다는 쉽게 접근할 수 있고 비교적 적은 노력으로 이룰 수 있는 목표를 설정해야 한다. 이런 현실적 결과물들이 더 큰 목표나 긴 여정을 견디게 한다. 개인적 실천과 더불어 교회에서 청년들이 함께 이룰 수 있는 "소소하지만 확실한" 가치 실현은 개인적 효능감뿐 아니라 집단의 연대와 결속을 강화하는 좋은 기폭제가 될 것이다. '잉여'들의 '소확행'은 오늘날 청년들의 힘겨운 현실을 반영하지만, 그 처절한 실패 경험으로부터 다른 삶의 가능성을 불러오는 동력이 태동할 수 있다.

2. '잉여', 다른 삶의 가능성

1990년대 영미권 대중문화에서 '잉여' 또는 '루저' 담론은 조롱과 자기 비하를 넘어 대안적 주체성이라는 새로운 의미를 획득한다. 이런 언어적 전이는 록밴드 라디오헤드(Radiohead)의 "Creep"이나 벡(Beck)의 "Loser" 같은 히트곡들을 통해 보편화되기 시작했다. 원래 이 단어는 자신보다 열등하다고 생각하는 타인을 조롱하는 모욕적 단어이지만, 당대 젊은이들은 "하지만 난 찌질한 놈이야"(But, I'm a creep)라는 노래 속 절망적 선언에 깊은 공감과 사회적 문제의식을 형성했다. 1990년대 신자유주의가 보편화되며 치열해진 청년 현실에 대한 반문화(counter-culture) 현상으로 태동한 '얼트'(alternative의 줄임 표현) 문화는 모던록, 힙합, EDM 등의 새로운 음악 장르와 그들만의 은밀한 공간과 축제 그리고 '빈티지'(vintage) 패션 등 청년세대 일상에 전반적인 대안 문화 현상으로 폭발한다.

2009년 장기하의 "싸구려 커피"의 대성공 이후 잉여적 삶에 대한 재해석은 한국 가요들에서도 자주 등장하는 소재이다. 좋은 사례로 이진원의 원맨 밴드 〈달빛요정 역전 만루홈런〉의 음악을 소개한다. 그의 노래들은 음악적으로 좋고 나쁨의 기준으로 평가할 수 없는 기괴한 '잉여 미학'을 담고 있다. "치킨런"에서는 연인과 걷던 길을 치킨 배달하며 달리는 초라한 현실을 씁쓸하면서도 유쾌하게 그려낸다. "내가 뉴스를 보는 이유"에서는 끔찍한 사건을 감정 없는 얼굴로 전하는 여자 아나운서가 예뻐서 뉴스를 본다는 엉뚱함에 웃게 된다. "모든 걸 다 가질 순 없어"도 "나는 살아남았다," 그리고 "나를 연애하게 하라"며 생의 의지를 불태운다. 느리지만 나만의 마구 "너클볼"을 개발하고 "역전 만루홈런"을 치는 드라마도 꿈꾼다.

〈달빛요정〉의 노래들이 시각적으로 그려내는 서사의 미학적 감성은 잉여적 삶을 너와 나의 '인간적' 모습으로 승화시킨다는 것에 있다. 〈달빛요정〉은 인생의 슬픔과 불안을 노래하지만 덤덤하게 표현하며 과장하지 않는다. 희망을 노래할 때도 상투적이지 않다. 이 패자의 노래는 번뜩이는 재치와 유머로 같은 시대를 사는 청춘들의 마음에 파고든다. 그 공감의 이유는 재미있는 청춘 찬가여서가 아니다. 힘든 청춘을 아프지만 인내하자는 것도, 기득권을 향한 거창한 저항도 아니다. 그는 환경을 초월한 자기만의 자유와 "다른 삶의 가능성"을 노래한다.

청년들의 잉여 현실을 반영하는 자조적 신조어는 '이생망'이다. "이번 생은 망했다"는 고백은 삶에 대한 염세와 포기라기보다 이전 욕망에 대한 좌절을 통해 새로운 삶의 재구성을 위한 시작으로 재해석할 수 있다. 기독 청년문화가 활성화되었던 1990년대 후반 한국 교계에서는 사회 중심에 올라 그 영향력으로 세상을 변화시키자는 '고지론(高地論)' 같은 성공 내러티브가 유행했다. 산업화의 정서적 동반자 역할을 한 '긍정심리학'의 변형이다. 이런 선동적 교회 메시지로 기독 청년들이 시민사회 공론장에서 주체적 역할을 감당하는 것은 불가능하다.

열심히 노력해 성공한 이들의 성취는 박수 받아 마땅하다. 그러나 성공의 자리는 한정된 승자만이 차지할 수 있기에, 거기에 대한 박수는 모순된 사회 체제에 대한 암묵적 동의를 의미한다. 결국 성공은 경쟁에서 남을 이긴 결과이다. 미디어에 비친 주류인들의 부와 권력과 명예의 이미지는 강렬하다. 이런 중심의 삶을 동경하며 주변인들은 자율성을 잃고 중심부 가치 규범에 순응하게 된다. 교회가 '고지론'과 '성공신학'을 통해 사회 '중심'을 차지하는 것을 '축복'이란 이름으로 정당화하며 성도들이 이를 간구(욕망)하게 만든다. 하지만 교회는 '주변부'에서 진정한 교회로 설 수 있다. 성경과 역사에서 변혁은 주변부에서 발생하며, 그곳으로부터 창조와 구속의 에너지가 나타난다. 이정용은 "주변성(marginality)은 신학의 맥락이자 방법이요 내용"이라 주장하며 이 시대 교회는 '주변성' 관점에서 재해석되어야 한다고 요청한다.(이정용 2014, 12)

변방은 제3의 가능성이 실험될 수 있는 최선의 환경이다. 하지만 여기에는 분명한 전제가 있다. 신영복은 "변방이 창조공간이 되기 위해서는 콤플렉스가 없어야 한다"고 역설한다. 중심부를 갈망하다 좌절된 사람들은 대안을 추구하며 중심을 비판하지만, 내면에는 여전히 중심에 대한 욕망과 열등감을 품고 있다. 이를 극복하지 못하면 "변방은 중심부보다 더욱 완고하고 교조적인 틀에 갇히게 된다."(신영복 2012, 27) 변방으로의 관점 전환은 목적 없는 방랑이 아니다. 변방에 또 다른 '중심'을 만드는 것도 아니다. 학교 수업과 자기계발 서적들은 "길 위에서 사는 법"을 가르쳐주지 않는다. 불투명한 진로로 갈등하는 젊은이들이 배워야 할 삶의 비결은 실패의 경험에서도 자유롭고 당당하게 다른 가능성을 실험하는 삶이 아닐까?

그렇다면 청년들이 어디에서 이런 대안적 삶을 배울 수 있을까? 기독 청년 공동체가 발굴하고 나누어야 할 중요한 사역의 전환은 새로운 삶과 공동체의 가능성을 보여준 사례들을 소개하는 것이다. 이미 성공한 기성세대 명사들의 가르침보다 새로운 길을 선택해 걷고 있는 선배와 동년배 활동가들과의 만남이 필요하다. 대안적 공간이나 사업체를 방문하고 그 공간에서 일어나는 이야기를 주목하여야 한다. 신학교 예비 사역자들에게는 단순히 지역교회를 넘어 새로운 가치로 세워진 기독 공동체의 사례와 모델을 수집하고 소개하며 새로운 모델을 제시하는 작업도 필요하다. 오늘의 청년들은 글과 강연보다는 생생한 이미지와 구체적 이야기로 접근하는 것을 선호한다. 이런 대안의 길을 선택한 사람들은 세상과 교계 기준에서 '성공'했다고 할 수 없어도, 자신의 주체적인 선택과 공적 가치에 확고한 자부심을 지니고 있다. 그 선택은 좌절하는 기독 청년들에게 매력적인 대안과 구체적 모방 사례가 될 것이다.

Ⅱ. '아싸'들이 사는 법: 나 홀로 세대를 대안 공동체로 이끌기

1. 혼자 그리고 각자 사는 세상

혼밥, 혼술, 혼곡, 혼영, 혼놀 등 '혼'이란 접두어로 이루어진 용어들이 다양하게 나타나고 있다. 젊은이들이 혼자 생활하고 노는 문화가 보편화되었다는 의미이다. 이 외에도 "나 홀로 라이프"에 맞추어 원룸 거주 공간과 1인용 상품이 다양하게 개발되고 있다. 바야흐로 우리 시대 삶의 전 영역에서 '1코노미'의 시대가 도래했다. 송길영은 디지털 도구와 인공지능의 발전으로 기존 권위가 해체되고, 긴 생애주기에서 가족의 울타리가 무너지고, 종국에는 각자 역량으로 생존해야 하는 사회 시스템 가운데 기존에 없던 '핵개인'의 탄생을 주목한다.(송길영 2023, 18-20)

공동체와 관계된 또 다른 신조어는 '인싸'와 '아싸'이다. 인사이더(insider)와 아웃사이더(outsider)의 줄임말로 모임에서 사람들과 잘 어울리며 중심이 되는 사람들과 잘 섞이지 못하고 겉돌게 되는 사람들을 지칭한다. 인간은 누구나 모임에서 '인싸'가 되고 싶기 마련이다. 하지만 내성적인 성격뿐 아니라 스스로 자신이 초라하다 느끼는 사람들은 모임에 쉽게 적응하지 못한다. 무리에서 소외되고 무시당하며 '아싸'가 되는 경험은 젊은이들에게 어릴 때부터 두려워한 '왕따' 공포를 상기시킨다. 따라서 이들은 자발적으로 '아싸'의 삶을 선택하기도 한다.

오늘의 청년들은 치열한 경쟁 속에 자라며 공동체성을 배우지 못했다. 사람과 접촉하거나 공동체 속에서 관계를 맺기보다는 온라인 세계에서 홀로 즐기는 놀이에 익숙하다. 여기서 '덕후' 또는 '덕질'⁴ 문화가 탄생했다. 노명우는 현대 놀이문화를 분석한 저서에서 혼자 노는 '덕후'들은 자기 세상에 몰입하며 타인에 대한 무관심으로 이어지고, 놀이에 있어 근본적인 집단 속성을 제한한다고 평가한다.(노명우 2011, 241-243) 영화 〈매트릭스〉에 등장하는 유명한 "빨간 알약(현실)과 파란 알약(가상)" 딜레마에, 오늘의 청년들 대다수는 파란 알약을 선택하는 데에 주저함이 없다.

결혼과 연애 기피 현상도 연결선상에 있다. 현대인들은 미디어에 영향을 받아 취향이 형성되며 이성에 대한 판타지를 접한다. 문제는 이상과 현실의 격차가 크다는 데 있다. 하지만 해소할 곳은 많다. 로맨스 감성도 미디어가 해결해 준다. 연애 예능 프로그램 열풍은 자신의 연애는 포기하고 타인의 연애 과정을 대리적으로 또는 관음적으로 탐닉하는 심리로 해석될 수 있다. '야동'(음란 동영상)과 VR과 AI를 통한 좀 더 생생한 가상 성 체험, 더 나아가 '리얼돌'을 통한 대체 성 상품으로 욕구를 해소하는 이들이 많아졌다. '초식남'이라는 신조어처럼 아예 연애 욕구 자체에 무감각해진 사람들도 나타난다. 무엇보다 비혼 현상에는 경제적 이유가 가장 크다. 최저시급으로 사는 것은 장기적인 계획을 세우며 미래를 준비하기 어렵지만 혼자 살기에 아주 적은 수입은 아니다. 자기 한 몸은 건사할 수 있기에 비혼을 택하는 이들이 많아졌다. 이 시대 청춘들을 연애와 결혼과 출

----

4   1990년대 디지털 혁명 직후 일본에서 유행한 신조어 '오타쿠'에서 유래했다. 이 문화가 한국에 유입되며 '덕후'라 축약해 통용되었다. 은둔 외톨이라는 부정적 의미도 있지만 '성덕'(성공한 덕후)이란 신조어가 말해주듯 자기 취향에 집중해 전문가 수준으로 발전하는 긍정적 의미도 내포한다.

산을 포기한 '3포 세대'라 명명한다. 포기해야 할 리스트는 더 늘어가고 있다. 거부가 아니라 포기한 것이라는 'N포 세대'의 슬픈 자화상이다.

더 심각한 것은 오늘의 청년들이 치열한 경쟁 사회에서 "차별과 착취의 피해자인 동시에 자신들보다 열등하다고 생각하는 이들을 차별하고 착취하는 구조에 가담하는 가해자"가 된다는 것이다.[5] 이전에는 급격한 사회 변화에 소외된 약자에 대한 관심과 상호연대가 두드러졌다. 하지만 이 시대 청년들은 철저하게 '각자도생'의 생존 역학에 초점을 맞추고 있다. 이런 상황에서 이들이 가장 분노하는 행위는 '민폐'(타인에게 폐해를 끼치는 행위) 이다. 낙오된 자들로 인해 자신까지 손해를 보게 되는 상황에 극도로 거부감을 느낀다.

이들이 강조하는 '공정' 담론은 누구도 이 살벌한 경쟁에서 면제되어선 안 된다는 것이다. 경쟁에서 승리한 자들의 부와 명예는 정당하며 칭송받는다. 하지만 이 과정을 생략하고 이득을 얻는 사례나 사회적 약자들에게 주어지는 배려는 부당한 것이라는 믿음이 자리한다. 또한 청년들 상호 간 사회 담론에서 다른 청년 집단을 극렬하게 혐오하고 대립하는 사례도 나타난다. '이대남'(20대 남성들)과 '페미'(여성주의자들) 사이의 치열한 '젠더 갈등' 은 약자들이 연대하기보다 서로에게 자신들의 고통을 투사하며 분노와 혐오감으로 대립하는 슬픈 현상이다.

---

5   김찬호는 저서 『우리는 차별에 찬성합니다』(2013)에서 각자도생의 피해자인 청년들이 비정규직 노동자들의 정규직 전환을 반대하고 해고를 정당화하며 대학 서열에 대한 집착 등의 차별 구도를 쉽게 받아들이며 가해자로 전환된 사회현상을 냉철하게 고발한다.

하지만 오늘의 청년들과 깊은 대화를 나눈다면, 이들은 속으로는 간절히 공동체에 소속되어 자기 존재를 드러내며 '인싸'가 되기를 원하고 있음을 알게 될 것이다. '나 홀로' 삶은 이 시대 젊은이들의 고유한 특성이 아니라, 이들이 이 치열한 세상에서 상처받지 않기 위해 터득한 생존 기술인지 모른다. 공동체를 거부한 것이 아니라 밀려나 있던 것은 아닐까? 저출산과 인구 감소 등의 사회 위기를 논하기에 앞서, 우리 사회가 고민할 주제는 인간의 '고독'에 있다. 현대인들은 사실 너무나 외롭다. 국가는 국민이 외롭게 살도록 방치해서는 안 된다.

나 홀로 라이프가 자유와 낭만을 누리는 합리적 생활방식처럼 포장하지만, 실제론 어쩔 수 없는 비자발적 요인이 더 크다. 이들은 특별한 자격을 갖추어야만 공동체에 소속될 수 있는 상황에서 '민폐'가 되기 싫고, 자존심에 상처받지 않기 위해 '나 홀로 삶'을 선택한다. 극단적 개인주의로 인한 고독 가운데 인간은 자신을 품어주고 자존감을 세워주는 공동체를 찾아 방황한다. 기독교는 바른 신념보다 바른 관계를 토대로 존재한다. 그 관계의 신비와 친밀함이 이 시대 고독한 청년들을 위한 복음이다. 어릴 때부터 형성된 개인주의적 습성으로 인해 청년들의 공동체 형성은 절대 쉽지 않다. 기독 공동체는 이 난점을 분명히 인정하며 청년들이 새로운 동력을 통해 연대하고 협업하는 실질적 방법을 발굴하고 시도해야 한다.

2. 아싸들의 공동체

같은 가치를 공유하는 사람들이 함께 살며 연대하는 공동체주의는 우리 시대 중요한 생존전략이다. 사회 구조적 문제 또한 공동체의 전략으로 해결할 수 있다. 케서린 켈러(Catherine Keller)는 현 위기 상황의 전환을 위한 '정치신학'(political theology)의 필요를 제안한다. 여기에서 '정치적인' 것의 의미와 배경은 거대 권력을 전복하기 위한 저항이 아니라 이기적 유대감을 넘어선 사람들이 결집해 '함께-모임'(gathering together)의 필요를 말한다. 이는 이민자, 기후 난민, 전쟁 난민, 비정규 노동자들 같은 기존 정치구조에서 배제된 이들이 "상호연대와 공생을 추구하는 대안적 행동"이다. 신학적 의미에서 공생이란 상호 이익을 위한 우호적 관계를 넘어선다. 초대교회 공동체는 기존사회가 공동체의 일원으로 동등하게 받아들이기 어려운 존재들을 하나님의 형제와 자매로 받아들이는 기획을 통해 형성되었다.(박일준 2019, 329)

공동체를 통해 자연스럽게 새로운 가치가 탄생하고 형성될 수 있다. 우리는 특정 이념을 공유한 사람들이 공동체를 형성하는 것으로 이해하지만, 오늘의 청년들은 그 반대 경우가 많다. 자신들을 환대하고 포용하는 공동체에 소속되며 특정 가치관을 수용하는 사례이다. 세대 분석가들이 각 세대 간의 단절과 비연속성에 주목하는 연구 결과에도 불구하고, 미국의 남부 복음주의자들과 재침례파 기독교 공동체에서는 자신들의 '하위문화' 가운데 그 정체성과 가치관을 다음 세대로 전달하고 소통하는 데에 매우 성공적이다. 여러 사회학적 연구 보고서는 그 이유가 세대 간의 매우 긴밀한 유대관계에서 기인한다고 분석한다. 공동체에 동화되어 가는 원리는 이념보다 관계의 깊이에 있다. 따라서 현대 청년운동은 '옳은' 이념과 가치를 중심으로 형성되는 것도 필요하지만, 우선 '좋은' 관계성에 기초한 공동체를 통해 시대가 요청하는 가치를 생성하고 확산시켜 나갈 필요가 있다.

이 안에는 긍정적인 차원 못지않은 위험 요소도 필연적으로 나타난다. 공동체를 이루는 작업은 처음에는 순조롭게 진행되다가도, 다양한 이견들과 갈등이 지속적으로 나타나 쉽게 해체되는 경우도 다반사이다. 또한 역사상 강한 공동체주의를 표방하는 집단은 그 외부의 이질적 요소에 대한 배타적인 모습을 보여 왔다. 강한 정체성을 지닌 공동체를 이루기 가장 쉬운 방법은 외부의 적을 상정하여 혐오하거나, 그 집단 안의 모난 구성원을 축출하는 것이다. 오늘날 한국 기독 청년 모임에도 이런 배타성과 혐오 문화는 자주 나타난다.

아싸들의 공동체는 낭만적이지만 여기에는 생각과 실재의 괴리가 나타난다. 스피노자는 『에티카』(1677)에서 인간의 여러 감정들을 설명하며 '혐오감'(scorn)을 이렇게 정의한다; "우리가 경멸하는 어떤 것이 내가 증오하는 것 안에 있음을 표상함으로 생기는 기쁨이다." 혐오감을 기쁨이라고 말하는 것은 무슨 의미일까? 누군가를 폄훼하는 것은 내가 그보다 더 나은 사람이 된 우월감을 느끼는 것을 의미한다. 반대로 내가 경멸하는 누군가와 한 공동체에 있다는 것은 내가 그와 동일시된다는 모욕감을 자아낼 수 있다. 나보다 우월한 사람들과 어울리고 싶지만 그들에게 열등감을 느끼고, 나보다 열등한 사람들과는 자신을 구별하고 싶은 이중적 감정에서 이들의 선택은 고립이다. 따라서 공동체 작업에는 매우 주의 깊고 지혜로운 리더십이 요청된다.

이런 세대를 위해 교회는 무엇을 준비해야 할까? 청년 사역자들은 '나 홀로족'들이 공동체에 융화되어 빠져드는 특정 순간을 주목해야 한다. 오늘날 대학생들이 공통적으로 기피하는 과제는 '팀플'(팀플레이)이다. 그 이유는 어색한 조 편성 상황에 적응하기 어렵거나, 개인의 역량이 아니라 그룹으로 점수가 주어지는 것이 불공정하다는 생각 때문이다. 하지만 필자의 경험에 의하면 흥미롭고 효율적인 그룹 프로젝트가 적절하게 잘 수행된 사례에서는 참여 학생들의 반응이 매우 적극적임을 알 수 있었다. 이런 공동 프로젝트는 주변을 맴돌던 학생들이 전반적인 학교생활 적응과 친구들과의 융합에 좋은 계기가 되기도 한다. 이로 볼 때, 오늘날 대학생들이 공동과제가 싫은 것이 아니라 비자발적이고 어색한 특정 상황을 거부하는 것이다.

오늘날 '스타트업' 기업의 창업과 예술인들의 콘텐츠 메이킹 프로젝트에 협업은 필수적 요소이다. 개인 창의성에는 한계가 있고 그 창작 과정에는 엄청난 피로가 따른다. 공동체 프로젝트서는 예기치 않은 창발성이 나타나기 마련이다. 그 예로 K-POP '송캠프' 시스템이 큰 주목을 받는다. 이는 글로벌 작곡가들이 한 노래 창작에 공동으로 참여하는 방식이다. 그래서 한 곡 안에 어울리지 않는 여러 장르가 복합적으로 융합되어 있다. 이는 전 세계적 인기를 얻게 된 한 요인으로 평가받는다. 힙합에서 유래한 '콜라보'(collaboration)나 '피처링'(featuring) 개념도 내게 없는 능력을 동료와의 협업으로 완성하는 집합적 창의성에 기인한다.

청년들이 그 시작 단계에서는 어색함과 경계심을 갖지만, 이런 협업 작업에 자주 참여할 수 있는 계기를 마련해 잘 수행되도록 이끈다면 이들은 매우 적극적으로 참여한다. 교회에서 취향을 반영한 소그룹 클럽과 공동과제를 통한 선교적 활동을 통해 회원들의 소속감과 협업 역량을 강화할수 있다. 이렇게 성취하는 작은 성과들이 이들에게 효능감의 계기를 마련한다. 물론 지도자가 일방적으로 기획하고 통제하는 것은 지양되어야 한다. 청년들은 자발적으로 기획하지 않는 일에 참여하는 것에 거부감을 느끼기 때문이다. 동질적 통일성이 아니라 자발적이며 자율적인 방식으로 공동 작업의 동기와 기회를 제공하는 역량이 청년 공동체 지도자들의 필수적인 자질이다.

아울러 온라인 세계 역시 청년들의 공동체성을 위한 중요한 통로이다. 코로나 시대에 탄생한 '랜선'이란 신조어는 가상 세계에서의 비대면 만남을 의미하며 보편화되었다. 어쩔 수 없는 선택이었지만 비대면 소통은 인간의 삶과 관계에 대전환을 만들어 냈다. 랜선 만남이 인간 사이의 효율적 소통과 관계의 도구인지, 아니면 관계 단절의 주요 동인인지는 좀 더 세심한 논의가 필요하다. 친밀한 관계가 붕괴된 현대인들에게 가상세계에서의 관계 맺기와 공동체 형성은 이미 새로운 출구로 작동하고 있었다. 온라인 공간에서 이루어지는 가장 기본적인 가치는 '사회적 관계'(social network)이다. 개인 간 매개로서의 온라인 소통은 자연스럽게 공적인 토론과 사회적 연대가 이루어지는 공간으로 확장된다.

현실 공간과 만남에서 벗어난 심리적 자유는 좀 더 솔직한 대화와 구도를 유도할 수도 있다. 일방적 '제자화'에 익숙한 사역자들은 온라인 공간에서 이루어지는 자유로운 쌍방향 의사소통법을 배워야 한다. 즉 온라인 소통에서 교인들의 대면 활동을 활성화할 수 있는 새로운 방안을 유추할 수 있다. 온라인 종교 활동은 아래로부터의 수평적 관계와 담론을 형성하며 교회 자체의 변혁과 새로운 대안 공동체를 이끄는 가능성을 내포한다.

어려운 시대를 살아가는 청년들에게 상생과 공생의 연대가 절실하다. 고독하고 살기 어렵다고 토로하면서도 공동체 기획과 참여에 주저하는 이유는 공동체 개념을 너무 거창하게 접근하기 때문이다. 공동체는 특별한 이념적 결의체나 실존적 결단을 통해 이루어지는 것이 아니다. 함께

대화하고 노는 유쾌한 삶에서 출발할 필요가 있다. 청년들의 교회 이탈과 개인주의적 습성의 위기감에도 끈끈한 관계를 기초로 한 모임들이 나타나고 있다. 이 공동체의 특성은 청년들이 주도하며 즐거운 사귐이 가능한 공간 구성 및 활동으로 이루어진다.

예를 들어 〈청년공간 이음〉은 원룸과 고시원 등 1인 가구 청년들이 밀집해 있는 관악구 낙성대 지역에 설립된 대안 공간이다. "외로운 청년들을 환대하는 Home, 낯선 이들이 만나 관계를 이어가는 Hub, 미지의 내일로 나아갈 용기를 얻는 Hope"의 핵심 가치를 중심으로 무엇보다 청년이란 대상에 집중한다. 40평 정도의 장소에 공유 부엌, 공유 스터디룸, 게임 공간, 뷰티와 헬스 프로그램을 운영한다. 전직 셰프였던 설립자는 매일 저녁 청년들을 위한 공동체 식사를 함께 만들고 나눈다. 혼자 사는 청년들에게 함께 나누는 '집밥'의 체험은 거부하기 어려운 유혹(?)이다. 매 주일 드리는 예배에 이들 모두가 참여하는 것은 아니어도 이 공간은 청년들의 구체적이고 실질적인 필요를 채우며 서로의 삶과 관계를 이어주는 좋은 모델이 되고 있다.(김성희 2020, 131-132) 교회와 신학교에서는 이런 대안 공동체의 사례들을 수집하고 지속적으로 새로운 공동체 시도가 나타날 수 있는 동기 유발이 필요하다.

기독 청년 공동체는 예배 이상의 공통 관심과 일상에서의 규칙적 활동의 필요를 요청한다. 인간의 경험에서 가장 행복한 순간은 같은 취미를 지닌 친구들과 수다 떨며 좋아하는 활동을 할 때이다. 함께 공유한 가치와 활동을 통해 그리스도인들은 성별과 나이와 계층을 넘어 수평적인 친구가 될 수 있다.

III. '꼰대'를 넘어 사는 법: 다음 세대가 아니라 다른 세대를 세우기

1. '꼰대'와 '라떼' 그리고 '수저계급론'

'꼰대'라는 은어는 오래전부터 통용되었지만, 최근에 이 말은 청년들이 앞선 세대를 향한 불만과 조롱의 의미로 자주 사용된다. 아울러 "나 때는 말이야"라는 어른들의 습관적 언어를 비꼬는 '라떼'라는 용어도 함께 유행한다. '꼰대'와 '라떼'는 이전 "성공 지향 세대"가 권위적 자기 과시 동기 가운데 "행복 지향 세대"인 오늘의 청년들을 향한 염려에서 기인한다. 꼰대 근성은 사실 인간의 본성이다. 나이를 초월해 자신을 드러내며 타인의 삶에 간섭하여 조정하는 습성은 젊은이들에게도 나타나며 '20대 꼰대'라는 표현도 쓰인다. 오늘의 청년들은 타인의 조언에 이전보다 훨씬 더 부정적으로 반응한다.

한국에서 본격적 청년 담론은 우석훈과 박권일이 저술한 『88만원 세대』(2007)부터이다. 저자들은 이 책에서 불우한 청년 현실에 대한 자각과 청년들의 연대와 정치 참여를 촉구한다. 이 책은 한국 사회 청년 현실에 대한 냉철한 분석으로 대중적 환기를 불러오며 청년 담론 폭발의 기폭제가 되었다. 하지만 민주화의 주역이란 자부심을 지닌 진보 지식인의 요청은 훨씬 더 극심한 경쟁 사회를 살고 있는 청년들의 정치적 무기력을 질책하는 '좌파 꼰대'의 훈계로 여겨지며 점차 공감력을 상실한다. 이런 흐름에 이어 출간된 김난도의 『아프니까 청춘이다』(2012)는 청춘들의 힘든 상황을 정서적으로 보듬으며 엄청난 신드롬을 일으켰다. 이를 계기로 출판과 미디어 시장에 유사 작품들과 '멘토' 열풍이 나타난다. 이 신종 자기

계발서들은 청년들의 힘겨운 상황을 '미화'하며 최선의 '노력'으로 '인내'하며 자신만의 '이야기'로 극복하자고 권면한다. 작가들의 진정성은 인정받아야 하지만, 이들의 유려한 수사로 청년들의 현실을 극복하는 것은 쉽지 않았다. 이런 멘토와 힐링 열풍은 "열정 착취의 다른 이름"일 뿐이다.

청년들은 기성세대 멘토들이 자신들을 위로하고 인내하며 극복하라 충고하면서, 실상 자신들이 획득한 기득권을 자기 자녀들에게 전수하고자 하는 "이기적 유전자주의"에 치중하고 있음을 깨닫게 된다. 그들에게 필요한 것은 추상적인 의미 전달자로서의 '꼰대'가 아니라 현실적 기회 제공자인 '아버지'이다. 이미 '기울어진 운동장'에서 '아빠 찬스' 없는 '흙수저'들은 '노오력'에 대한 정당한 보상과 미래에 대한 보장이 없는 현실에 분노한다. 이제 청년들은 앞선 세대의 충고를 거부한다. 이런 피해의식은 '아버지' 도움이 없는 '흙수저' 청년들뿐 아니라 자녀의 기회를 최대치로 끌어올리기 위한 '흙수저' 부모의 고군분투로 이어지며 가족의 일상적 관계 리듬을 붕괴시킨다.

이런 불만은 기독교계에서도 심각하게 제기되고 있다. 특히 목회자들의 교회 세습 문제가 큰 논란이 되고 있다. 언론의 주목을 받는 대형 교회만이 아니라 중소 교회에서도 담임목사직의 세습은 비일비재하다. 때론 교단의 방지 정책과 금지 법안에도 이를 무력화하는 편법들이 등장한다. 교회 세습의 신학적 부당성을 말하기엔 논란의 여지가 많고 현실적으로 안정적인 세대교체인 사례도 많다. 다만 세습이 오늘의 사회적 상황에서 젊은 목회 지망생들의 상대적 박탈감을 자극한 것에 주목해야 한다.

교회뿐 아니라 캠퍼스 선교단체들도 오늘날 급격한 세력 약화로 생존위기 상황에 놓여 있다. 그 중추적 역할을 담당한 '간사'들은 자신들의 청춘을 헌신하며 자비량으로 사역을 감당했다. 하지만 시간이 지나며 이들은 자신들의 삶과 미래에 아무런 책임도 지지 않는 단체에 회의감을 품게 된다. 캠퍼스 선교단체 사역자들의 대부분은 20-30대 청년들로 그 90% 이상이 200만 원 이하(이 중 절반은 100만 원 이하) 사례비로 생계를 유지하고 있다. 단체를 나온 후엔 심각한 경력 단절로 인해 다른 직업 선택의 기회도 제한된다. 이들은 궁핍한 현실 문제로 고민할 수밖에 없다.(송희영, 강연정 2021, 111-113) 이런 상황에서 선교단체에 헌신하고자 하는 청년들은 과거에 비해 극소수일 수밖에 없으며 단체의 존립도 위기를 맞고 있다.

2010년대 중반 이후 출판계에는 냉소적 뉘앙스를 담아낸 젊은 작가들의 책들이 유행한다. 일본 작가 히노 에이타로의 『아, 보람 따위 됐으니 야근수당이나 주세요』(2016)와 동화 작가 하완의 『하마터면 열심히 살 뻔했다』(2018)라는 '웃픈'(웃기고도 슬픈) 제목의 책들이 그 예이다. 도무지 이해할 수 없는 이 새로운 세대에 대한 기성세대의 고민은 소위 'MZ 세대' 담론으로 이어진다. 이렇게 특정 세대를 일반화하고 타자화하는 분석은 청년들이 아닌 기성세대의 관찰을 기초로 이루어진다. 그 도화선은 2018년 출판된 『90년대생이 온다』일 것이다. 문재인 대통령이 청와대 직원들에게 적극적으로 추천했다는 홍보로 인해 이 책은 직장과 학교와 일상에서 만나는 청년들과의 소통을 힘들어하는 기성세대 독자들에게 큰 호응을 얻었다.

저자는 이들 세대가 고소득보다 비교적 편안한 직장을 추구한다는 관찰 결과를 소개하는 것으로 시작한다. 그 이유는 이들이 '꼰대'에 대한 지독한 거부감을 가지고 있기 때문이다. 대한민국 어느 직장이나 '꼰대'의 존재는 이들의 가치관과 충돌할 수밖에 없다. 이 책이 기술한 신세대의 세 가지 특징은 줄임말로 대변되는 간단함, 재미 지향성, 그리고 솔직함이다. 이 책이 제시한 청년들의 문화적 특성을 고려한다면 교회에 젊은이들이 급격하게 감소하는 현실이 충분히 이해될 수 있다. 오늘의 교회는 지나치게 설명적이며 장황한 가르침, 가치와 교훈을 강조하며 자기 절제를 강조하는 경건 훈련, 솔직하지 못한 형식주의가 지배적이다. 가치관의 옳고 그름을 말하는 것이 아니다. 오늘날 선교 담론과 방법론은 지역적 문화의 차이를 극복하는 이슈 못지않게 급변하는 시대적 속성이 매우 중요하다.

소통의 어려움은 개인주의를 넘어 이기적으로 보이는 20대에 대한 기성세대의 비판적 담론으로 이어지기도 한다. 반면 청년들은 기성세대가 청년들의 "현재를 착취"하고 "미래를 탕진"한다고 고발하는 '86세대 혐오' 담론으로 맞서는 양상이다. "386 vs. MZ"라는 세대 대결 구도의 문제점은 서로를 '타자화'하는 오류 가운데 양편 모두에 대해 왜곡된 정체성을 부과한다.

그렇다면 청년들과 앞선 세대의 관계를 어떻게 설정할 것인가? 유진 피터슨은 다음과 같이 말한다. 교회 안의 청소년들은 "어른이 가진 힘과 지혜의 통제에 익숙하며 어른의 보호와, 지적 인도, 그리고 정서적 따스함을 감사히 받아들인다. 그러나 그들이 자라 가며 어른들은 그들에게 자신들이 지닌 사회적 권력을 나누어 주어야 한다."(피터슨 2002, 21) 오늘의 청년들은 '꼰대'를 거부하면서 동시에 '꼰대'의 도움을 원한다. 다만 권위적이고 계몽적인 소통의 태도가 아니라 서로가 공통의 과업을 위한 파트너임을 인정하는 수평적 관계 형성을 토대로 이루어져야 한다. 교회는 청년들을 교회의 정책 결정 과정에 적극적으로 초대해야 한다. 젊은이들은 자신이 결정하지 않은 것에 적극적으로 참여하지 않는다. 그들의 선택이 공동체에 반영되도록 기회를 제공하고, 기획부터 실행까지 모든 과정에서 청년들에게 자율성을 부여할 수 있어야 한다.

젊은이들과의 소통에서 중요한 어른들의 태도는 열정을 자극하는 '독려'가 아니라 '격려'이다. 이는 청년들이 행한 결과물에 대한 생생한 '의미'를 부여하는 작업이다. 청년들은 자신들의 결과물에 대한 평가와 충고에 지쳐 있다. 하지만 자신이 만든 결과물에 대한 자기 확신도 약하다. 사소한 것에도 가치와 의미를 부여하는 작업은 하나님의 창조에 대한 인간의 문화적 사명이다. 추상적이고 관습적인 칭찬이 아니라 철저히 '사실'(fact)에 근거한 구체적 격려와 의미 부여에서 청년들은 큰 효능감과 자존감을 느낀다. 그것이 어른들이 청년들에게 해 줄 수 있는 가장 적절한 도움이다.

드라마 〈미생〉(2014)과 〈나의 아저씨〉(2018)에서 어려운 환경을 견디며 이제 막 사회생활을 시작한 주인공 청년들이 좋은 어른을 통해 성장하는 이야기는 청년들에게 큰 환호를 받았다. 이 드라마에서 어른들은 미숙한 청년을 가르치려 강요하지 않고 사생활에도 깊이 개입하지 않는다. 적절한 거리를 두고 지켜볼 뿐이다. 스스로 위기를 극복하는 오랜 경험의 품격을 보이며 그들을 바르게 이끌어 준다. 청년들은 그런 어른의 경륜을 "짬에서 나오는 바이브"(경험에서 우러나오는 내공)라는 수식어로 '리스펙트'한다. 수평적 관계를 토대로 기성세대가 지닌 경륜에서 진정한 권위가 생성된다. 아울러 청년들은 꼰대의 가르침을 듣는 것이 아니라 앞선 세대를 진지하게 연구하는 주체적 수용 자세가 필요하다. 이런 세대 간의 존중과 학습과 소통이 있을 때 한 사회는 건강하게 유지될 수 있다.

열심히 살았던, 또한 매우 스마트했던 앞선 세대 지도자들이 만든 교계의 현재 상황은 낙관적이지 않다. 기독교인들은 스스로 변화의 필요를 요청한다. 그 새로운 변화는 그 결과가 어떠하든지 새로운 세대가 주도할 것이다. 아브라함이 본토 친척 아버지의 집을 떠나 무모한 모험을 떠난 것을 주목한다. 하지만 아브라함의 또 다른 결단은 아들을 하나님의 명령에 기꺼이 내어준 것이다. 하갈을 통해 얻은 이스마엘을 떠나보냈고, 100세에 얻는 아들 이삭을 제물로 드린다. 오늘날 한국교회는 다음 세대에 대한 염려보다 하나님의 섭리를 신뢰하며 그들이 만들어 갈 새로운 교회를 기대하며 자립하게 하는 아브라함의 용기가 필요하다.

2 '다음' 세대에서 '다른' 세대로의 방향 전환

유행처럼 사용되는 한국 교계의 '다음 세대' 캠페인은 너무나 모호하다. '다음 세대'는 도대체 누구인가? 교회가 원하는 청년 사역은 청년들을 위한 것이 아니라 기성세대들이 원하는 청년들을 만들어 내기 위한 무모한 몸부림이다. 기성 목회자들이 청년들을 감당하기엔 문화적 취향이 다르고 사용하는 언어와 사고방식의 격차도 크다. 따라서 해외 선교사들이 현지인들을 양성하여 현지인 교회를 세워가듯, 한국 교회는 젊은 목회자를 통해 다음 세대가 나아갈 길을 스스로 개척할 수 있게 도와야 한다.

브라이언 맥라렌(Brian McLaren)은 교회가 마주하게 된 새로운 포스트모던 상황을 "저 건너편의 교회"라는 공간 개념으로 표현한다. "저 건너편의 교회"에서는 새로운 패러다임 전환이 요청된다. 이를 위해 그는 "불연속성을 극대화하라"라고 주장하며 교회가 지금까지 지속해 온 모든 규범과 활동 방식에 총체적이며 급진적인 변혁을 요청한다. 점차적 변화는 시대의 변화 속에 금세 옛것이 되기 때문이다.(McLaren 2000, 27-29) 출간 당시이 책이 지적한 변화에 대한 요청은 한국 교회 상황이 상대적인 호황기였기에 심각하게 받아들여지지 않았다. 20여 년이 지난 시점에 맥라렌의 경고와 요청은 성큼 다가와 한국 기독교의 미래를 위한 응급 처방으로 다시 읽힌다. 한국교회가 그 활성기에 이루어 낸 좋은 것들이 이제 유통 기한이 마감되고 있음을 받아들여야 한다.

현재 논의되는 청년 대중서에서는 다양한 현장 조사와 사례를 통해 얻은 성과물들이 제시되고 있다. 그 핵심 키워드는 청년들의 '자립'과 '대안'의 추구이다. 『노오력의 배신』(2016)과 『부들부들 청년』(2017) 등의 기획서에서는 문화적 상대주의 관점에서 총체적 절망 상황에 처한 청년들이 스스로 '자립'과 '자치'와 '상호부조'의 실험 사례들을 소개한다. 『청년팔이 사회』(2019), 『K를 생각한다』(2021), 『급진의 20대』(2023) 등의 20대 작가들의 서적들도 큰 주목을 받는다. 이들은 자신들이 어린 시절부터 직접 경험한 청년 문제의 실상을 분석하며, 자기과잉이나 피해의식에서 벗어나 책임 있는 주체로서 미래 대안을 모색한다. 불행하게도 기독교계에서 이런 청년 작가들의 출현이나 청년들의 대안적 실험 사례들이 많지 않다. 다음 세대 기독교는 기존 교회와 기관들을 이어가는 세대교체를 넘어 청년들의 주체적 담론과 실험의 활성화에 그 지속가능성이 달려 있다.

일부 주목할 만한 사례가 있다. 기독 청년들이 주도하는 문화운동이나 대안 공간 및 기업들이 여러 분야에서 시작되고 있다. 이런 청년들의 자립적 운동들은 아직은 시작 단계여서 그 영역 확장에 매진하다 보니 상호 간 교류가 잘 이루어지지 않는 아쉬움이 있다. 새롭게 일어나는 동료 청년들의 사역과 활동과 실험에 관심을 가지며 서로를 배우고 공동으로 참여하는 프로젝트를 기획한다면 더 큰 움직임으로 확장될 수 있을 것이다.

교회는 여전히 청년들을 관리와 돌봄 대상으로 여긴다. 국가 역시 청년들의 어려운 상황을 모색하며 "청년기본법" 같은 제도를 통한 지원을 모색하지만, 이런 대책은 현재 청년들이 처한 문제의 표피적 현상에 대한 임시 처방에 그칠 수 있다. 성석환은 '청년신학'의 필요성을 제기한다. 청년신학이란 청년들의 '사회적 현실'에서 제기되는 질문에 응답하고 이에 대한 '신학적인 대안'을 모색하는 것이다. 그는 청년신학은 교회 내부적 시각을 넘어 사회적 담론과 대화하는 공론장에 참여하는 '공공신학적 접근'이 중요하다고 주장한다.(성석환 2018, 31)

현재 청년들이 처한 사회적 상황은 한국만이 아니라 전 지구적 현상이다. 이는 단지 한 특정 세대와 지역 문제가 아니라 지난 인류 문명사의 성장과 팽창주의로 말미암은 임박한 위기들과 같은 맥락에서 이해해야 한다. 현시점에서 청년들이 당면한 문제들에 대한 해법은 충분하지 않다. 하지만 생태 위기 같은 사회적 문제들에 학자들과 기관들과 시민들이 끝없이 문제 제기를 하고 대안을 모색함으로써 사람들의 보편적 인식에 변화가 시작된 바 있다. 청년들도 이런 생태 담론에 매우 적극적으로 참여하고 있다. 이는 지난 성장 지향 세대가 회피하고 애써 외면하던 문제들이다. 이처럼 전 지구적으로 찾아온 청년 위기 상황을 회피하지 말고 더 적극적으로 "문제와 더불어 지내는 전략"이 요청된다.(박일준 2021, 353-354) 현 청년들의 상황은 지난 세대의 성공 신화와 전혀 다른 상상력을 요청하고 있다.

기독 청년들은 자신들의 고통을 극복하기 위해 현실 데이터와 신학적 관점을 긴밀히 결합한 공적 논의에 주도적으로 참여해야 한다. 하지만 기독 청년들은 이런 사회적 공론장에 참여한 경험이 적고 방법론적으로도 익숙하지 않다. 따라서 교회와 학교에서 청년들에게 다양한 공적 담론의 장을 마련하여야 한다. 되도록 청년들만의 공론장을 만들고 주제와 논의 방식도 기존 방법을 답습하지 않고 새롭게 이루어지면 좋겠다. 거대한 주제보다는 구체적이고 현실적인 문제와 단기적 목표를 설정해 접근하는 것도 한 방법이다. 대학생들이 가장 활발히 참여하는 소모임은 공모전 준비이다. 여기에 참여하는 학생들은 단기적 목표를 위한 결집과 참여가 두드러진다. 기독교계에서 청년들의 대안적 삶과 교회를 모색하는 다양한 공모전 기회도 자주 마련하여 기독 청년들의 신선한 아이디어가 표출될 수 있도록 하는 것도 좋은 방법이다.

결국 교회가 다음 세대를 세운다는 것은 그 주체인 청년들이 만들어 갈 새로운 교회에 대한 기대를 만든다는 것이다. 그 세대의 기독교 이야기는 이전 세대와 다른 방식과 모양으로 나타날 것이다. 이 부분에 앞선 세대는 낯설고 당황스러울 수 있을 것이다. 하지만 이미 그들도 식상함을 느끼는 현 기독교계 상황에서 이런 변화는 새로운 활력의 동인이 될 수 있다. 청년들의 교회 이탈은 교회에 대한 실망과 싫증에서 기인한다. 하지만 그 과정에는 '더 나은 교회'를 찾기 위한 주체적이며 '긍정적인' 이유도 있다. 그들이 만들어 갈 새로운 교회가 오늘날 사회적으로 혼란과 고통을 겪는 동시대 청년들을 품을 것이다.

기독 문화가 꼭 청년들의 문화일 필요는 없다. 사회 환경의 변화와 기대수명이 늘면서 앞선 세대의 역할도 이전과는 다르게 되었다. '미래'와 '비전'은 이제 청년들의 전유물이 아니다. 청년들에게 얻는 도전과 영감은 앞선 세대도 자신들의 새로운 문화 창조를 위한 선물이다. 그저 청년들을 흉내 내는 것이 아니다. 앞선 세대가 안정주의의 타성에서 벗어나 자신들의 지난날 청년 정신을 깨워 자신들의 취향과 소명에 따른 공동체를 이루는 것이다. 앞선 세대의 새로운 도전은 분명 청년들에게도 신선한 자극이 된다. 이렇게 '청년 정신'은 세대를 연결하는 끈이 되며 황폐해진 기독 문화에 생기를 불어넣을 수 있을 것으로 기대한다.

나가는 말: 새로운 신조어를 기대하며

지난 10여 년간 어려운 상황을 극복하기 위한 청년들의 분투와 기성세대의 위로와 충고가 우리 사회와 교회에 넘쳐났다. 하지만 좌절과 위로가 반복되면서 청년세대는 자신들의 삶과 사회에 대한 냉소와 실망감과 극단적 절망을 표명하고, 때로는 소소한 쾌락에서 심리적 안정을 취한다. 이런 젊은이들의 생각과 감정은 그들이 만들어 낸 신조어들에 고스란히 담겨 있다. 자신을 실패자로 규정하는 '잉여'의 자조 미학과 '소확행'을 통한 생존 기술, 개인적 고립을 선택하는 '아싸'의 나 홀로 삶, 그리고 앞선 세대 조언을 '꼰대'와 '라떼'라 부르는 조롱 역학이 그 세 키워드이다. 이 단어들은 분명 청년들이 개인적으로 사회적으로 그리고 세대적으로 단절감을 표명하는 부정적 뉘앙스의 용어이다. 그러나 이 신조어에는 새로운 삶의 가능성 또한 내포하고 있다. 우리가 살아가는 시대는 더 이상 성공 신화를 꿈꾸는 시대가 아니다. 청년들의 포기와 실패 선언은 이전의 욕망이 좌절된 그 자리에서 다른 삶의 방식을 모색해 볼 기회를 제공하기 때문이다.

예수님이 선포한 하나님 나라 운동은 새로운 삶과 새로운 세상에 대한 상상력을 자극한다. 오늘의 청년들이 만들어 가는 새로운 선택이 매력적인 대안으로 제시되었으면 좋겠다. 이 글의 각 장에서 공통적으로 강조한 제안은 대안적 실천을 통한 '효능감'의 증진이다. 청년들의 일상에 사회적 가치 실현의 사례가 매력적인 '전시'를 통한 동료의 '모방'을 자극하고 타인에게 확산될 필요가 있다. 이를 위해 소셜 미디어는 청년들이 자신들의 정체성을 표명하고 가치관을 확산하는 중요한 도구이다. 이런 반복적인 실천은 개인적 효능감과 함께 집단의 결속을 강화하는 좋은 기폭제가 될 것이다. 교회와 청년 공동체는 새로운 가능성을 실험한 동시대 기독 청년들의 좋은 사례들을 조사하고 소개하는 큐레이션 작업이 요청된다. 이런 사례를 통해 제한된 선택지를 두고 치열하게 경쟁하는 청년들이 다른 삶과 연대의 가능성을 배울 수 있다.

아울러 이 모든 과정이 재미도 있고 의미도 있어야 한다. 연예-오락 방송 채널 tvN의 슬로건은 "재미와 의미"이다. 인간의 즐거움은 '재미'뿐 아니라 더 나은 삶을 위한 가치와 '의미' 부여도 중요하다는 것이다. 그래서 방송사들은 다양한 강연과 토론과 학습 프로그램을 오락적 구성을 통해 기획한다. 이는 유튜브 개인 방송에서도 두드러진다. 교회는 분명 '의미' (logos)를 강조하는 공동체이다. 지금까지 교회는 반오락적 경건과 엄격한 도덕주의로 그 의미를 진지하게 포장해 왔다. 기독 청년들의 영성과 문화에 놀이와 즐거움의 가치가 재발견되어야 한다. 오늘날 청년들의 가장 중요한 참여 동기가 바로 '재미'에 있기 때문이다. 이 시대 청년들은 어려운 상황에도 새로운 길을 찾아갈 것이다. 청년세대의 혁신적인 발상과 확산의 동력은 앞으로 (우연히) 나타날 재기 넘치는 신조어를 통해 이루어질 가능성이 높다. 실패의 자리에서 대안적 시도들이 새로운 언어와 함께 나타나길 기대한다.

안전의 실패

: 반복되는 참사와 신자유민주주의 담론이 은폐하는 것들

박종현

들어가는 말

2014년 세월호가 침몰하여 꽃 같은 아이들이 희생된 지 채 10년도 되지 않아 2022년 10월 29일 이태원에서 핼러윈 축제를 즐기러 나온 청년 158명이 소중한 목숨을 잃었다. 사건의 전개는 세월호와 놀랍도록 판박이로 진행되어 국민과 유가족의 슬픔과 분노가 교차하고 있다. 해당 지자체와 담당 정부 부처는 책임 회피에 급급하고, 현장에서 지휘한 소방관을 처벌하는 한편, 경찰, 행정안전부 등 고위직의 책임을 회피하려는 정치 세력과 일부 언론의 집요한 은폐 시도는 유가족과 시민들의 분노를 샀다. 사건 발생 후 2년이 지난 지금도 유가족이 요청하는 진상조사 특별법은 정부와 여당의 반대로 입법이 이루어지지 않고 있다. 대한민국은 세계 10대 경제 규모를 갖고 있고 어느 정도 민주화가 달성되었다고 평가받고 있지만, 이러한 후진적 참사가 주기적으로 반복되는 상황에 놓여 있다.

이 글은 반복되는 참사의 구조적 측면을 탐구하고 현대 신자유주의와 그 문화 지평에서 판매하고 유통하는 기만적 담론을 분석하고 비판하려 한다. 특히 세월호 참사와 이태원 참사의 연관성을 추론하고, 현대 자본주의의 위험 분산 이론을 집중적으로 비판하며, 이 참사가 반복되는 이유를 사실의 은폐와 왜곡 그리고 뒤틀린 정치선전의 혼합물로 이해한다. 특히 자유민주의라는 개념이 강화될 때 참사의 위기는 더욱 증폭한다는 것을 논의할 것이다.

I. 세월호 참사와 이태원 10.29 참사: 반복되는 사회적 참사

2014년 4월 16일 청해진해운 소유의 〈세월호〉가 인천을 떠나 제주로 가던 중 진도 인근 해상에서 침몰하여 승객 304명이 사망하였다. 그 승객의 대부분이 안산 단원고등학교 학생들로, 수학여행 중에 일어난 이 참사로 꽃다운 학생들이 대거 희생되었다. 참사 후 이 사건을 축소 은폐하려는 정부와 단순 '교통사고'로 몰아가려는 언론들의 선동적 보도가 난무하고, 세월호 유가족은 자녀들의 사망을 이용해 금전적 이익을 취하려는 사람들로 몰아가는 일부 세력이 준동하여 유가족들에게 2차, 3차 가해가 벌어졌다.(한국문화신학회, 『세월호 이후의 신학』, 참조)

세월호 참사의 원인을 객관적으로 규명하고 같은 사회적 참사의 재발을 방지해 달라는 유가족의 일관된 요구가 있었지만, 한국의 사회적 참사를 예방하기 위한 장치들이 어느 정도로 새롭게 구성되었는지는 정확하게 알려져 있지 않다.

그로부터 8년 후인 2022년 10월 29일 오후 9시 50분쯤 10만 명이 넘는 대규모 인파가 이태원 지역에 몰려들었다. 이태원 지역에서 매년 개최되어 오던 핼러윈 축제를 즐기기 위해 운집한 인파였다. 특히 2020~2021년 2년 동안의 긴 코로나19로 대규모 인원의 군집이 제한되었던 터라 대중적 축제에 목말라하던 청년들이 이태원에 대규모로 모여든 것이다.

이태원 지하철역 인근 해밀턴 호텔 후면 도로에 운집한 인파는 이동 방향이 서로 충돌하며 골목 안에 갇혔고 이러한 혼란이 수 시간 동안 이어지면서 오후 10시 11분 이후 압사하는 이들이 나타났다. 오후 11시가 넘어서면서 압사자와 부상자가 속출하였고 사건이 완전히 종료된 후에 사망자만 158명으로 집계되었다.

이태원의 핼러윈 축제는 2011년 이태원 상가 연합회에서 외국인이 많은 이태원에서 핼러윈 행사를 개최하여 지역 상권을 활성화하고 상업적 수익과 문화적 상품 개발을 위해 시행하였다.(손경식 2022) 그 이후 행사는 해마다 규모도 커지고 대중의 호응도 늘어 왔다. 이태원 핼러윈 축제는 2019년 20여만 명의 인파가 몰려 절정에 이르렀으나 2020~2021년은 코로나19로 사회적 거리두기가 실시되어 핼러윈 축제는 중단되었다. 그리고 코로나 방역의 성공적 결과로 2022년 가을 이태원 핼러윈 축제가 재개되었는데, 이때 대형 참사가 발행하였다.

이 참사의 표면적 원인으로는 해당 사건 현장에 밀집된 인파를 유도할 경찰 및 해당 지자체 관리 요원의 축소가 지적된다. 그리고 그 배경의 이유는 해당 지역의 업무를 담당할 경찰이 신규 이전한 인근 용산 대통령 집무실 경비를 위해 민간 행사 경비 병력을 줄인 것이 지적되었다. 또 해당 지자체인 용산구청은 행사 당일 인파의 안전보다 당일의 무질서를 강조하고, 지자체의 활동을 돋보이게 하려는 극히 정치적 관점에서 접근하여 여론의 비난을 받았다. 이 사건에 대한 진상 조사는 2년이 지난 현재까지 이루어지지 않고 있다.

II. 대형 참사의 원인 규명 시도와 그 한계

역사적인 사건이나 대형 참사에 대한 조사가 어떠한 정치적 고려나 외압도 없이 면밀하고 객관적으로 이루어지는가는 많은 의문을 남긴다. 예를 들어 미국 대통령 케네디 암살사건도 수많은 의문점을 남겼다. 이를 토대로 영화를 제작한 올리버 스톤 감독의 1991년의 영화 〈JFK〉는 이러한 의문점을 부각한 영화다. 영화는 케네디의 암살이 리 오즈월드의 단독 범행이라는 것에 근본적인 의문을 제기한다. 오즈월드가 소총을 발사한 곳은 케네디 일행 차량의 후면에 위치하였는데 정작 케네디는 정면에서 발사된 소총에 의해 사망했다는 점을 현장 필름을 통해 제기한다. 이 영화는 뉴올리언스의 지방 검사 짐 개리슨의 책 『JFK: 케네디 대통령 암살의 진상』에 근거하여 제작하였다.(개리슨 1992)

2001년 9월 11일 뉴욕의 세계무역센터 빌딩에 비행기가 충돌하여 발생한 사건으로 쌍둥이 빌딩은 비행기 충돌 이후 2시간 이내에 완전히 붕괴하였다. 비슷한 시각에 미국 국방성의 펜타곤 역시 공중 비행 물체의 공격을 받았고, 민간 항공기 UA93기도 추락한 것으로 보고되었다.

사건의 진상을 의심하는 이들이 수없이 생겨났고, 그들에 의해 많은 질문이 제기되었다. UA93기의 잔해는 항공기 부피보다 너무 적게 발견되었고, 수습된 시신도 없었다. 국방성 건물에 비행 물체가 충돌하는 장면을 기록한 인근 감시카메라 필름은 전혀 공개된 바가 없었다. 의문점을 주장하는 이들은 초저공 지면 근접 비행으로 국방성 건물에 충돌하는 것이 불가능하며 충돌한 곳의 모습이 미사일 공격으로 발생한 것과 유사하다는 주장을 펼친다.

세계무역센터 빌딩의 경우는 두 건물에 비행기가 충돌하는 장면이 여러 필름으로 보도되었다. 그리고 각 빌딩은 1시간 45분 만에 붕괴하였다. 사실 이 사건은 하나의 사건이 아니라 두 가지 사건이 연속적으로 발생한 것이었다. 하나는 비행기의 빌딩 충돌, 하나는 빌딩의 붕괴이다. 이 둘이 왜 나누어 검토되어야 하는가. 그 이유는 비행기 충돌로 무너진 빌딩은 세계무역센터가 유일하기 때문이다.

세계무역센터 빌딩이 붕괴한 이유는 대체로 섭씨 1,000도 이상의 고온의 항공유에 건물을 지탱하는 구조 철강이 약화하여 붕괴한 것으로 보도하고 있다. 이 항공유로 발생한 화재가 건물의 구조를 약화시키고 결국 붕괴하였다는 설명이다. 세계무역센터 빌딩은 길게 불탄 것이 104분이다. 짧은 것은 50분 정도 화재를 입었다. 고층 건물 화재 중에 수 시간 심지어 24시간 이상 불에 탄 일도 있지만, 건물이 붕괴한 것은 무역센터가 유일하다.

비행기는 중량을 줄여 체공이 쉽게 하려고 알루미늄합금으로 몸체를 감싸고 내부 골조는 강철빔을 사용한다. 가장 무거운 보잉 7478i의 무게는 440t이다. 무역센터 빌딩에는 20만 톤의 강철빔이 사용되었다. 태풍, 진도 9.0 이상의 내진 설계와 비행기 충돌에도 저항할 수 있도록 건물 중앙에는 강철 기둥을 세워 놓았다. 이런 강철을 사용해서 지은 현대 건축물은 견고하게 도시 미관을 유지하게 된다. 그런데도 이 두 빌딩과 인근 빌딩까지 세 채의 건물이 붕괴하였다.

1945년 미국 공군의 B25 폭격기가 엠파이어스테이트 빌딩에 충돌하였다. 비행기는 1945년 7월 28일(토)에 빌딩에 충돌하여 비행기 조종사 포함 3명 포함, 건물 내 사망자까지 모두 14명이 사망하였다. 건물은 40분간 불에 탔고 엔진 일부가 건물 안에 뚫고 들어갔으나 나머지 동체는 튕겨 나왔다. 건물 충돌 부위의 손상에도 빌딩은 이틀 후인 월요일에 영업을 재개하였다.(위키백과 '1945년 엠파이어 스테이트 빌딩 B-25 폭격기 충돌사고' 2022). 항공기의 연료는 순도가 높은 백등유로서 일상 온도에서는 휘발성이 낮아 난로 등에 사용하는 비교적 안전한 연료이다. 무역센터 쌍둥이 빌딩과 함께 인근 WTC7 빌딩도 붕괴하였다. 무역센터 빌딩에서 흩어져 나온 잔해가 화재를 일으켜 무너진 것이라고 알려져 있다.

강철로 된 건물에 알루미늄으로 제작한 비행기가 충돌하여 일어난 1시간 20분 정도의 화재로 건물 전체가 붕괴한 이 사건은 과학적인 의문을 야기한다. 한편의 영화처럼 테러로 인한 비행기 충돌이라는 이야기로 규정된 이 사건에 대한 과학적 의문에 대한 충분한 응답은 아직까지 나오지 않았다.

세월호 사건 역시 비슷한 사실 규명 과정을 거쳤다. 이 사건은 2014년 4월 16일 인천을 떠나 제주로 항해하던 청해진해운 소속 〈세월호〉가 진도 인근 맹골수로 인근에서 갑자기 진행을 멈추고 순식간에 왼쪽으로 기울어졌다가 불과 두 시간 반 만에 침몰하여, 탑승객 476명 중 304명이 사망한 사건이다. 사망자들의 다수는 제주도로 수학여행을 가던 안산 단원고등학교 2학년 학생이었다.

출항 당시 안개 때문에 인천에서는 세월호만 출항하였다. 사고 해역에 도착하였을 때 인근 지역의 일기가 순탄하여 배가 정지하고 기울어진 후에도 탑승객은 모두 구조될 것으로 예상되었다. 인근 해역에는 다수의 어선과 화물선이 도착하여 선체에서 탈출한 승객을 구조할 준비가 되어 있었고 해경이 도착하면 모든 상황이 순조롭게 종료될 것으로 예상되었다.

그러나 현장에 도착한 해경은 세월호에 승선하지 않았다. 그리고 선내에 있는 승객을 위한 대피 방송도 하지 않았으며, 다만 선수에 있던 승무원들만 구조하고 황급히 세월호를 떠났다. 이후 헬리콥터에 의한 구조자 몇 명을 제외하고 스스로 세월호를 탈출한 사람들만이 생존하였고 선체에 남았던 이들은 전원 사망하는 대참사가 되었다.

세월호 참사 후 정부는 원인 규명을 위한 위원회를 구성하여 수년간에 걸쳐 원인 분석을 하였으나 선체의 무리한 개조 및 선박 운영에서 안전 수칙을 대부분 지키지 않은 것으로 드러났다. 특별조사위원회는 이러한 원인 외에도 잠수함 충돌로 인한 세월호 급변침을 주장하는 소수 의견으로 최종적인 통일된 결론을 내리지 못하고 말았다.

III. 위험을 분산하라: 현대 자본주의의 사회적 위험 회피전략

세월호 해상 참사의 원인은 경제적인 측면에서도 제기된다. 신자유주의를 주장하던 이명박 정부는 선박법을 개정하여 기존에 건조 후 20년까지 운항이 가능하던 선박의 운항 기간을 30년으로 늘리는 조치를 취하였다.

세월호가 만일 개정되기 전 선박법에 적용을 받았다면 이미 퇴역 준비에 들어가, 2014년 당시에는 사용이 중지되어 있었을 것이다. 세월호는 1994년 일본에서 건조된 선박으로 한국의 청해진해운이 수입하여 세월호라는 이름으로 개명을 할 당시 이미 18년이 지난 선박이었다. 일본에서 사용 연한이 다 지나서 폐기하려던 선박을 한국의 선박법이 개정되어 30년 사용이 가능해지자 12년을 더 운행하기 위해 수입하여 운행하던 선박이었던 것이다.

세월호는 이전의 안전 중심의 선박법이 개정되지 않았다면 사고 당시 운행이 종료되었을 여객선이었다. 선박의 사고 당시의 직접적인 원인보다 더 주목해야 할 부분은 안전을 우선하는 선박법을 개정하여 매우 불안한 운항을 가능케 하는 악법이 있었다는 사실이다. 이윤추구를 극단화하는 신자유주의 시대에 일어난 사회적 참사는 이처럼 사고의 원인으로서의 경제 논리는 배후에 숨어 버리고 사고 현장에서 발생하는 원인에 몰두하게 함으로써 근본적 원인을 은폐하고 왜곡한다.

예를 들어 1990년대 말부터 2000년대까지 전 세계를 강타한 광우병 파동에서도 경제 논리가 어떻게 사회적 참사로 발전하는지 보여준다. 광우병의 발병은 영국의 보수당 총리 존 메이저가 내각을 이끌던 영국에서 발생하였다.

1985년부터 영국에서는 신체의 균형을 잃은 소들이 쓰러져 경련을 일으키다가 죽는 사건이 연이어 발생하였다. 죽은 소들을 해부한 결과 뇌가 완전히 녹은 것, 또는 뇌에 스펀지 같은 구멍이 뚫려 있는 것을 확인하였다. 이렇게 발견한 것이 광우병이다.

광우병은 약 반세기에 걸친 생화학적 연구의 결과로 그 원인이 규명되었다. 광우병과 유사한 증상은 파푸아뉴기니에 파견된 유럽 선교사들이 일부 식인 부족 여성에게 뇌가 녹아내리는 증상이 있는 것이 처음 보고되어 학계의 관심을 끌었다. 이와 유사한 증상이 사육장의 밍크, 그리고 광우병 소, 그리고 결국에는 인간 광우병까지 연이어 발견되었다.

광우병과 유사한 크로이츠펠트 야코프병은 변형 프리온이라는 살인 단백질에 의해 나타나는 증상임이 알려졌다. 앞서 언급된 증상을 연구하던 생화학자들은 이 증상의 원인을 바이러스에 의한 것이라고 가정하고 연구하였다. 그러나 수십 년 동안 바이러스는 발견되지 않았고 새로운 가설인 단백질 가설로 대체되었다. 이 증상의 초기에 바이러스의 가설이 기각되고 단백질 가설이 확인된 것은 전자현미경이 발명되어 과학적 관측의 범위가 현저하게 확장된 결과였다. 변형 프리온은 독성 단백질로 포유류와 조류의 소화기관에서 소화되지 않고 체내에 남아 있거나 다른 동물의 신체로 먹이사슬을 따라 이동한다. 섭씨 800도에서도 분해되지 않아 요리의 형태로 변형 프리온을 분해할 방법도 없다는 것이 확인되었다.

변형 프리온은 동물의 내장, 골격 그리고 뇌에 축적되고 특히 뇌세포를 파괴한다는 사실이 알려졌다. 무엇보다도 변형 프리온은 동물이 동종의 동물을 섭취함으로써 생성된다는 것이 확인되었다. 즉 파푸아뉴기니의 식인 부족에서 발생한 쿠루병, 미친 밍크 병, 광우병 소 그리고 인간 광우병 모두 동종 섭취로 인해 생성된 변형 프리온 단백질의 결과였다.(로즈 2006, 153 이하)

유럽에서 광우병이 발생한 원인도 영국과 스페인에서 사육하던 소들에게 소를 도축하는 과정에서 나온 부산물인 내장과 뼈를 갈아 소의 곡물 사료에 섞어 먹임으로써 생겨났다는 것이 알려졌다. 1990년대 초 영국에서 광우병 감염 소가 발생하자 영국의 존 메이저 총리는 여론을 무마하기 위해서 영국 소를 먹는 장면을 미디어에서 실연하였다. 그리고 광우병은 소에서 생기는 질병이기 때문에 인간에게 전염되지 않는다고 주장하였다.

그러나 인간 광우병이 곧 나타났다. 수년 동안 190명 이상의 사람들이 광우병 증세로 사망하였고 그제야 영국 정부는 광우병에 걸린 소를 먹으면 인간에게 광우병이 나타날 수 있음을 인정하였다. 유럽에서 인간 광우병이 확산일로에 이르는 상황이 되자, 1996년 유럽연합은 공개적으로 유럽연합 내에서 사육되는 모든 소에게 육식성 사료를 전면적으로 금지하는 사료 제한 조처를 내림으로써 당시 사태는 겨우 일단락되었다.

2008년 한국에서 미국산 소고기를 수입하는 문제와 관련하여 광우병을 우려하며 수입을 반대하는 집회가 장기간에 걸쳐 일어났다. 한국은 미국, 캐나다 그리고 호주에서 쇠고기를 수입하는데, 북미 지역에서 사육되는 소는 광우병에 감염의 위험성이 있다는 것이었다. 그 근거로는 미국과 캐나다의 소들은 유럽연합에서 금지한 육식성 사료가 허용된다는 점이 제시되었다.

실제로 당시 북미에서 사육되는 소에게 소 도축 과정에서 생겨나는 뼈와 내장을 섞은 사료를 먹이는 것으로 확인되었다. 다만 차이가 있는 것은 유럽에서는 소의 부산물을 소에게 직접 먹였던 것과 달리 북미에서는 소의 부산물을 닭에게 먹이고 닭의 부산물을 돼지에게 먹이고 돼지의 부산물을 소에게 먹이는 방식으로 위험을 회피하는 방식을 취한다는 것이었다. 즉 동종의 동물을 먹이는 것을 회피함으로써 위험을 줄이는 방식을 취하였다.

그럼에도 불구하고 위험성을 주장한 사람들은 자연 상태에서 소는 어떤 경우에도 육식하지 않는 초식동물인데 소에게 육식성 사료를 먹이는 것이 허용되고 있다는 점을 들었다. 소를 소에게 직접 먹이지 않아도 이러한 육식 사료를 초식동물인 소에게 먹이는 것이 안전한 것인가에 대해서는 여전히 의문이 제기된다. 이 육식성 사료 문제는 수입되는 북미 지역에서 생산된 소고기만의 문제가 아니다. 한국의 다수의 농가에서도 부분적으로 육식성 사료를 소에게 먹이는 것이 확인되었기 때문이다. 소에게 육식성 사료를 먹이는 이유는 동물성 단백질을 소에게 먹임으로써 소의 성장이 촉진되어 출생부터 도축까지의 시간을 단축시킴으로써 경제성이 증가한다는 점에 있다.(로즈 2006, 16-17) 한국에서도 인간 광우병 의심 사례가 여러 건 발생하였으나 가족들의 부검 반대로 최종적 확인이 이루어진 예는 없다.

소에게 소의 육골분을 직접 먹이는 경우는 한국에서도 북미에서도 없다. 다만 송아지에게 음식물 쓰레기를 먹이거나, 소의 육골분 사료를 먹은 닭이나 돼지를 먹이는 경우는 법적 금지 사항 밖에 있으므로 허용된다. 이러한 조치가 소고기의 안정성 보장에 충분한가에 대해서는 의문이 제기된다. 일부 보고 자료에 따르면 닭과 돼지를 거치는 동안 변형 프리온 단백질이 잘게 나누어지기는 하는데, 이것이 소에게 공급되었을 때 소고기를 통해 인체에 흡수되어 발생하는 문제에 관한 추적 연구는 이루어지지 않았다. 다만 잘게 나누어진 변형 프리온이 인체에 흡수되어 인간 광우병이 발병된 상태 즉 뇌의 해면체를 녹이지는 않아도, 작은 동공을 만들어 내어 치매를 유발할 가능성이 제기되었다. 현재 발생하는 북미 지역의 알츠하이머의 8-13%는 변형 프리온 단백질에 의한 것일 수도 있다는 분자생물학 전문가의 주장을 확인할 수 있다.(캘러허 2007, 219) 소의 육골분을 닭과 돼지의 사료로 사용하고, 그 부산물을 다시 소의 사료로 사용하는 방식은 변형 프리온으로 인한 인간 광우병 발병을 낮추려는 위험 분산의 방편이라 할 수 있지만, 실제 내용은 변형 프리온을 근본적으로 차단하는 것이 아니라 이윤의 극대화라는 상업적 목표를 유지하면서 위험을 은폐하려는 전략의 일환으로 볼 여지가 많다.

식품과 관련된 사회적 참사 또는 참사의 가능성으로 광우병이 제시되는 것과 비교하여 금융자본의 탐욕과 기만으로 금융시스템 자체를 붕괴시킨 일도 있었다. 2008년 미국발 금융위기가 그것이다. 흔히 비우량주택담보대출채권(Subprime Mortgage Loan) 붕괴사태로 알려진 이 사건은 전모는 다음과 같다.

조지 부시 주니어의 집권 2기 시절에 벌어진 이 사태는 그의 행정부가 2000년 초 닷컴 버블 붕괴와 9.11테러 사태로 인해 야기된 경제 침체를 만회하기 위해 서둘러 개전한 아프가니스탄과 이라크에서 벌인 전쟁의 결과였다. 클린턴 행정부 당시 줄었던 미국 연방정부의 부채는 부시 행정부에서 네 배 가까이 증가하여, 42조 달러에 육박하게 되었다. 부시 행정부는 경기 부양을 위해 초저금리 정책을 펼쳤고, 특히 전 국민이 주택을 소유하게 한다는 구호로 미국인들의 주택 구매 정책을 실행하였다.(레너드 2023)

주택구매를 위한 주택담보대출 회사인 페이 매니와 프레디 맥은 정부의 정책에 따라 주택 구매자들에게 구매 자금을 융자해주었다. 안정된 소득이 있는 프라임 등급 외에도 채무를 상환할 수 없을 가능성이 큰 비우량 등급의 구매자들도 주택 구매 자금 전액을 대출해주는 파격적인 상황이 연출되었다.

주택구매가 활성화하면서 주택 가격이 급등하기 시작하였다. 부시 행정부 말기인 2006년부터는 주택 가격이 한해 40% 상승하는 등 엄청난 가격 거품이 형성되었다. 주택 가격이 상승하면서 주택을 구매하려는 수요는 폭증하였고, 여러 채의 주택을 구매하려는 이들이 등장하면서 미국의 주택 시장은 최대량의 대출로 최고의 주택 가격을 이루는 거품의 정점에 이르렀다.

주택 투기가 이익이 되자 다수의 금융사가 여기에 참여하였다. 주택담보증권은 주택담보대출 회사에서 투기 은행으로 팔려나갔고 여기에서 주택담보부증권이란 새로운 금융상품으로 재생산되어 여러 나라에 팔려나갔다.

이때 월스트리트의 투기 은행은 베어스턴스와 리먼 브라더스 같은 은행은 채무 변제가 불가능하거나 어려운 비우량 채권의 안정성을 보증하는 방안을 설계하였다. 비우량 채권과 프라임 등급 이상의 채권을 컴퓨터 프로그래밍을 통해 여러 조각으로 분할하고 뒤섞어서 우량과 불량이 혼합된 새로운 채권을 만들어 내었다. 미국의 투기 은행들의 규모가 거대하였기 때문에 이들이 재생산한 채권은 유럽과 아시아의 은행들에 대량 판매되었다.

주택 가격이 상승하는 동안 이 채권은 황금알을 낳는 거위로 인식되었다. 미국은 전쟁 특수와 저금리로 이러한 투기 상황을 방관하였고, 수많은 사람이 주택투기 시장에서 수익을 올리고 투기 은행도 덩달아 호황을 누렸다. 그러나 장기간의 저금리가 2004년부터 중지되고 서서히 금리 인상이 이어졌다.

금리 인상에도 이미 달아오른 주택 시장의 열기는 한동안 지속되었다. 2006년 미국의 주택 가격은 최고점을 찍었고, 금리 인상과 최고가에 이른 주택 가격에 대한 부담으로 구매의 여력이 사라졌다. 주택 가격이 급락하면서 비우량 등급 주택에 대한 압류가 이루어지기 시작하였다. 주택 가격은 바닥으로 추락하였고 주택담보부증권도 휴지조각이 되기 시작하였다.

결국 리먼 브러더스가 파산하고 베어스턴스는 400억 달러짜리이던 것이 2달러에 매각되었다. AIG 보험사도 막대한 손실을 보았다. 수많은 은행이 파산하고 수백만 채의 주택이 은행에 압류되었다. 미국의 금융위기는 미국 은행의 채권을 구매한 다른 국가들의 은행을 연쇄적으로 위기에 몰아넣었고 세계적 금융위기로 확대되었다.

광우병에 대한 안전 조치로 소의 육골분을 닭과 돼지에게 먹이듯 부도 등급의 채권을 우량채권과 뒤섞어 만든 위장 부실 채권은 세계 경제를 혼돈의 도가니로 몰아넣었다. 여기에는 같은 논리적 기만이 작동하는 그것이 공통점이다. 광우병을 본질적으로 예방하는 것은 소에게 육식성 사료를 금지하는 것이다. 이 경우는 아무런 위험이 발생하지 않는다. 소에게 어떤 형태이든 육식성 사료를 제공하는 것 그리고 위험 회피를 위해 우회적 통로를 만드는 것은 위험을 은폐하는 기만적 행위라 할 수 있다.

마찬가지로 불량 채권은 소각하고 우량 채권을 상품화해야 한다는 것은 경제 전문가가 아니라도 알 수 있는 기초적 사항이다. 그런데 미국 월가의 투기은행은 우량 채권과 부실 채권을 뒤섞어 상품화하여 전 세계에 판매하여 전 지구적 금융위기를 초래하였던 것이다.

IV. 신자유주의 정치의 위험한 정책

정치와 사회적 재난은 관계가 있는가? 최근의 한국의 사회적 참사는 이명박 정부(천안함 사고), 박근혜 정부(세월호 참사), 윤석렬 정부(이태원 참사) 등 주로 보수 정권에서 발생하였다. 영국의 광우병 사태도 존 메이저 보수당 집권 시기에 일어났고, 미국의 서브 프라임 사태도 조지 부시 행정부 즉 보수 정권에서 발생하였다. 여기에는 어떤 필연적 인과관계가 있는가?

정신분석학자이자 의사인 제임스 길리건은 미국 동부 하버드대학교에서 정신의학을 가르치면서 교도소에서 강력범의 사회적 재활을 돕는 일에 종사하였다. 그는 강력범죄자들을 연구하던 중 미국의 살인율에 관한 장기통계를 데이터로 축적하였다. 그는 1900년부터 2007년까지 107년간 미국에서 발생한 살인에 관한 데이터를 모았다. 살인율은 타인을 살해한 살인과 스스로 목숨을 끊은 자살을 합한 것으로 매년 살인율의 증감을 통계로 작성하였다.

그는 이 통계 결과를 산출하고 나서 큰 충격에 빠졌다. 107년간의 미국의 살인율 장기통계는 보수정당인 공화당이 집권할 때 증가하였고 진보적인 민주당이 집권할 때 줄어들었다. 저자는 공화당 대통령이 자살이나 살인을 명령할 일도 없건만 공화당 집권 시기에 살인이 증가하는 것을 이해할 수 없었다.

길리건은 이것은 공화당 출신 대통령의 문제가 아니라 공화당의 정책의 문제라고 결론을 내렸다. 공화당이 집권하면 정리해고가 쉬워지고 사회적 기득권층의 권리가 강화된다. 사회적 양극화는 더 심화되고 소위 물적·인적 유동성이 강화된다는 것이다. 그는 이러한 공화당의 정책이 미국인의 수치심과 분노를 자극하게 된다고 보았다.

예를 들어 정리해고가 된 개인은 분노와 우울증에 무방비로 노출된다. 유럽에 비해 현저하게 수준 낮은 미국의 사회보장제도는 개인을 사회적 재난에서 구하기보다 삶을 곤궁하고 비참하게 만든다. 이에 외향적인 이들은 총기 사고로 그 분노를 표출하고 내향적인 사람들은 자살하는 경향이 높아지게 된다는 것이 길리건의 설명이다.(길리건 2012)

길리건은 흥미롭게도 이러한 정치적 변인에 의한 살인율의 변화에 다른 요소들은 별다른 영향을 주지 못한다고 보고한다. 예를 들어 미국인의 주류 종교인 기독교는 이러한 살인율에 영향을 주지 못한다. 가톨릭신자든 장로교나 감리교 남침례교인이든 모두 비종교인과 동일한 살인율을 보여준다. 단 하나의 예외가 있었다. 그것은 소수 종파인 재세례파와 안식교, 여호와의 증인 등이다. 재세례파는 지난 107년간 단 한 건도 타인을 살해하지 않았다. 107년간 단 한 사람의 자살자가 있었을 뿐이다.

혼히 현대 국가는 정치와 경제가 분리되어 있다고 한다. 그러나 정부의 정책 중에는 경제정책이 반드시 포함되고 또 가장 중요한 정책이 된다. 기업인이 직접 정치를 하지 않는다는 것뿐이지 정치와 경제는 긴밀하게 연결된다. 모든 경제정책과 경제법안은 정부에 의해 추진되고 의회에서 제정하기 때문이다.

앞서 언급한 한국의 사회적 참사와 미국에서 발생한 사회적 재난은 정책적 결정과 긴밀하게 연결되어 있다. 그뿐 아니라 특정한 지향의 정치세력이 사회적 참사의 원인을 제공하고 나아가 그 발생 원인을 은폐한다는 사실이다. 소위 자유민주주의 담론은 보수주의자들이 즐겨 쓰는 담론이다. 자유민주주의를 어떤 개념으로 사용하고 어떤 개념을 은폐하며 사회적으로 어떤 결과를 낳는가? 자유민주주의 담론의 본질은 자본의 축적과 활용을 통한 이윤추구의 자유로 보는 것이 타당하다. 앞선 예들이 그것을 증명한다. 이윤추구를 자유민주주의로 포장할 때 사회적 안전장치는 무력화되고 사회적 재난과 참사가 발생한다.

민주주의의 가장 기본적인 원칙은 1인 1표의 원리이며 주권재민의 원칙이다. '1인 1표 원리'는 시민권을 가진 시민들의 참정권은 평등하다는 것을 선언한다. 주권재민의 원칙은 한 민주 국가의 통치권은 국민의 권력

위임에 기초한다는 것이다. 역사적으로 이러한 주권재민의 원칙은 통치자가 피치자의 동의를 얻어 통치 행위를 한다는 것을 의미하는 고대 아테네의 민주주의와 로마공화정에서 기원한다. 여기에 통치자를 선출하는 방식으로서 투표 행위를 시민권적 평등권에 정초함으로써 민주주의의 기초를 평등권에 두려는 의도이다.

그러나 좀 더 근본적인 문제는 통치 행위가 피치자의 동의에 근거하여도 통치 계급과 피치 계급을 나누는 행위는 민주주의의 근본적 모순에 해당한다. 동등한 관계에서 통치와 피치로 분할된 사회란 결국 민주주의가 지향하는 근본적 목표에 이율배반을 일으키기 때문이다. 따라서 이 문제는 민주주의를 진화의 시간 속에 배치하여 민주주의의 지속적인 심화라는 방안으로 출구를 모색하게 된다.

V. 원자력 발전과 위험 회피의 문제

세계적인 주식투자가인 버크서 헤서웨이의 대표 워런 버핏은 그의 모교인 네브래스카대학교를 방문하여 행한 연설에서, 이미 나왔지만 등장하지 말았다면 좋았을 기술로 원자력을 지목하였다. 주식투자자의 언급으로는 이례적이기는 하였으나 그가 지적한 원자력의 치명적인 위협은 원자력 그 자체와 함께 영원히 존재한다는 점에서 적절한 것이라 보인다.

원자력이란 유명한 아인슈타인의 일반상대성 이론 공식 E=mc2에 근거하여 발전된 기술이다. 이 공식은 물질은 에너지로 에너지는 물질로 상호 변환한다는 공식이다. 이 이론에 기초하여 20세기 초부터 원자력에 관한 연구가 진행되었다. 독일의 나치가 원자력을 실용화하기 전에 2차 세계대전이 종결될 무렵 독일의 핵물리 과학자는 미국과 구소련으로 나뉘어 이주하였다. 2차 세계대전이 막바지로 접어들 무렵 미국의 과학자들은 원자폭탄 제조에 성공하였고, 이 종말론적 무기는 태평양전쟁 말기에 일본의 히로시마와 나가사키에 투하되어 수십만의 생명을 일순간에 앗아갔으며, 수많은 인명이 후유증으로 고통을 받았다. 냉전 시대에 접어들며 핵무기의 축적이 진행되어 수 개 국가가 전 지구를 여러 차례 멸망시킬 수 있을 만큼의 핵무기를 소장하게 되었다.

'원자력의 평화적 사용'이라는 명분으로 원자력 발전소가 건설되어 이미 수십 개 국가에서 원자력 발전소를 운영하고 있다. 그러나 원자력 발전소는 그 건설 이후 미국, 구소련, 일본에서 재앙적 사고를 일으키는 사례가 속출하였다.

가장 먼저 발생한 사고는 미국의 펜실베이니아 스리마일리 섬에 설치된 원자로의 노심 용융 사건이다. 1978년 가동을 시작한 이 섬의 두 개의 원자력 발전소 중 2호기가 작동 4개월 만에 냉각수 공급이 중단되었고, 자동으로 작동하게 설계되었던 보조 냉각수 보급 장치도 작동 불능 상태에 빠지면서 원자로 중심의 노심이 3분의 2 정도 녹아내렸다.

사고 소식이 전해지자 인근 마을 거주민 10만 명이 긴급대피를 하였기에 인명 피해는 없었고, 피폭된 방사능의 양도 자연 방사능 정도에 그쳤기 때문에 큰 피해는 없었다. 그러나 이 사건은 안전성을 강조하고 무공해 에너지라고 강조해 왔던 원자력 발전소의 현실적인 위험성이 세상에 알려지는 계기가 되었다(위키백과 '스리마일섬 원자력 발전소 사고' 2022).

가장 치명적인 원자력 참사는 구소련의 체르노빌에서 일어난 사고이다. 체르노빌은 발전소는 구소련 우크라이나 북부 지역으로, 벨라루스 국경 인근 체르노빌에서 16km 인근에 지어진 대규모 원자력 발전소이다. 사고는 원자로에 터빈이 중지되었을 때 얼마나 빠르게 복구가 되는지 알아보기 위한 실험 도중에 발생하였다. 불과 1분 이내의 실험 부주의로 발생한 사고였다. 수 분 내에 진행하려던 실험은 원자로 가동을 멈추고 제어봉을 원자로와 분리한 순간 약 18초간에 원자로 내의 온도가 급상승하고 중성자의 누적이 급상승하면서 이를 보완하기 위한 임시 디젤발전기의 작동이 지체되고 그 순간 급상승한 원자로 노심이 용해되면서 원자로가 폭발하여 대참사로 이어지게 되었다.

구소련 당국은 체르노빌의 노심을 봉쇄하기 위해 납을 6천7백 톤 이상 쏟아부었고, 그 위에 콘크리트로 덮어서 방사능을 차단하려 하였다. 이 사고로 폭발 당시 원자력 발전소 근무자들이 사망하였고, 사고 수습에 투입된 공원들이 피폭으로 사망하였으며, 방사능 낙진으로 피폭된 이들, 납이 열에 녹아 흩어져 일어난 납중독 그리고 인근 동식물계의 교란 등이 연쇄적으로 발생하면서, 인류 최악의 참사가 되었다(위키백과 '체르노빌 원자력 발전소 사고' 2022).

가장 최근에 일어난 대규모 원자력 발전소 사고는 일본의 후쿠시마 원자력 발전소 폭발 사건이다. 후쿠시마 원자력 발전소는 미국 제너럴일렉트릭에서 설계하여 일본 기업이 1971년 건설한 4기의 원자력 발전소이다. 2011년 3월 11일 일본 동북 지역 앞바다에서 진도 9.0의 지진이 발생하였고 해일이 밀려와 후쿠시마 원자력 발전소를 덮쳤다. 발전소는 진도 9.0의 지진에 대한 내진 설계가 되어 있었으나 지진으로 인한 해일을 대비하기 위해 해안으로부터 고도는 그에 비해 낮게 설계되었다. 이는 바닷물을 냉각수로 사용하기 위한 편의성을 위한 조치의 결과였다.

지진으로 전력선이 파괴되어 비상용 디젤발전기가 가동되어 원자로의 정상적 작동이 유지되었다. 그러나 높이 15m 해일이 밀려들어 5m 높이의 해일에 대비할 수 있도록 지어진 원자력 발전소를 강타하였다.

해일은 발전소를 운영하기 위한 전력 공급망을 파괴하여 발전소는 전기 대정전 상태에 돌입하였다. 4~6호기는 비상 디젤발전기가 작동하고 바닷물을 비상 냉각수로 공급하는 장치가 작동하여 피해가 발생하지 않았다. 반면 1~3호기는 비상 발전기가 작동 불능 상태가 되면서 노심 온도가 1,200도로 급상승하였다. 원자로의 내부의 3중 보호 장치가 모두 녹아내렸고, 고온의 지르코늄과 수소가 혼합되어 폭발을 일으켰다. 이 참사는 수일 동안 지속되면서 원자로를 파괴하고 공중과 육지와 바다로 방사능을 방출하였다.

일본 정부는 후쿠시만 인근 20km 내의 통행을 금지했으나 사고로 인한 방사능은 후쿠시마 인근 400km 범위에서까지 검출되는 등 방사성 물질 피해가 확산되었다. 최종적으로는 인근 한국에서도 방사능이 검출되는 등 주변 국가에도 해류를 통한 방사능 유입이 확인된 바 있다. 후쿠시마 원전도 사고 수습을 위해 수천 톤의 콘크리트를 원자로에 부어 방사능을 차단하려 시도하였다(위키백과 '후쿠시마 제1원자력 발전소 사고' 2022). 그러나 사고가 일어난 지 10년 이상이 지난 지금도 후쿠시마 인근의 방사성 물질 검출은 이어지고 있고 사고 처리 과정에서 발생한 방사성 물질의 처리와 오염수 해양 방류 문제로 한국과 중국이 일본 정부와 외교적 갈등을 벌이고 있다.

원자력의 평화적 이용이라는 명분과 달리 원자력은 발전소가 만들어지기 시작하던 1970년대부터 그 위험성이 꾸준히 제기되었다. 1970년대 노벨 물리학상을 받은 학자로 구성된 로마클럽은 현대 인류 문명이 받아들여야 할 몇 가지 위험한 사례를 제시하였다. 그중에 원자력 발전소를 포함시켜, 그 운영을 원천적으로 반대하였다.

그 이유는 인류는 인류에게는 안전성을 확보한 상태로 원자력을 운용할 기술이 없고, 인류 문명은 원자력이라는 에너지를 항구적으로 통제할 수 없다는 이유 때문이었다. 원자력은 매우 정교한 기술로 통제하지만, 수력이나 화력 풍력과 같은 에너지원과 근본적으로 다른 에너지이다. 수력, 풍력, 화력은 언제든지 기술적으로 작동을 멈출 수 있는 에너지원이다. 그러나 원자력의 가동은 매우 민감하고 빠르게 반응하는 원자의 특성 때문에 인간의 기술력의 완전한 통제 속에 가두어 둘 수 없었다.

또 다른 이유는 핵무기와 관련된다. 원자력은 정제 우라늄 235를 핵분열시켜 나오는 에너지를 사용하여 전기를 얻어낸다. 사용 후 우라늄은 플루토늄으로 변환되는데 이것을 재처리하면 핵무기가 된다. 이 플루토늄은 재처리하지 않은 상태에서 자연 보관하면 방사능을 계속 방출하다가 최종적으로 납이 되어 안정성이 확보된다. 그러나 그 반감기가 7억년에 달해, 인간의 시간 개념으로는 무한대에 가깝게 위험성이 지속된다고 보아도 무방하다.

플루토늄에서 방사능이 방출되어 방출량이 반으로 줄어드는데 2만 년이 소요된다. 안정된 원소인 납으로 변하는 데는 20만 년이 소요되는 것으로 알려져 있다. 인류의 역사를 반추해 보면 인류의 정치경제 체제가 만년 이상을 지속한 경우는 없다. 20만 년 전이라면 현생인류인 호모사피엔스가 갓 출현한 시대였음을 상기하면 로마클럽의 과학자들이 인류가 원자력을 다룰 수 없다고 경고한 이유가 선명하게 나타난다. 현대 문명의 특징은 자유민주주의로 포장된 자본주의 체제이다. 자본주의가 민주주의와 절묘하게 조화를 이룬다는 주장은 수많은 현대사회의 문제들을 통해 그 허구성이 드러난다.

한국의 원자력 발전소는 미국과 캐나다의 설계로 만들어졌다. 한국의 원자력 발전소는 앞선 사고들에서 교훈을 얻어 더 안전성을 강화하여 지어졌다. 그래서 한국의 원자력 발전소는 다르다고 자신감있게 발언하는 사람도 많다. 타국의 원자력 발전소의 외벽이 1m 두께인 데 비해 한국은 1m 50cm로 안전성을 보강했다는 뉴스 같은 것도 그 중 하나의 근거로 제시된다.

그러나 최근 포항 MBC의 보도는 이러한 주장의 타당성에 의문을 제기한다. 2022년 9월 20일 포항 MBC는 뉴스를 통해서 2021년 10월쯤부터 경주의 월성1 호기 원자력 발전소에서 냉각수 저장소 바닥을 방수 공사를 하였으나 바닥에 갈라진 틈은 메꾸어지지 않은 채 매일 7리터가량의 냉각수가 누출되는 것으로 보도하였다. 이를 두고 사용 후 핵연료 저장소의 냉각수 보관에 문제가 생긴 것이 아니냐는 지적이 제기되었다.

2016년 9월 12일 경주에서는 리히터 규모 5.8의 지진이 발생하였다. 경주에서 26km 떨어진 월성 원자력 발전소의 위험을 우려하는 목소리가 비등하였다. 전통적으로 일본보다 지진의 빈도가 낮은 한국은 이 때의 지진을 경험하면서 지진에 대비해야 한다는 시민의 목소리가 높아졌다. 특히 원자력 발전소의 안전 문제에 대한 우려의 목소리가 높아지고 있다.

원자력 발전에 대한 시각은 세계적으로도 엇갈린다. 유럽 내에서도 독일은 2026년까지 모든 원자력 발전소 가동을 중지하고 탈원전을 시행하여 친환경 전력으로의 100% 전환을 시도하고 있다. 반면 프랑스는 원자력 발전소를 새롭게 증설하는 쪽으로 가닥을 잡고 있다. 미국은 가장 많은 원자력 발전소를 운영하고 있으며 일부 발전소는 안전 검증을 거쳐 사용 연장을 통해 전기를 생산할 계획을 수립하고 있다. 한국에서는 사용 연한 30년 또는 40년을 넘긴 원자력 발전소가 안전 기준을 충족하면 가동을 계속할 수 있는 제도를 도입할 것을 보수언론과 보수 정치권을 중심으로 주장하고 있다. 반면 한국은 경상도와 전라도 지역에 원자력 발전소가 밀집되어 세계에서 가장 높은 원자력 발전소의 밀집도를 보이고 있기에 안전을 고려한다면 원자력 발전소 숫자를 줄여나가고 궁극적으로 탈원전으로 가야 한다는 주장도 제기된다.

현재의 인류 문명이 보유한 기술력으로 또 인류가 유지하는 정치경제제도로 원자력의 안전성을 보증할 수 없다는 것은 명백하다. 따라서 대체 가능한 에너지가 있다면 순차적으로 대체하여 나가야 한다는 것은 필연적인 명제이다. 그러나 우려되는 것은 다음과 같은 조건들이 축적되어가는 것이다. 안전을 위해 대규모 원전의 수명이 다하면 소규모 원전으로 대체하며, 자연 친화적인 에너지원을 개발하는 데 비중을 두어야 할 것이다. 수명이 다한 원자력 발전소의 사용 기간을 법적으로 연장하는 것은 위험의 길로 가는 첫 번째 길이다.

경기 침체와 에너지 가격 상승 그리고 대체 에너지 개발의 미흡 속에 친환경과 안전성을 내세우며 원자력 발전을 주장하는 목소리가 등장하고, 새로운 발전소 건설에 십 년 이상 소요되니 수명이 다한 원자력 발전소의 재가동을 주장하는 여론과 법 제정을 시도할 가능성이 있다. 이는 천안함과 세월호와 같은 대형 참사를 방지하는 법적 토대가 붕괴하는 것을 의미한다. 특히 최근 한국의 경험으로는 수명 연장의 법적 개정이 초

대형 사회적 참사의 원인이 되었다는 것이 필자의 견해이다.

다른 하나는 기후변화이다. 기후변화는 겨울의 혹한과 여름의 집중호우 그리고 폭염을 가져왔다. 이런 이유로 겨울과 여름에 온방과 냉방을 위한 전력 수요가 날로 증가하고 있다. 한국의 경기 침체가 이어지면 에너지 수입 가격이 상승하게 되고 전기 생산 단가를 낮추는 방안으로 원자력 발전소의 사용 연장이 시행될 가능성이 커진다.

기후변화의 또 다른 측면은 한반도에서의 지진의 증가이다. 경주에서 발생한 지진의 경우 그 원인 중 하나로 지목된 것이 지하수를 다량 뽑아 올려 사용한 것이 제기되었다. 지하수가 대거 유출 지하 단층의 공동화가 야기되고, 그에 따라 단층에 균열이 생기는 지진이 발생하였다는 주장이 제기되었다. 이러한 인위적 이유 외에도 한국에서 강도 7이 넘는 지진이 일어났다는 기록이 『조선왕조실록』에도 다수 발견되는 것으로 볼 때, 한국에서도 얼마든지 규모가 큰 지진이 발생할 가능성은 있다. 특히 경상남도 지역의 단층대와 서해안을 수직으로 흘러내리는 아무르 단층대는 대규모 지진의 가능성이 잠재하고 있다는 것이 지질학의 일반적 견해이다.

경제 침체 속에 기후변화로 인해 전기 수요가 폭증하고, 그리고 이에 대한 대응으로 노후 원전의 재가동이 이루어지고 만에 하나 지진과 해일이 발생한다면 후쿠시마 원전 사고와 같은 유형의 재난을 일으킬 확률을 높이게 된다. 인류 문명은 기술적 불안전성을 보완하며 유지해 간다. 그러나 그보다 더 불안정한 것이 정치와 경제 체제이다. 전가의 보도처럼 휘두르는 자유민주주의라는 구호가 실로 엄청난 위험성을 내포하고 있다는 것은 사회적 참사와 정치적 경제적 기만이 노출될 때 백일하에 드러난다. 그러나 그때에는 이미 너무 많은 희생을 치른 후가 된다.

나가는 말

한국에서 자유민주주의라는 구호가 범람한다면 그것은 정치적 자유를 무제한 허용한다는 의미는 결코 아니다. 왜냐하면 국민의 사상과 정치적 자유를 제한하는 특별법이 한국에는 뚜렷하게 존재하기 때문이다. '인민에 인민을 위한 인민의 정부'라는 구호로 대변되는 에이브러햄 링컨의 연설에서 '정부'는 한국에서는 민족주의 용어인 국민국가라는 단어로 번역해야 한다. 노동은 근로라고 하고, 순우리말 친구인 동무는 한국에서는 오랫동안 '사용하지 못하는' 용어이다가, 이제는 사용하지 않게 된 용어이다.

따라서 자유민주주의에서 자유는 주로 자본 소득의 자유, 이윤추구의 자유라는 신자유주의적 의미에 가깝다. 이러한 시장 근본주의적 구조는 미국, 일본, 한국 등에서 강하게 나타나고, 이들 국가는 유사한 위기를 순차적으로 겪는다. 1990년대 초 일본의 부동산 버블 붕괴는 2008년 미국의 금융위기에서 재현되었고, 2023년 한국의 부동산 버블 붕괴에서 다시금 재현된다.

한국에서 발생한 사회적 참사는 항상 자연재해를 능가하는 사상자를 냈다. 격포 페리호 전복(1993), 삼풍백화점 붕괴(1995), 천안함 사건(2010), 세월호 참사(2014)는 이윤을 극대화하기 위한 시장근본주의, 즉 자유민주주의를 근거로 발생한 비극적 사건이다. 자유민주주의가 참사를 직접 명령하는 것은 아니지만 자유민주주의 구호가 실제로 의미하는 극단적 이윤추구는 사회 공공재의 감소 사회안전망의 축소 그리고 공적 책임을 훼손하여 사회적 참사의 문을 열어 버린다.

가장 우려할 한국의 잠재적 사회적 참사 위험은 원자력 발전 부문이라고 필자는 생각한다. 일본은 후쿠시마 참사 후에도 가동 연한이 지난 원자력 발전소의 사용 연장 법안을 제정하여 원전을 가동한다. 아마도 지진과 해일이 아니었다면 일본의 원전은 안전하였을 거라는 사고가 작용한 것으로 보인다.

한국의 원자력 발전소도 일본처럼 두 개의 발전소가 사용 연장을 받아 재가동에 들어갔다. 원자력 발전소의 노후화는 가시적인 크랙이나 부식 외에도 발전소 가동 중에 계속 발생하는 중성자 투과에 의한 원자 단위에서의 구조적 약화가 지적된다. 중성자는 모든 물질을 원자 단위에서 투과하며 물질의 구조를 약화하는 것으로 알려져 있다. 흔히 중성자 골다공증으로 알려진 이 현상은 물리적 구조의 안전성과 별도의 원자 수준에서의 안전성의 위협 요소로 간주한다.

이를 은폐하는 것이 경제 담론이다. 다른 에너지 가격의 상승과 아직 미미한 수준의 대체 에너지 생산 역량 때문에 원자력은 저렴하고 청결한 에너지로 포장된다. 안전 점검을 시행하며 운행하기 때문에 운행에서 발생하는 급격한 위험은 없을 것이라는 데에 동의하지만, 동일본 대지진이 일어나고 후쿠시마 발전소에 파괴적인 타격을 입힐 것이라고 예견한 사람은 아무도 없었다. 최근 한반도 인근에 지진 발생 빈도가 높아지고 있다. 내륙에서는 충청도 음성과 괴산, 홍성 인근, 해양에서는 강릉 앞바다에서 지진 빈도가 높아지고 있다.

결국 한국도 일본의 경우를 거울삼아 지진에 대비하는 정책과 기술적 대응 체계를 수립하여야 하고, 안전성 확보를 위해 원자력 발전소의 사용 연장을 취소해야 한다는 것이 탈핵론의 중요한 주장이다. 한국은 고속의 경제 성장을 거쳤고, 그동안 안전 의식과 사회적 안전에 대한 제도적 장치가 미비한 것이 사실이다. 따라서 한국에서 사회적 안전에 대한 강조는 어떤 경우에도 지나치지 않는다. 그리고 반복되는 사회적 참사는 자유민주주의의 허구성을 증명하고 있기에 이 기만적 구호는 폐기되어야 한다.

평화의 실패

: 한반도와 '핵 있는 평화'

———

이병성

들어가는 말

'핵무기 없는 세상'을 위해 노력하는 이들이 많이 있지만 핵무기 없는
세상이 실현되기 어려운 세상에 우리는 살고 있다. 핵무기 없는 한반도를
위해 많은 이들이 힘쓰고 있지만 핵무기 없는 한반도의 꿈은 점점 멀어져
만 가고 있다.

북한은 2005년 핵무기 보유를 선언하고 2017년까지 여섯 차례의 핵실
험을 하였지만, 문재인 대통령과 트럼프 대통령 등장 이후 한반도 비핵화
에 대한 기대가 한껏 부풀어 올랐다. 하지만 문재인의 '한반도 평화 프로
세스'는 열매를 맺지 못하고 실패로 끝나고 말았다. 김정은과 트럼프의
하노이 정상회담에서 '포괄적 타결 방식'과 '단계적, 동시적 해결 방식'이
충돌하다가 합의에 이르지 못하고 결렬되고 말았다. 이 일련의 회담에서
북한이 보유하고 있는 핵무기를 폐기시키지도 못했고, 폐기를 위한 어떠
한 일정에도 합의하지 못했다.

많은 분석가들은 북한이 절대로 핵을 포기하지 않을 것이라고 본다. 이
러한 기류는 트럼프와의 협상 결렬 이후 더욱 가속화 되고 있다. 많은 이
들은 한반도의 비핵화는 '외통수'에 빠졌다고 보기도 하고, '출구가 없다'

고 하기도 한다.

미국의 바이든 대통령과 한국의 윤석열 대통령의 등장 이후, 이전 정부에서 진행되던 비핵화 '평화 프로세스'는 폐기되었고, 이제는 남북 간의, 핵무장을 전제로 한 대결 구도가 심화되고 있다.

북한은 핵무기를 고도화하면서 공포의 불균형을 마감하고 "힘의 균형" 시대에 왔다고 선언하였다. 북한은 지속적인 핵개발과 핵능력 고도화(잠수함 발사 탄도미사일(SLBM) 개발, 핵탄두 소형화, 핵잠수함 개발)를 통해 한편으로 한미 동맹에 대한 억지 능력을 강화하면서 체제 생존을 도모하는 현상 유지 정책을 쓰고, 또 다른 한편으로 한반도의 기존 세력 균형을 무너뜨리고 새로운 질서를 형성하려고 하고 있다. 이러한 새로운 질서에서 핵심이 되는 것은 북한의 확고한 핵보유국 지위가 인정되는 상태이다.

'핵무기 없는 세상'의 꿈이 비현실적인 꿈이 된 세상에서 우리는 살고 있다. 한반도에 비핵화는 멀어지고, 그 비핵화에 근거한 한반도 평화를 모색하는 것이 더욱 더 어려워진 시대에 우리는 살고 있다. 이러한 시대에 평화를 갈구하는 것은 어떠한 의미를 가지는가. '핵 있는 평화' 담론이 부상하는 한반도에서 평화란 무엇인가. 이것은 평화의 실패인가 아니면 뉴노멀 시대의 평화인가.

I. 한반도 평화와 핵무기

1. 정전체제와 핵무기

한반도는 공식적으로 여전히 전쟁 중인 상태이다. 즉 전쟁이 일시 중단된 정전체제이다. 1953년 7월 27일 「한국 군사정전에 관한 협정」의 체결로 한반도에서 정전체제가 수립된 이후, 정전체제를 평화체제로 전환하기 위한 노력이 계속해서 전개되어 왔다.

대표적으로 노태우 정부 하에서 1996년 4월 한·미 정상은 한반도에서의 긴장을 해소하고 항구적 평화체제를 수립하기 위한 목적으로 4자회담 개최를 제안하였고, 이에 따라 1997년부터 1999년까지 남·북·미·중 간 4자회담이 총 여섯 차례 개최되었다. 그러나 평화협정 당사자, 평화체제와 동맹의 관계 등에 대한 관련국 간 입장차가 매우 커 4자회담은 별다른 성과를 거두지 못하였다.

노무현 정부에서 성사된 2007년 남북정상회담에서 「남북관계 발전과 평화번영을 위한 선언(10.4선언)」을 채택하였다. 이 선언에서 "남과 북은 현 정전체제를 종식시키고 항구적인 평화체제를 구축해 나가야 한다는 데 인식을 같이 하고 직접 관련된 3자 또는 4자 정상들이 한반도 지역에서 만나 종전을 선언하는 문제를 추진하기 위해 협력해 나간다"고 합의하였다. 그러나 이후 6자회담이 중단됨에 따라 평화체제 관련 논의도 상당 기간 중단되었다.

미국에서 트럼프 대통령이 등장하고, 남한에 문재인 정부가 들어선 이후 한반도 평화체제에 대한 논의가 다시 시작되었다. 2018~19년 남북정상회담(2018.4.27, 5.26, 9.18-20), 북미정상회담(2018.6.12, 2019.2.27-28), 남·북·미 정상 판문점 회동(2019.6.30) 등이 이루어지면서, 한반도 평화체제 성립에 대한 기대가 높아졌다.

2018년 제1차 남북정상회담 결과 채택된 「한반도의 평화와 번영, 통일을 위한 판문점선언」에는 "남과 북은 정전협정 체결 65년이 되는 올해에 종전을 선언하고 정전협정을 평화협정으로 전환하며 항구적이고 공고한 평화체제 구축을 위한 남·북·미 3자 또는 남·북·미·중 4자회담 개최를 적극 추진해 나가기로 하였다"라고 규정하였고, 북미정상회담 공동 성명에서도 양측은 한반도의 항구적이고 공고한 평화체제 구축을 위해 공동의 노력을 기울여 나가기로 합의하였다. 그러나 2019년 2월에 열린 하노이 북미 정상회담 결렬 이후 남북한 간의 대화는 중단되게 되었다.

2022년 윤석열 정부의 등장 이후 남북한 간의 평화체제에 대한 논의는 전혀 이루어 지지 않고, 오히려 남북 간의 대결 양상이 심화되었다. 윤 대통령은 문재인 정부의 남북한 평화공존 정책을 "가짜 평화"라고 규정하였다(정현수·이동환 2023). 이러한 판단은 문재인 정부가 평화체제에 대한 여러 가지 논의를 하였지만, 북한의 핵문제가 전혀 해소되지 못하였고, 오히려 북의 핵무장이 더 고도화 되었다는 인식에 뿌리를 두고 있다.

윤 대통령은 2023년 1월 청와대에서 열린 외교부·국방부 2023년 업무보고 도중 "우리가 공격당하면 100배, 1000배로 때릴 수 있는 대량응징보복(KMPR) 능력을 확고하게 구축하는 게 공격을 막는 가장 중요한 방법"이라며 "북핵 문제가 더 심해지면 한국에 전술핵을 배치한다든지 우리가 자체 핵을 보유할 수도 있다"고 말하였다(최경운 2023). 한국 대통령이 핵무장 추진에 대해 공식 언급한 것은 매우 이례적인 것으로 박정희 전 대통령 이후 처음이다. 대통령이 핵무장 추진에 대한 언급을 하게 된 근본적인 배경은 북한 핵무력의 고도화에 있지만, 또한 핵우산으로 불리는 미국의 '확장억제'(Extended Deterrence) 전략에 대한 불만 때문이다. 확장억제전략은 잠재적 위협이 미 동맹국에 가해지지 않도록 제어한다는 것으로, 한국이 공격받을 경우 미국이 지원할 것이라는 약속을 의미한다. 이것이 지나치게 소극적이라는 것이다.

이러한 불만은 2023년 4월에 열린 한미 정상회담을 통하여 발표된 '워싱턴 선언'(Washington Declaration)을 통하여 일정 정도 해소되었다. 워싱턴 선언은 한국의 목소리가 더 많이 반영되도록 하는 '핵 협의 그룹'(Nuclear Consultative Group)을 신설하고, 미국의 확장억제 실행력을 강화하는 게 골자이다. 한국은 그 대신 자체 핵무장을 하지 않겠다는 비확산 의지를 천명하게 되었다. 이 선언에서 '확장억제'를 강조하는데, 이것은 북한의 핵무기 프로그램을 제어하기 위한 지난 30년간의 모든 노력이 결국 실패했고, 한반도의 평화체제 구축이 더욱 어려워졌다는 것을 의미한다.

2. 한반도에서 핵무기의 역사

북한의 핵무장이 돌이키기 힘든 현실이 되자, 한국의 보수층은 남한은 "북핵의 노예 상태"가 되었다고 평가한다. 이러한 북핵의 노예 상태에서 자유로워지기 위해서는 한·미·일 "자유주의 동맹"이 중요하고 "나토 식 핵 공유"를 해야 한다고 주장한다(김민서 2023). 이러한 맥락에서 한국의 보수층은 문재인의 평화정책을 '위장 평화쇼'라고 비판한다. 한반도 비핵화를 위한 노력이 '위장 평화쇼'이고 거짓된 평화라고 한다면, 이들은 말하는 참된 평화는 무엇인가, 무엇이 한반도에 진정한 평화를 가져다주는가.

한반도 평화에서 핵무기가 갖는 의미를 이해하기 위해서는 한반도에서 핵무기가 어떤 역사적 맥락 속에 있었는지를 검토하는 것이 중요하다.

한국에서 핵의 역사는 해방과 함께 시작되었다. 많은 전문가들은 핵무기의 문제가 1990년대 초 영변 핵위기에 시작되었다고 본다. 그러나 한반도에 핵무기의 문제는 히로시마에 원자폭탄이 떨어진 1945년부터 시작되었다(정욱식 2018 참조).

한국에서는 핵을 구원의 무기, 평화를 지키는 무기로 생각하는 이들이 많이 있다. 이들의 생각의 뿌리는 아주 깊다. 이것의 뿌리는 나가사키에 원자폭탄 투하된 이후에 시작이 되었다. 많은 한국사람들은 미국이 일본 히로사미와 나가사키에 원자폭탄을 투하하면서 태평양 전쟁이 끝났고, 그로 인해 한반도는 일본의 식민지에서 해방되었다고 보고 있다. 그러나 많은 전문가들이 지적하는 것처럼 미국의 원폭투하는 전쟁을 끝내기 위한 불가피한 선택이 아니라 소련을 겨냥한 무력시위였다(버드 & 셔윈 2010, 504-505).

폴 브랙켄(Paul Bracken) 예일대학교 교수는 "아시아를 중심으로 제2의 핵 시대가 부상하고 있다고 주장"하고 있다. 그는 책에서 제2의 핵 시대는 "냉전과 관계가 없다"고 진단한다. 제1의 핵 시대라고 부를 수 있는 냉전 시대와는 달리 제2의 시대에는 지역적 갈등이 핵확산으로 이어지고 있다는 진단이다(폴 브래큰 2014). 한반도에서 제1의 핵의 시대는 한국전쟁기이다. 지금 우리는 한반도의 제2의 핵의 시대가 도래하는 것을 목도하고 있다.

한국전쟁은 핵무기와 깊은 관련성을 가진다. 1948년에 남과 북에 두 개의 국가가 설립된 이후, 한반도 주변의 정세는 아주 긴박하게 돌아간다. 1948년부터 한반도의 남쪽을 점령한 미군은 철수하기 시작하였다. 1949년 6월경에 주한미군의 철수가 완료되었다. 그리고 1949년 8월 29일에 소련이 최초로 핵실험에 성공하였고, 1949년 10월 국공내전에 승리한 마오쩌둥의 중화인민공화국이 선포되었고, 미국 애치슨 국무장관은 1950년 1

월에 한국과 대만을 미국의 아시아 방어선에서 제외시킨다는 애치슨 라인을 발표하였고, 1950년 2월 중국과 소련이 동맹 조약을 체결하였다. 특히 소련의 핵실험 성공은 소련에게 미국에 맞설 수 있다는 자신감을 불어넣어 주었다. 결국 이러한 역사적 맥락에서 1950년 6월 25일에 전쟁이 발발하게 되었다. 이런 점에서 6.25는 "국제전"이면서 동시에 핵무기를 배경으로 한 전쟁이었다(윌리엄 스톡 2001).

한국전쟁 발발 이전 미국의 주한미군 철수 및 애치슨 라인 선포 이면에는 핵의 위력에 대한 자신감이 깔려 있었다. 마찬가지로 한국전쟁 발발 이후 미국의 신속한 참전 배경에서 빼놓을 없는 것이 바로 핵 우위에 대한 자신감이다. 비록 대규모 군비감축으로 재래식 군사력이 약화되었고, 소련의 핵실험으로 미국의 핵 독점이 무너졌지만, 트루먼 미국 대통령은 핵 우위를 통해 한국전쟁의 참전에 따른 전략적 위험과 위협에 대처할 수 있다고 믿었다(정욱식 2018, 105-124).

'기독교인 대통령'이며 감리교의 장로이기도 한 이승만은 핵무기를 구원의 무기요, 통일을 위한 무기로 보고 있었다. 이승만 대통령은 중국군의 개입으로 북진통일이 위험에 빠지자 원자폭탄을 투하해야 한다고 주장하면서 다음과 같이 말했다.

원폭이 가공스럽다는 것을 나도 잘 알고 있다. 또한 그 죄악스러운 점도 알고 있다. 하나, 침략을 일삼는 사악한 무리에 대해 사용할 때에는 오히려 인류의 평화를 지킨다는 점에서 이기(利器)가 될 수도 있다. 그래도 사용해선 안 된다면, 우선 나의 머리 위에 떨구어 주기 바란다. (중략) 우리 한국민이 사랑해 마지않는 이 아름답고 평화로운 산하(山河)의 어느 한구석이라도 공산당 한 놈이라도 남겨 둬서는 안 된다(정일권 1996, 322-323).

그러나 트루먼 대통령은 결국 원자폭탄 사용을 거부하고, 이것을 주장한 맥아더 사령관을 해임하게 된다. 한반도에 대한 핵무기 배치는 한국전쟁 이후 시작되었다. 공산권이 다시 남침하면 핵으로 반격하겠다고 결심한 아이젠하워 행정부는 핵무기 배치에 돌입한다. 아이젠하워의 지시에 따라 미국은 핵무기 반입을 시작하였고, 이에 대한 정보는 철저하게 비밀에 부쳐졌다. 1970년대 중반에는 한국에 배치된 핵무기가 1천 개에 육박했다. 그러나 카터 행정부의 등장 이후 그 수가 감소하기 시작했고, 1991년 부시 행정부가 전술 핵무기 철수를 선언할 때까지 100개 정도의 핵무기가 남아 있었다(김일영 & 조성렬 2014, 101-114).

이러한 주한미군의 핵무장에 맞서서, 북한은 미군의 핵공격에 철저하게 대비해 나갔다. 이러한 대비를 북한의 일상생활에서 찾아보는 것은 어렵지 않다. 세계에서 가장 깊은 지하철 중의 하나는 북한의 수도 평양에 있다. 그 깊이가 대략 110m에 달한다고 한다. 이렇게 깊게 지하철을 판 이유는 미국의 핵무기 공격에 대비하기 위한 것이다.

3. 한반도 주변 국가들의 핵무장 정당화 논리

핵무장의 정당성을 주장하는 입장은 미국이든 중국이든, 또 남한의 반북주의자들이든 북한 정권이든 모두 아주 비슷하다.

1970년대 유신 정권 초기 미 CIA 한국지부 총책임자로 있었던 도널드 그레그 전 주한미국 대사는 (대사 재임 1989~1993년) 한겨레신문과의 2011년도 인터뷰에서 이렇게 말했다; "1970년대 동북아시아에 비밀리에 핵무기를 개발하고, 국민들을 고문하는 나라가 있었다. 사람들은 북한이라고 생각할 것이다. 아니다. 그건 남한이다. 1970년대의 남한과 오늘날의 북한은 여러 점에서 흡사하다"(Foot 1988-1989, 99-100). 그레그는 박정희가 핵개발에 나선 결정적인 이유는 1970년대 초에 미국이 베트남에서 철수하는 것을 보고는 "미국과의 동맹에 대한 믿음을 잃기 시작"했기 때문이라고 분석하였다. 박정희가 핵을 가지려는 동일한 이유가 북한에도 적용된다. 또한 같은 이유로 한국의 보수 세력은 한국이 핵무장을 해야 한다고 주장하고 있다.

중국의 지도자 마오쩌둥은 한국전쟁 참전 결정을 내리면서, 중국이 원자폭탄을 가질 때야 "전쟁광"인 미국이 "우리의 정당하고 이성적인 요구에 귀를 기울일 것"이라고 주장했다(Foot 1988-1989, 99-100). 중국은 1964년에 원자폭탄 실험에 성공했고, 1967년에 수소폭탄 실험에도 성공했다, 그리고 1970년에 최초의 인공위성을 발사에 성공했다.

이러한 마오쩌둥의 생각과 행동은 현대 한반도의 북한에서도 그대로 반복이 되고 있고, 또한 남한의 보수적인 핵무장론자들에게서도 반복이 되고 있다. 미국의 핵독점에 따른 우위와 이익을 막는 최선의 방법은 소련이나 중국 모두 핵무기를 개발하는 것이었다. 마찬가지로, 북한이 주한 미군의 핵독점 상황을 극복하는 유일한 길은 핵무기를 개발하는 것이고, 북한의 핵독점, 핵질주를 막기 위한 유일한 길은 남한의 핵무장이거나, 최소한 미국과 핵공유를 하는 것이라고 반북주의적 정치세력은 믿고 있다.

김정은은 2017년 말에 '핵무력 건설 완성'을 선언하였다. 물론 이것은 과장된 측면이 있다. 그러나 2023년 현재 많은 전문가들은 북한의 핵 능력은 더욱 고도화 되어서, 핵무장이 거의 완성 단계에 이르렀다고 보고 있다. 2017년에는 미국에 대한 단순 '보복타격' 능력을 확보하는 게 목표였다면, 2023년을 지나면서 대륙간탄도미사일, 단거리탄도미사일, 잠수함발사탄도미사일 등 핵무기 체계, 사거리도 다양해졌고, 핵무기 실전배치를 넘어 핵무기 사용을 공언하고 이를 법제화까지 하였다(최유찬 2022).

핵에 의한 평화는 결국, 힘에 의한 평화의 현대판일 뿐이다. 고대의 힘에 의한 평화와 다르다면, 약소국이라고 불리는 나라도 강대국에 맞서기 위해 절대무기인 핵을 보유함으로써 강대국과 '맞짱'을 뜰 수 있는 공포의 균형이 만들어지게 된다는 점이다. 이것을 가장 잘 보여주는 나라가 바로 북한이다.

4. 핵무기와 '평화가 아닌 평화'

냉전은 소련과 미국을 중심으로 하는 자본주의 대 공산주의 진영의 이념의 대결이다. 그러나 냉전이 열전이 되지 않은 가장 큰 이유 중 하나는 핵무기 개발 경쟁에 있다. 핵무기는 상대방을 멸절시킬 수 있는 무기였기에 핵무기 경쟁은 결국 '공포의 균형'으로 나아갔고, 이러한 공포의 균형은 양 진영의 극심한 대결 구도가 3차 세계대전으로 흐르지 않고, 한국 전쟁이나 베트남 전쟁처럼 제한된 전쟁으로 흘러가는 이유가 되었다.

영국의 소설가 조지 오웰(George Orwell)은 제2차 세계대전이 끝난 직후에 쓴 글에서 소련이 수년 내 핵무기 개발에 성공할 것이라고 예상하면서, 이렇게 되면 대규모 전쟁이 발발할 가능성은 줄어들겠지만, '냉전'(cold war)이 시작되면서, "평화가 아닌 평화"(peace that is no peace)의 상태에 이르게 될 것이라고 예측하였다(Orwell 1945). 그가 예측한 것처럼, 이후 미소 양국 체제와 상호간의 핵 억제력이 미소 간의 핵전쟁을 예방하는 데 기여하였다. 그러나 그 평화는 '평화가 아닌 평화' 였다.

냉전을 미소 간의 대결이라고 본다면, 혹은 자본주의와 사회주의 사이의 이념 대결로 본다면 1989년이나 1991년에 냉전이 끝났다는 주장은 맞다고 할 수 있다(권헌익 2013). 그러나 남북한의 분단 체제가 계속되고 있는 한반도에서는 한반도형 냉전이 지속되고 있다. 남북한 간의 핵무기 경쟁이 가속화 되면서 한반도 형 냉전은 심화되고 있다. 이러한 핵무장이 강화된 남북 대결 속에서 핵 억지력을 통한 한반도의 평화는 '평화가 아닌 평화'임에 틀림없다.

II. 핵무기와 안보 절대주의

핵무기는 여러 무기들 중의 하나가 아니다. 핵무기는 국제정치, 전쟁, 환경 그리고 윤리 등에 광범위한 영향을 주고 있다. 심지어 지구상에 살고 있는 모든 인간 삶 자체에 대한 근본적인 위협이 되기도 한다. 핵무기는 우리 삶의 많은 영역에 근본적인 문제를 제기한다. 윤리학적으로도 그렇고, 신학적으로도 그렇다. 그것은 기독교 신학에서 발전되어 온 전쟁 윤리에 대한 근본적인 문제를 제기한다. 또한 평화가 무엇인지에 대하여 근본적인 문제를 제기한다.

핵무기는 전쟁 윤리와 우리 현대 윤리에 대하여 근본적 재검토를 요구한다. '대소 봉쇄 정책의 설계자'로서 핵무기 개발에 찬성했다가 얼마 후 핵무기에 대하여 비판적 입장으로 돌아선 미국의 외교관 조지 케넌은 이렇게 말했다; "우리의 도덕적 지혜로는 도저히 감당할 수 없을 정도의 힘을 자연으로부터 뽑아내는 데 성공함으로써 인류는 딜레마에 빠지게 되었다"(버드 & 셔윈, 24). 이것은 안보의 딜레마일 뿐 아니라 도덕적 딜레마가 되었고, 더 나아가 핵무기 시대의 평화란 무엇인가에 대한 근본적인 물음을 하게 되었다.

1. 핵의 이중성과 평화

핵은 현대 사회의 모순덩어리이다. 한편으로 전쟁을 상징하면서 또 한편으로 전쟁을 막는 평화의 도구이기도 하고, 죽음을 상징하기도 하지만 또한 번영을 상징하기도 한다.

핵은 이중적인 성격을 가지고 있다. 핵의 이중성은 다양하게 표현된다. 핵무기는 공포의 원인이면서, 핵 위협의 공포로부터 우리를 지켜줄 유일한 무기이다. 평화의 파괴자이면서 동시에 평화의 수호자이기도 하다. 에너지로서의 핵은 후쿠시마나 체르노빌 핵발전소의 문제가 보여주는 것처럼 가공할 만한 오염과 파괴의 원인이면서, 또 한편 탄소를 배출하지 않는 청정에너지의 원천으로 각광받기도 한다.

핵무기의 이중성의 문제는 핵 보유 국가의 핵 독점에 의해서 심화된다. 대표적인 국제체제인 핵확산금지조약(NPT)은 핵무기 확산을 방지함으로써 지구를 지켜야 한다는 자기보호 본능과 '핵 클럽'의 문을 빨리 닫아 핵 독점 체제를 유지하려는 강대국들의 기만책이라는 '두 얼굴'을 지닌다.

국제사회에서 미국의 역할은 핵무기의 이중성 문제를 심화시킨다. 미국 케네디 대통령은 1961년 9월 25일 UN 총회 연설에서 핵무기가 "우리를 절멸시키기 전에 우리가 그 무기를 없애야 합니다."라고 말했다. 하지만 이런 주장은 공염불이었고, 미국은 핵무기를 없애려고 한 것이 아니라 자신의 이해관계와 강력하게 충돌하는 나라가 핵무기를 가지려고 하면 그 정권을 붕괴시키려고 하였다. 대표적인 나라가 북한이다.

2023년 5월에 일본 히로시마에서 열린 주요 7개국(G7) 정상회의에서 정상들은 히로시마 평화기념공원을 방문하면서 핵전쟁의 참화가 더 이상 되풀이되어서는 안 된다고 강조하였다. 그중 특히 미국의 바이든 대통령은 평화기념자료관의 방명록에 다음과 같이 적었다; "이 자료관의 이야기가 평화로운 미래를 건설할 우리의 의무를 상기시켜 주기를 바랍니다. 세계에서 핵무기를 최종적으로 그리고 영원히 없앨 날을 향해 함께 나아갑시다. 신념을 가집시다!"(박성진 2023). 최대의 핵 국가인 미국 대통령의 핵무기 폐기에 대한 이러한 발언은 한편으로 위선적으로 들리기도 하고, 또 한편으로 핵 없는 세상에 대한 꿈은 결코 버릴 수 없다는 말로 들리기도 한다.

핵의 이중성은 한반도에서 핵 없는 평화 체제로의 이행을 실패하게 만드는 근본 원인 중의 하나이다. '핵무기가 우리를 절멸시키기 전에 우리가 그 무기를 없애야 한다'는 근본적인 주장은 계속해서 메아리치지만, 핵의 이중성으로 인해 이러한 희망은 더욱 더 실현되기 어려워지고 있다.

2. 핵무기와 '지상의 평화'

모순덩어리이고 이중적인 성격을 가진 핵은 우리 시대의 평화 문제, 한반도의 평화 문제를 아주 복잡하게 만든다.

역사적인 관점에서 '지상의 평화'는 항상 형용모순, 논리적 모순 속에서 그 의미를 드러냈고, 또한 그 한계를 내비쳤다. 노벨평화상은 평화세계로의 이행에 기여한 사람에게 주는 상이지만 그 기원을 보면 아이러니하다. 핵무기 이전의 가장 강력한 무기는 바로 다이너마이트다. 이 고성능 폭약을 만든 알프레드 노벨(Alfred Nobel)은 다이너마이트 덕분에 '전쟁이 끝날 것'으로 기대하였다. 다이너마트와 같은 대량살상무기가 사용되는 전쟁은 너무나도 끔찍한 것이어서 사람들이 전쟁에 대한 생각을 달리할 것으로 기대했다. 그러나 2차 세계 대전이 보여주는 것처럼 다이너마이트로 말미암아 인류의 전쟁은 더욱 참혹하게 악화되었다. 원자폭탄과 수소폭탄을 만든 이들도 비슷한 꿈을 꾸었다(로즈 2016, 14). 더 이상의 전쟁이 없을 것이라고 생각하였다. 그러나 우리 인류는 그날 이후 단 한순간도 쉼없이 핵무장의 확대 쪽으로 나아가고 있고, 핵전쟁의 위험성이 상존하는 세계를 살아가게 되었다.

전쟁과 평화라는 관점에서 대부분의 주류 기독교인들은 '정당한 전쟁론(Just War Theory)'의 입장에 서 있다. 어거스틴에 의해 정초되고 아퀴나스에 의해 조직화된 정당한 전쟁론은 전쟁이 악한 효과를 낳기는 하지만, 일정한 조건이 충족이 된다면 그 전쟁은 정당화 될 수 있다고 주장한다. 또한 그 정당한 전쟁은 반드시 평화를 목적으로 해야 한다고 주류 기독교인들은 생각하였다. 현대 사회에 들어와서, 이러한 정당한 전쟁론에 대한 근본적인 문제제기가 핵무기의 발전과 함께 시작되었다. 핵무기는 전쟁 당사자는 물론 세계 모두를 파멸에 이를 정도의 가공할 살상력과 파괴력을 가지고 있기 때문에, 정당한 전쟁론에서 제시하는 '비례성'의 원칙 '비전투원 살상 금지'의 원칙, '평화 수호'의 원칙 등이 모두 지켜지지 않을 가능성이 커졌다. 이러한 이유로 많은 기독교인들은 핵전쟁이나 핵무기 사용에 대하여 명백하게 반대 의견을 제시하여 왔다.

한반도의 상황은 지금 이미 핵무기를 보유한 북쪽에 대응하여 남쪽에서도 핵무기를 적극적으로 개발하고 배치해야 한다는 핵무장론이 힘을 얻고 있다. 윤석열 정부의 출범과 함께 핵무장론 또는 핵공유론이 확산되고, 급기야 '워싱턴 선언'을 통해 '미국과 핵 공유에 준하는 결과를 얻게 되었다'는 발표가 나오기까지 했다. 또한 반북주의에 경도된 많은 기독교인들이 이러한 입장을 지지하고 있다.

이처럼 독자적인 핵무장이나 미국과의 핵 공유가 오히려 한반도에 평화를 가져 올 것이라고 주장하는 입장이 힘을 얻고 있다. 이러한 입장을 '핵 평화주의(nuclear pacifism)'라고 부를 수 있다. 핵 평화주의는 핵 억지력에 기인하여 '전쟁 없는 상태'로서의 평화가 보장된다는 핵전략 이론이다. 그리고 냉전 시대 미국과 소련 사이에서 전면전이 발생하지 않은 원인을 설명하는 주요 논리다. 이 이론의 핵심은 선제 핵 공격에도 살아남을 수 있는 '제2차 보복 타격 능력'을 포함한 '공포의 핵 균형'이다. 이 이론에 따라서 많은 이들은 남한의 핵무장을 주장한다(Delpech 2012, 1-8).

핵 평화주의(nuclear pacifism)는 핵무기는 보유할 수 있지만 절대로 사용할 수 없다고 주장한다. 그들은 핵전쟁은 이길 수도 없고, 그것의 가공할 만한 파괴력 때문에 정당한 전쟁이 될 수도 없다고 본다. 그러나 이러한 핵 평화주의적 입장은 상호확증파괴(mutual assured destruction, MAD)라는 전략에 기반하고 있다(Payne & Coleman 1988, 75-89; Rock 2018, 1-18).

상호확증파괴의 영어 약자는 MAD이다. 즉 광기라는 의미이다. 한반도는 서로에 대한 미움과 증오에 사로잡힌 광기의 단계에 들어서고 있다.

상호확증파괴 전략은 한반도를 핵의 광기로 몰아넣고 있다. 이러한 상호확증파괴에 근거한 평화는 오웰이 말한 것처럼 '평화가 아닌 평화'이고 모래 위에 세워진 평화이다. 한반도는 점점 더 '핵 있는 평화'라는 늪으로 빠져들고 있다. 늪에서 헤어 나오려고 허우적댈수록 그 늪으로 더욱 깊이 빠져들고 있다.

핵 억지론에 근거한 핵무장론이 '핵 있는 평화'를 가져다 줄 것이라는 것은 자기 파멸적인 평화 추구 전략이다. 핵 억지론의 큰 문제 중 하나는 핵 군비경쟁을 부추길 수밖에 없다는 점이다. 이것은 악순환의 군비경쟁에 빠져들게 한다. 원자폭탄 개발 이후 몇백 배나 더 강력한 수소폭탄을 개발한 것처럼, 상대방의 핵전력에 대응하기 위해 더 강력한 핵무기를 개발하고, 더 효과적인 핵 미사일을 경쟁적으로 개발할 것이다. 이것은 한반도에 핵 군비경쟁을 가속화할 가능성이 너무나 크다.

나가는 말

로버트 오펜하이머는 '원자폭탄의 아버지'로 불리면서 동시에 '핵군축의 아버지'로도 불린다. 그는 초기에는 원자폭탄 개발에 찬성하여서 그 개발에 크게 공헌하였지만, 원자폭탄의 가공할 파괴력을 보고 핵무기에 비판적인 입장을 견지하게 되었다. 그는 원자폭탄보다 수백 배 더 강력한 수소폭탄 개발에 반대하며 수소폭탄 실험 몇 개월 전인 1953년 2월 뉴욕 강연에서 이렇게 말했다; "우리는 유리병 속에 든 두 마리의 전갈과 같습니다. 서로 상대방을 죽일 수 있는 능력을 가졌지만, 그렇게 하려면 자신의 목숨을 걸어야 합니다"(버드 & 셔윈 2010, 764). 이러한 오펜하이머의 경고는 한반도의 남한과 북한 모두에게 그대로 적용된다. 한반도에 있는 두 국가, 두 특별한 국가는 "유리병 속에 든 두 마리 전갈" 같은 운명이 되고 있다. 자칫하면 공멸할 수 위험에 처해 있다.

우리는 시편 기자가 시편 120편에서 노래하는 그러한 시대에 살고 있다; "내가 지금까지 너무나도 오랫동안, 평화를 싫어하는 사람들과 더불어 살아왔구나. 나는 평화를 사랑하는 사람이다. 그러나 내가 평화를 말할 때에, 그들은 전쟁을 생각한다"(시 120:6-7). "평화를 싫어하는 사람들"은 북쪽에만 있는 것이 아니다. 남쪽에도 있고, 또한 일본에도 있고, 중국에도 있고, 미국에도 있다. 우리가 평화를 말할 때 "전쟁을 생각"하는 사람들 속에서 우리는 어떻게 평화를 노래할까.

문정인과 피터 헤이즈(Peter Hayes)는 박정희의 핵개발 시도와 좌절이 주는 의미를 검토하면서, "남북관계와 북미관계가 적대적일 때 북한의 핵능력은 강화되었고, 반대로 '북한과의 대화와 관여는 북한이 더 많은 핵무기 능력을 획득하는 것을 중지시키는 데 기여'하였다고 분석하고 있다(Hayes & Moon 2011, 46-58).

핵무장론, 즉 '핵 있는 평화'에 대한 담론이 부상하고 있는 이때에, 샬롬의 평화를 구하는 이들은 핵문제에 대한 좀 더 깊이 있는 성찰과 논의를 해야 한다. 이러한 문제는 무기로서의 핵뿐 아니라 에너지로서의 핵에 대한 논의가 함께 진행되어야 한다. 우리는 후쿠시마 오염수 배출에 대한 논의뿐 아니라, 우리나라의 노후원전 폐쇄, 신규원전 백지화, 핵발전소 정책에 대한 논의가 더욱 활발하게 진행하고, 핵확산금지조약(NPT)과 핵무기금지조약(TPNW) 등에 대한 깊이 있는 신학적 논의를 해 나가야 한다.

핵 평화주의적 입장에 서서 남한의 핵무장과 미국과의 핵공유를 주장하는 세력이 거세지고 있는 시대에 우리는 살고 있다. '핵 있는 평화'의 입장은 현실적인 평화론인가, 평화의 실패인가? 평화의 실패가 있고, 평화의 성공이 있는 것인가. 역사상 존재한 평화중에 성공한 평화가 있었는가. Pax Romana가 그러하였고, Pax Americana가 그러하였다. 그것이 평화의 성공이었다고 말하는 이들은 지배자이거나, 그 지배자로부터 이득을 받은 사람들이었을 뿐이다. 우리가 살아가는 세상의 평화가 Pax Americana이거나 '평화가 아닌 평화'일지 모르지만, 사람들이 샬롬의 평화라는 가치를 버리지 않고, 그 평화를 위해 노력하는 한, 평화는 실패하지 않는다.

평화를 성공이나 실패의 관점으로 보는 것은 샬롬의 평화, 하나님의 평화를 믿는 이들에게 적절하지 않은 관점이다. 평화는 인류의 비전이고 인류의 꿈이기 때문이다. 한반도에서 평화는 어렵고 좁은 길이다. 핵 있는 시대의 평화 담론은 더욱 그러하다. 샬롬의 평화를 믿는 이들은 어떠한 어려움이 있더라도 그 길로 한 걸음 한 걸음 나아가야 한다. '핵 있는 평화'를 넘어서서 평화의 길로 나아가야 한다. 평화의 '실패'처럼 보이는 지금이 바로 평화가 더욱 절실한 시간이고, 샬롬의 평화를 구하는 이들은 이 평화를 위해 행동할 때이다.

교회의 실패, 한국 개신교의 '성공'과 '실패'에 관하여*

: 손원영 교수 '배제' 사례를 중심으로

김종만

* 이 글은 『종교연구』 제83집 2호, 2023에 "배타적 폭력성의 '성공'이 부른 관계적 수용성의 '실패'에 관한 고찰 – 손원영 교수 '배제' 사례를 중심으로-"라는 제목으로 실린 논문을 수정·편집한 것임을 밝히며, 2021년 대한민국 교육부와 한국연구재단의 지원을 받아 수행된 연구임(NRF 2021S1A5C2A02088321).

들어가는 말

2021년 현재 한국의 3대 종교는 개신교 17%, 불교 16%, 천주교 6%이며 무종교인이 60%이다. 개신교는 3대 종교 가운데 그 비율이 가장 높다. 그러나 이 비율은 1984년 17%, 1989년 20%, 1997년 20%, 2004년 21%, 2014년 21%에 비해 상당히 감소했다(한국 갤럽 2021). 이는 한국 대중들이 일반적으로 한국 개신교에 대해 부정적으로 인식하고 있음을 보여준다. 이는 한국 갤럽이 비종교인을 대상으로 한 종교 인식조사에서 확인되었다. 비종교인을 대상으로 한 조사에서 "현재 가장 호감이 가는 종교는 무엇입니까"라는 질문에 대해, 불교가 20%, 천주교가 13%, 개신교가 6%의 지지를 받았다. 이 결과는 개신교가 3대 종교 가운데 가장 낮은 호감도를 기록했음을 보여준다. 이는 2021년 현재 한국의 종교 인구 구성을 고려할 때, 비종교인들 사이에서 천주교가 더 높은 호감도를 보이고 있는 반면, 개신교는 상대적으로 낮은 호감도를 보이고 있다는 점을 나타낸다(한국 갤럽 2021). 그뿐만 아니라 개신교 신자들도 "요즘 우리 사회에서 종교의 영향력이 증가하고 있다"는 질문에 대해 1984년 84%, 1989년 81%, 1997년 64%, 2004년 55%, 2014년 59%, 2021년 26%가 긍정하여, 긍정률이 급속히 하락하였음을 보여준다(한국 갤럽, 2021).

이러한 추이는 한국교회에 대한 대중의 관심이 줄어들고 있으며, 그 영향력과 위상이 매우 낮다는 사실을 입증한다. 이는 내부적 원인과 외부적 원인이 모두 작용하고 있지만, 본 연구는 내부적 원인이 더 크다는 전제 하에 논의한다. 이는 한국교회의 배타성이 폭력 사건으로 나타나며, 교회의 권력 유지를 위한 불순한 '성공'과 타 문화와 종교에 대한 수용성의 상실로 인해 개신교가 고립되고 게토화되는 과정, 그리고 지성주의적인 환경 조성의 '실패'와도 연관되어 있다고 본다.

따라서 이 연구는 다음과 같은 절차로 진행된다. 먼저 종교 다양성 상황과 이에 대항하는 한국 개신교의 배타주의 현황과 특성을 살핀다. 다음으로 한국 개신교의 배타주의 원인을 인식론적, 역사적, 그리고 문화적 측면으로 분석한다. 마지막으로 배타주의로 인해 발생한 대표적 사례인 손원영 교수의 해직 사건을 종교현상학적으로 설명하여 논의를 마무리한다.

I. 배타적 폭력성의 '성공'

1. 종교의 다원화 현상와 한국 개신교 배타주의

1) 종교의 다원화 현상

현대 사회의 종교적 특징은 다원화 현상이다. 과거 일부 지역은 국가와 정치권력이 종교의 일원화를 유지하기 위해 폭력을 행사했다. 하지만 현대 사회는 정치와 종교가 분리되어 있고, 따라서 정치가 종교를 통제하거나 간섭하지 않는다. 버거(Peter L. Berger)의 표현을 빌리면, 종교는 시장 상태처럼 완전한 경쟁 상태에 있다. 하나의 종교가 다양한 종교적 욕구를 충족시키지 못하므로 종교 다원화 현상은 현대 사회의 당연한 흐름이다. 그 결과 현대 세계의 거의 모든 나라는 종교 다원화 상황에 놓여 있다. 특히 한국은 종교의 백화점이라 불릴 정도로 다양한 종교들이 공존한다(오경환 1990, 372; 380).

그러나 한국의 개신교는 현재의 흐름과 반대로 움직이고 있다. 한국은 특정 종교가 시장을 독점하지 않고 다양한 종교적 가치가 공존하는 대표적인 다종교 국가이다. 그럼에도 불구하고, 한국 개신교는 진리와 구원을 독점한다는 우월감에 빠져 다른 종교의 진리를 인정하지 않는다. 또한, 한국 개신교는 자신들이 다른 종교와 다르다는 경직된 분리주의와 타 종교를 악마화하는 반지성적인 단죄주의에 빠져 있다. 이는 한마디로 우월주의와 반지성주의, 단죄주의, 그리고 분리주의에 몰리는 종교적 특성으로 이어져 배타주의로 귀결된다.

2) 개신교 배타주의의 현실

김진호는 한국 개신교에 나타난 배타적 현상의 역사적 기원을 명확히 지적하고 있다. 그는 개신교의 배타적 신앙이 이념적 경계를 넘어서 무슬림을 적(敵)으로 삼는 인종주의적 프레임(제노포비아)과 성소수자를 적으로 보는 이성애주의적 프레임(호모포비아)으로 확장되고 있다고 꼬집으며, 이러한 개신교의 이웃 종교에 대한 공격성을 비판적으로 분석한다(김진호 2015, 122).

김종만은 현재의 한국교회의 배타주의를 '변종적' 배타주의로 분류한다. 그는 한국 개신교가 고령화 사회와 인구절벽 시대에 진입하면서, 다른 종교를 무시하거나 서열화하던 '우월주의식 배타주의'에서 '생존경쟁식 배타주의'로 전환된 것으로 분석한다(김종만 2020, 8.). 그의 주장을 직접 들어 보자.

> 과거의 한국교회는 다른 종교를 상대로 '종교 외적인 배타적 호교론'에 돌입하였다. 하지만 이제는 다른 종교뿐만 아니라 같은 교회를 상대로 '종교 내적인 배타적 호교론'에 갇혀 있다. 같은 배타주의지만 한층 더 엄격하고 잔인한 방식의 배타주의로 돌변한 것이다(김종만 2020, 8).

이원규는 오랜 기간 동안 개신교가 타종교를 대상으로 한 우월주의적 배타주의에서 개신교 내부의 생존 경쟁식 배타주의로 변모한 현상에 대해 이미 몇십 년 전에 동일한 맥락에서 비판했다. 그는 이렇게 말했다; "각 교단과 개별 교회는 자신들의 특성을 강조하며 동시에 다른 교단과 교회를 비난하고 비판하는 일을 마다하지 않는다. 이런 치열한 경쟁은 상호 불신과 적대감을 조장한다. 이러한 적대감은 자신의 우월성을 강조하는 태도에서 비롯된 것이다(이원규 1992, 33-34)."

한국 개신교가 종교 외적인 배타적 호교론에서 종교 내적인 배타적 호교론으로 이행하면서, 교파나 개별 교회 간 경쟁과 교회의 양극화가 심화되었다. 종교철학자 장왕식은 이러한 배타주의가 개신교 외부 사람들에게 개신교를 폐쇄적이고 독단적인 문화적 낙오자로 보이게 만든다고 지적한다(장왕식 2002, 6). 이로 인해 비종교인들의 개신교에 대한 인식은 부정적으로 형성된다.

2013년 한국기독교분석리포트에 따르면, 비기독교인들은 한국교회를 크게 신뢰하지 않는 경향이 있다. 특히 비종교인들과 불교인들 사이에서 한국교회에 대한 신뢰 수준은 매우 낮으며, 비기독교인들의 경우 신뢰도가 21.0%에 불과하다고 보고되었다. 이는 한국교회의 목회자들이 한국교회를 신뢰한다고 응답한 63.2%와 큰 차이를 보인다. 그 이유는 한국 개신교가 구제와 봉사 등 대사회적 역할보다는 지도자의 능력 부족, 영적 문제에 대한 개인적 만족도 감소, 교회 성장에 초점을 맞춘 과정에서 발생한 지나친 헌금 강요와 엄격한 규율 강제 등 부정적 요인이 크게 작용했기 때문이다(한국기독교목회자협의회편 2013, 487).

비기독교인들이 기독교인이 되려고 하지 않는 이유 중에서 "교인들이 배타적이고 이기적이어서"라는 비율이 17.7%로 2위를 차지한다. 이는 1위인 "목회자들에 대한 부정적 이미지"에 비해 1.9%의 차이만큼 적은 수치로, 비기독교인들이 한국교회가 너무 배타적이고 심각하게 느낀다는 점을 명확히 보여준다(한국기독교목회자협의회편 2013, 354; 483).

2. 한국 개신교 배타주의의 원인

1) 인식론적 측면

한국 개신교의 배타적 성향은 무엇 때문일까? 여기서는 개신교인들의 신앙에 대한 인식적 측면, 다음으로는 역사성의 측면, 마지막은 문화 습속의 측면으로 접근한다. 우선, 역사성의 경우에는 파니카(Raimundo Panikkar)의 주장에 주목할 필요가 있다. 그에 따르면, 한국 개신교의 타 종교에 대한 배타성은 "인식론적 천박함"에서 기인한다. 이는 "인간이 절대자를 규정할 수 있다는 생각과 그것도 자신의 이해와 해석을 거친 자신만의 규정만이 옳다는 생각을 뜻"한다(정재현 2017, 214). 파니카는 이런 논리로 배타주의를 비판하는데 그의 주장을 직접 들어보자.

> 그런데 우리가 도대체 누구이길래 절대자를 규정한다는 말인가? … 이러한 입장이 타인에 대한 편협, 교만, 경멸이라는 명백한 위험성을 지니고 있다는 사실이다. 왜냐하면 '우리야말로 진리 편에 속한다'고 주장하기 때문이다. 이와 같은 주장은 진리를 단순히 논리적인 개념으로 파악해 버릴 뿐만 아니라 인식론적 천박함을 벗어날 수 없다는 내적인 약점도 지니고 있다. … 비록 우리가 신이 어떤 배타적인 하나의 언어로 말씀하신다고 가정할 수는 있지만, 사실 모든 것은 그 신의 말씀에 대한 우리의 이해에 의존하고 있기에 우리의 해석이 유일하게 올바른 해석인지의 여부에 대해서는 결코 알 수 없다(파니카 1992, 20).

인식론적 천박함은 자신의 앎을 신의 존재와 동일시하는 오류에서 비롯된다. 그러므로 인식론적 천박함에 따른 배타적 주장들은 자기를 절대화함으로써 타자의 생각과 믿음을 하찮은 것으로 폄하하는 편협성으로 이어질 수 있다(파니카 1992, 20). 이는 특수주의적 사고방식과 종교적 우월주의 사고에 내재된 특성 때문이다. 특히 특수주의적 사고는 "특정 개인이나 집단이 진리, 지식, 선함을 독점적으로 소유하고 있다고 보는 태도"이다. 그래서 이를 소유한 자신의 집단을 내집단(in-group), 그렇지 못한 타자의 집단을 외집단(out-group)으로 규정한다(이원규 2003, 22). 내집단에 의해 설정된 피아(彼我)의 경계선은 안으로는 집단 내부의 충성심이나 연대 의식을 강화하고, 밖으로는 거부감과 적대감, 때로는 호전성이 장려된다. 이러한 특수주의는 종교에서 현저하게 나타난다. 종교적 특수주의는 자기의 종교만이 정당하고 참되며 다른 종교는 사악하고 거짓이라는 믿음을 형성한다(이원규 2003, 22).

3. 한국 개신교 배타주의의 원인

1) 역사적 측면

다음으로 한국 개신교의 배타주의의 원인을 역사적 측면에서 살핀다. 한국 개신교는 미국을 포함한 영어권 국가들의 선교를 통해서 본격화되었다. 특히 한국 개신교에 중대한 영향을 미친 미국 개신교 선교사들은 주로 청교도주의, 경건주의, 복음주의 신앙을 강조했다. 그러나 이 세 신앙 양식의 근저에는 프린스턴 신학교(Princeton Theological Seminary), 맥코믹 신학교(McCormick Theological Seminary), 무디성경 학원(Moody Bible Institute)의 학맥인 근본주의 신학이 자리하고 있다(이덕주 2000, 89; 57-58). 근본주의는 1910년부터 1915년 사이에 로스앤젤레스의 두 명의 부유한 사업가가 지원한 자금으로 출판된 『근본: 진리증언』(Fundamentals: A Testimony to the Truth)이라는 12권의 소책자를 통해 시작된 근본주의적 그리스도교이다. 이 흐름은 진화론, 성서의 역사비평학, 비교종교학을 단호히 배척하는 성향을 가지고 있다(김종만 2020, 317-318).

이찬수는 한국 개신교가 초기부터 보수적이고 경건주의적인 외국 선교사들의 영향을 받아 근본주의, 열정주의, 성경 중심주의와 같은 근본주의적 신앙으로 발전해 왔다고 지적한다(이찬수 2009, 111). 이러한 초기 한국 개신교 내의 근본주의적 흐름의 주요 특징은 기독교 외의 것을 부정하고 타자를 수용하지 않는 폐쇄적인 '배타주의'이다. 근본주의에는 이러한 속성이 내재되어 있으며, 이는 근본주의자들의 특성을 통해 확인할 수 있다. 한마디로 말하면, 근본주의자는 구원의 확신이 강할수록 배타성도 강하다. 그들에게 타협과 협조라는 개념은 가장 혐오스러운 것으로 여겨진다(Ammerman 1987, 108; Johnstone 1975, 245).

한편, 근본주의와 배타주의의 기묘한 결합은 초기 한국 개신교를 통해 명확히 드러났다. 한국 개신교의 배타적 성향은 미국 북장로회 소속 선교사들과의 관계에서, 특히 서북지역 개신교에서 두드러졌다. 한국은 미국 개신교 가운데 가장 배타적인 교리를 지닌 근본주의적 개신교를 수입했는데 그 대표적인 수혜 장소가 서북지역이었다. 당시에는 서북지역의 미국 북장로회 출신 선교사들이 당대에 한반도는 물론 전 세계에서 가장 강력한 근본주의를 실천하는 인물들이었다(김진호 2020, 31).

그런데 서북지역에서 근본주의 선교사들의 영향력이 강화됨에 따라 한국 개신교를 주도하는 사건이 발생한다. 그것은 1907년 평양 장대현 교회를 중심으로 일어난 평양대부흥운동이다. 이 운동으로 신자들이 급증하여 곳곳에 교회가 설립되었다. 이를 계기로 북장로회 선교사들은 확장된 지역에 자신들과 신앙적 코드가 일치하는 선교사들을 초빙하고, 한국인 지도자들을 양성하여 교회의 주요 인사로 내세웠다. 이 과정에서 북한지역 개신교 신자의 약 80%가 미국 북장로회의 영향을 받은 장로교인이 되었으며, 한반도 전체 개신교도의 40% 이상이 서북지역과 유사한 성향을 가진 장로교인이 되었다(김진호 2020, 32).

그러나 문제는 그들의 신앙 코드가 종교적이며 문화적으로 배타적인 경향이 강했다는 점이다. 그들은 조상의 위패를 숭배하는 것과 그리스도 신앙을 대립시켰다. 또한 집, 마당, 산, 들, 강가, 나무, 바위 등 마을 곳곳에 존재하는 정령들과 관련된 모든 관습을 적대하는 것이 올바른 신앙생활이라고 인식했다(김진호 2020, 32-33).

결과적으로, 그들은 다른 신앙을 가진 사람들은 물론 다른 교파의 개신교인들까지도 배척했다. 해방 직후, 서북지역의 개신교인들은 헤게모니 싸움에서 패배한 후 공산당의 가혹한 정치 탄압을 받아 대거 월남한다. 월남한 개신교 인구 대다수는 혈기 왕성한 젊은 청년들로 구성되었으며, 그 숫자는 당시 남한의 개신교인 수준과 비슷했다(강인철 2007, 414-420; 김병로 2011, 160). 특히 이들은 공산당으로부터 재산을 몰수당한 후, 고향을 등지고 내려왔기 때문에 공산주의에 대한 증오심이 남달랐다(김진호 2015, 115). 하지만 당시 남한의 이념적 성향은 대부분 좌편향되어 있었다.

그러자 미군정은 남한의 개신교 세력을 정치적 파트너로 채택하여 한국 정치를 좌편향에서 반공주의로 변모시키려는 계획을 세웠다. 개신교인들은 대개 극우적이고 친미적인 성향을 가진 사람들이었고, 특히 공산당의 핍박을 피해 월남한 서북지역 출신 개신교도들은 죽음을 불사할 정도의 열성을 지닌 반공주의자들이었다. 그 결과 월남한 서북지역 개신교도들로 구성된 서북청년당의 민간인 학살이 두 차례 발생한다(김진호 2015, 116; 나무위키" 제주 4.3사건", 2022)[1]. 김진호는 이러한 극단적 변모의 시기인

---

1   1947년 제주에서 벌어진 4·3사건과 1950년 황해도에서의 신천 대학살 사건이다. 제주 4·3 사건에서 확인된 사망자는 10,715명, 추정 사망자는 60,000~80,000명에 달하고, 신천 대학살에서는 35,000명의 민간인이 학살되었다.

1945~1960년대에 한국의 주류파 개신교가 20세기 최악의 배타주의적 종교적 성향을 나타냈다고 비판한다(김진호 2015, 115).

4. 한국 개신교 배타주의의 원인

1) 문화 습속의 측면

한국 개신교의 배타적 성향은 한국 사회에 깊이 뿌리박은 일원론적 사고체계로 설명된다. 이원규에 따르면, 인간은 주로 일원적이거나 다원적인 사고를 한다. 일원주의적 사회는 모든 관계를 지배와 종속의 관계로 보며, 이는 '하나'라는 개념을 중심으로 정치적, 사회적, 문화적으로 하나의 힘이나 세력이 지배적인 영향을 미치는 것을 의미한다. 이에 반해 다원적 사회는 여러 으뜸이 존재한다는 생각을 기초로 하며, 일방적인 지배나 통제가 불가능하고 횡적인 유기적 관계가 중요하게 여겨지는 사회를 말한다. 전자의 경우 하나의 으뜸을 중심으로 한 일방적 관계가 강요되며, 동질성을 기반으로 다른 것을 용인하지 않는다. 이와 반대로 후자는 서로 다른 여러 으뜸들을 인정하고 존중하며, 타협과 조정이 필수적이다(이원규, 2000: 247). 한국인들은 전통적으로 다원적 사고보다는 일원적 사고방식을 선호해 왔다. 이는 단일민족과 농경사회, 그리고 유교적 전통의 영향을 받았기 때문이다.

이원규는 일원적 사고방식이 한국 종교인들의 종교의식에 깊이 내재되어 있어 종교적 배타성이 강하게 나타난다고 말한다(이원규 2000, 247-248). 그는 한국 갤럽 조사를 기반으로 하여, 한국의 주요 종교인인 개신교, 불교, 가톨릭 사이에서 개신교인들의 배타적 성향이 가장 강하다고 지적한다. 조사 결과에 따르면, '진리의 다양성을 인정하느냐'는 질문에 긍정한 답변이 천주교 77%, 불교 64%, 개신교 51%로, 개신교가 가장 낮은 비율을 보인 반면, '진정한 종교는 하나뿐이다'라는 배타적 입장에 긍정하는 답변은 불교 19%, 천주교 23%, 개신교 45%로, 개신교가 월등히 높은 비율을 기록했다(이원규 2000, 249).

법성 스님은 한국인들의 배타주의적 성향이 강하여 다양성을 포용하거나 과거 유산을 이어가는 기질보다는 단절과 분리를 선호하는 경향이 있다고 분석한다. 그는 고대 국가 형성기부터 시작해 불교가 기존의 토착 신앙과 충돌을 일으켰을 때 그것을 배제했고, 통일신라 이전과 통일신라 시대, 그리고 고려 시대에도 미륵사상, 화엄종, 선종, 천태종이 서로 헤게모니를 쟁취하며 타자의 전통을 배척했다고 설명한다. 조선조에서도 윤리성이 강조되어 성리학과 충돌 가능성이 있는 천태종을 제외하고 선종만을 인정했으며, 유가 내부에서도 성리학자들은 양명학을 배척하고 후기의 실학자들은 주자학을 비판했다. 개화기 시대에는 동학이 등장하여 한국 전통사상을 통합하였지만, 이후 그리스도교의 등장으로 동학사상은 단절되었다고 지적한다(법성·변선환 1991, 136-137 참고).

이와 같이, 한국인들에게 깊이 내재된 문화적, 종교적 요소들이 한국 개신교의 종교적 배타성으로 나타나면서, 신앙과 지성을 조화시키려는 학자들에게 중대한 걸림돌이 되었다. 이는 한국 개신교의 지성적 정착에 있어서 '실패'의 원인으로 작용하며, 이의 대표적인 사례가 다음 장에서 살펴볼 손원영 교수의 해임 사건이다.

II. 관계적 수용성의 '실패'

1. 한국교회의 폭력적 '배제' 사건

1) 교회의 대응

종교 집단의 생존과 성장은 외부 환경에 달려 있다. 종교 집단은 외부 사회가 원하는 사람들을 만들지 못하면 교화에 필요한 신도와 자금이 유입되지 않아 결국 집단의 안정성을 보장받지 못한다. 다시 말해, 종교 집단이 외부로부터 충전을 받지 못하면 침체와 쇠퇴를 피할 수 없다. 로스 세러(Ross. P. Scherer)는 종교가 닫힌 집단이 아닌 열린 집단임을 강조하며, 이로 인해 종교 집단의 구조는 영구적으로 고착되지 않고 계속된 협상과 계약 과정에 의해 잠재적인 긴장이 내재되어 있으며, 상대적인 안정을 유지한다고 설명한다(오경환 1990, 373-374).

그러나 한국 개신교는 일관된 배타주의적 입장을 고수해 왔다. 외부와의 소통을 단절하고 자신의 영역을 고수하는 고립주의를 채택했다. 이러한 상황은 결국 명백한 실패로 이어졌다. 지나온 시장 경제 확장기에서의 우위는 점차 상실되었다. 한국 개신교의 약점은 탈콧 파슨스(Talcott Parsons)가 제안한 종교 집단의 생존을 위한 네 가지 과업에서 드러난다. 첫째는 다양한 환경에 대한 적응, 둘째는 목표 달성을 위한 조직과 업무 분담, 셋째는 성원들 간의 갈등 해소와 결속, 마지막은 체제 유지를 위한 새로운 신도와 지도자 모집, 이들에 대한 교육과 훈련이다(오경환 1990, 375).

한국 개신교는 다양한 환경에 대한 적응을 제외한 나머지 세 가지 항목에 대해서는 적절히 대응했다. 그러나 앞서 언급한 바와 같이 현대 사회의 종교적 특징인 종교 다원화 현상에 대해서는 기민한 대응을 보여주지 못했다. 이는 결국 한국교회의 위상과 영향력의 하락, 그리고 질적인 쇠락으로 이어졌다. 이 배경에는 타자 부정을 넘어서 타자에 대한 폭력으로까지 확대된 가학적 배타주의를 기반으로 한 '배제' 범죄가 숨어 있다. 한국교회는 표면적으로는 신앙의 수호를 명분으로 하지만, 본질적으로는 종교적 권력의 수호를 위해 세속사회에서 일반적으로 인정되는 합리적 사고나 이성적 성찰 방식을 철저히 부정해 왔다(윤평중 2007, 62).

비교종교학자 오강남은 오늘날 독립적으로 심도 있게 사고하는 사람들 중에는 기독교가 배타적이고 반지성적이며 문자주의적이며 광신적이며 독선적이며 무비판적이며 심지어 폭력적인 특성을 드러내는 것을 보면서, 종교가 이 정도로 부정적일 수 있는가 의아해하는 이들이 많이 있다고 비판한다(오강남 2009, 206).

한국 개신교 내에서 벌어진 반지성적이고 무비판적이며 심지어 폭력적인 성향을 보여준 대표적인 종교 가학 사례로 서울기독대학교의 손원영 교수 사건이 있다. 손 교수는 두 차례의 배타적 폭력성을 경험했다.[2] 1

---

2 지금까지 한국 개신교에서 신학자에 대한 반지성적인 폭거 사태는 손 교수 사례를 제외하고 세 차례 더 있었다. 첫 번째는 1970년 3월 서남동 교수 사건이다. 당시 서남동은 『현대와 신학』이라는 잡지에서 통일교의 「원리강론」을 "한국의 신학계가 산출한 신학서 중에서 그 양과 조직력, 상상력과 독창성에서 최고의 것으로 인정"할 만하다고 평가했다. 이로 인해 그는 다른 신학자들로부터 강하게 비판받았고, 재직하고 있던 연세대학교에서도 고초를 당하였다. 두 번째는 감리교신학대학교의 변선환 교수 사건이다. 그는 1982년 6월 26일 〈현대사회연구소〉에서 주최한 '불교와 기독교의 대화'라는 제하의 강연회에서 타 종교 안에서의 구원 가능성을 언급했다가 감리교단의 일단의 목사들로부터 교수 퇴진 요청과 목사 자격 박탈 압력을 받았다. 그리

차는 '해직을' 통해, 2차는 '이단성 시비'로부터이다. 우선, 손 교수는 2017년 2월 20일 학교 측으로부터 '우상숭배에 해당하는 죄'에 따른 '성실성 의무 위반' 혐의로 파면된다. 파면의 불씨는 2016년 1월 중순 무렵, 경북 김천 개운사의 훼불 사건이다(손원영교수불법파면시민대책위원회 편 2020, 128).

이 사건은 60대의 한 남성 개신교 신자로부터 비롯되었다. 그는 전과기록은 있었으나 정신적으로는 문제가 없는 사람이었다. 그러나 자신의 신앙적 광기를 주체하지 못하고 개운사에 난입하여 비구니 주지인 진원 스님에게 "지옥에 가라"는 폭언을 퍼붓고, 법당에 있는 불상과 법구를 훼손한다(손원영 2020, 86). 언론을 통해 이 사건을 접한 손 교수는 신학자이자 한 그리스도인으로서 해당 사찰과 불자들에게 심한 자괴감을 느낀다. 그는 당시의 참담한 심경을 이렇게 고백한다.

경상북도 김천의 개운사란 절에 복음을 잘못 이해한 60대의 한 남성 기독교 신자가 밤늦게 난입하여 '불상은 우상!'이라며 불상을 모두 훼손해 버린 사건이 발생했습니다. 재산 피해액이 대략 1억 원 정도 발생했고, 비구니이신 주지스님은 큰 정신적인 충격으로 정신과 치료까지 받게 되었습

고 약 10년 후인 1990년 「불타와 그리스도」라는 논문에서 종교다원주의 신학을 소개한 것이 빌미가 되어 1992년 5월 7일 김홍도 목사가 주도한 종교재판을 통해 감리교단으로부터 출교되었다. 세 번째는 2006년 이찬수 교수의 강남대학교 해임 사건이다. 이 사건의 발단은 이 교수가 2003년 10월 '다양성에 대한 관용'을 알리는 《교육방송》의 프로그램 〈똘레랑스〉에서 '사찰에서 절하는 장면'이 방영되면서부터다. 이로 인해 이 교수는 3년 뒤 재임용이 거부되면서 해임되었다(김성수 외 2014, 249; 357-358; 조현 2019).

니다. 저는 이 소식을 언론을 통해 접하고 한 기독교인이자 목사로서, 더욱이 목사를 양성하는 신학대학의 교수로서 심한 수치심과 부끄러움에 잠을 이룰 수가 없었습니다. … 사랑과 평화의 종교인 기독교가 어떻게 폭력과 증오의 종교로 변질될 수 있을까? 충격을 금할 길이 없었습니다. 조용히 앉아 있을 수만 없어 제 페이스북에 개운사 주지스님을 비롯한 관계자와 모든 불교인들에게 도의적으로 용서를 구하는 글을 게재하였습니다(손원영교수불법파면시민대책위원회 편 2020, 157-158).

손 교수는 실천을 강조하는 자신의 신념에 따라 이를 즉시 행동으로 옮긴다. 말로만 하는 사과를 넘어 불당을 재건하기 위한 모금 운동을 직접 전개한다. 그는 모금 운영의 투명성을 제고하고 '종교협력적 연대'의 방법을 모색하기 위해 2016년 1월 22일에 '개운사 불당 회복을 위한 성금모금위원회'를 조직한다(손원영 2020, 89).[3] 그리고 공동대표로 자신과 개신교의 이찬수 교수, 가톨릭의 김근수 선생, 불교의 박범석 박사를 위촉한다. 손 교수는 다양한 종교적 배경을 가진 이들로 공동대표 체제를 구성한 이유에 대해 모금 운동에 참여하는 사람들이 다양한 종교와 시민들이 열린 마음으로 함께 할 수 있게 함으로써 종교평화를 위한 사회적 대화를 촉진하기 위한 전략이었다고 설명한다(손원영 2020, 86; 89).[4]

---

3 이 모금 위원회는 손 교수가 대학에서 파면된 후, '손원영교수불법파면시민대책위원회'(2017.3.31.)로 발전되었다. 대책위원회는 총 49명으로 구성되었으며, 학계와 종교계, 그리고 법조계 등이 망라되었다.

4 이때 총 267만 원이 모금되었다. 손 교수는 이를 개운사에 전달하려 했으나 사찰 측에서 '종교평화'를 위해 써달라고 사양하자, 종교평화 학술단체인 '레페스포럼'(대표

이 사건을 계기로 서울기독대학교는 2017년 2월 17일 손 교수를 '학교의 설립 이념을 훼손한 죄'로 파면한다. 이에 따라 손 교수에게 가해지는 불이익은 매우 가혹했다. 퇴직금 미지급은 물론 노후를 위한 연금도 받지 못하게 되었으며, 향후 5년간 전임 교수로의 취업 제한과 파면된 교수라는 사회적 낙인 등이 가해졌다. 한마디로, 손 교수에게 내려진 파면 처분은 사형 선고와 같은 것이었다(손원영교수불법파면시민대책위원회 편 2020, 129. 이하 '대책위원회').

이후 손 교수는, 열심히 공부하여 학위를 취득하고 그간 연구한 것을 심화시켜 가르쳤지만, 자신에게 돌아온 것은 파면이라는 철저한 '배제' 경험과 그로 인한 수치심이라며 자신의 학문적 정체성에 대해 회의한다(대책위원회 편 2020, 129). 그리고는 한국 신학대학교의 병폐에 대해 "한국의 신학대학들은 왜 대부분 오직 자신들만의 높은 아성을 쌓은 채, 다른 신학적 사유나 전통을 배제하고 차별하며 이단시할까? 지금의 한국의 신학대학들은 한국적 신학이 아니라 서구신학 특히 미국 신학에 종속된 신학만을 추구하고 있는 것은 아닌가?"라고 일갈한다(대책위원회 편 2020, 131; 133). 이에 대해《민중의 소리》의 한 사설에서는 몰상식하고 반지성적인 이러한 작태는 한국 개신교의 배타적 태도를 단적으로 보여주는 전형적인 사례라고 주장한다.

개신교 신자들은 그동안 다른 종교에 대해 배타적 태도로 인해 여러 사

이찬수 교수)에 전액 기부했다. 그리고 2019년 10월 27일 훼손되었던 개운사의 불당도 다시 복원되었다.

회적 문제를 일으켰다. 절에서 이른바 '땅밟기'를 하며 기도를 해 논란을 빚었고, 어떤 개신교 신자는 지하철에서 스님을 상대로 전도를 하는 모습이 인터넷을 통해 알려지기도 했다(여론광장 2018).

《민중의 소리》는 손 교수의 행동을 긍정적으로 평가하고 지지했지만, 개신교에 대해서는 아쉬운 심경을 토로했다. "이번 사건을 계기로 개신교는 배타적 태도에서 벗어나 종교 간 화합을 이룰 좋은 기회로 삼을 수도 있었다. 하지만 이 사건을 우상숭배로 몰고 감으로써 다른 종교를 향한 개신교인들의 배타적인 태도가 한층 높아졌다"(여론광장 2018).

손 교수는 한국 개신교의 이러한 현실을 타락의 임계점에 다다른 것으로 진단한다. 그러면서 한국의 신학자들에게 상아탑인 대학에서 '안전한 직장'에 안주하는 자폐적 신학자가 되지 말고 종교개혁가 루터처럼 거짓과 위선, 무명과 무지를 비판하고, 문화 폭력적인 왜곡된 교회 권력에 항거하며 개혁하는 실천적 선구자가 되기를 촉구한다(대책위원회 편 2020, 137).

해직 이후 손 교수는 한국 개신교의 폭력적인 배타주의에 대한 성찰 작업을 위해 직접 종교 간 연대와 평화를 위한 실천적 참여에 매진한다. 먼저 그는 하느님에 대한 신심은 있으나 더 이상 제도 교회에 출석하지 않는 그리스도인들을 상대로 '가나안 교회'를 시작한다. 때마침 '마지'라는 사찰 음식점을 하는 주인이 가나안 교회 소식을 접하고 자기 식당에서 정기 모임을 열 것을 제안한다. 그 후 2017년 6월 셋째 주에 '마지가나안교회'를 개소한다. 더불어 그는 개신교와 불교 등의 이웃 종교인을 위해 매월 셋째 주 일요일 오후에 '마지종교대화가나안교회'를 열고 공부와 교제 등을 통해 종교 교류의 장을 마련한다. 이를 계기로 마지종교대화가나안

교회와 열린선원이 연대하여 2018년 열린선원에서의 성탄절 법회를 가진다(대책위원회 편 2020, 30-31).

여기서 손 교수는 '예수보살과 육바라밀!'이라는 제목으로 설교를 한다. 그는 대승불교의 핵심 교리인 보살 사상의 상구보리 하화중생(上求菩提下化衆生)의 정신을 가장 잘 실천하는 자가 예수라고 말한다. 예수는 불교적 구도 실천 행위인 육바라밀을 몸소 실천한 인물로, 이분의 삶과 정신을 따르는 것이 고통에서 해방되고 열반에 도달하는 길임을 강조한다.

이렇게 개신교와 불교의 상호이해와 종교평화를 증진하기 위해 노력한 손 교수의 활동은 뜻하지 않게 또 다른 국면을 맞이한다. 그는 2018년 12월 서울 은평구 한국불교태고종 열린선원에서의 설교로 이단 시비에 휘말린다. 손 교수는 열린선원에서의 설교가 불필요한 오해를 살 수 있는데 굳이 왜 또 가서 말씀을 전했느냐는 질문에 대해, "절이라도 불러만 주면 가서 복음을 전해야 하는 게 기독교인의 사명 아닌가"라고 반문한다(이은혜 2020).

이후, 서울기독대학교 배경 교단인 그리스도교회협의회가 불교 언어로 예수를 전했다는 이유로 이단성을 제기했고, 서울기독대학교대학원 총원우회는 '손원영 교수의 이단성에 대한 신학적 고찰'이란 제목으로 세미나를 개최하게 된다(권지연 2020).

2. 손 교수 '배제' 사건의 결말

1) 외부 평가

신학자 허호익은 손 교수의 이단성 논란에 대해 손 교수의 설교가 기독교적 관점에서 불교의 보살행과 예수를 비교종교학적 방법으로 접목시킨 호교론적 설교라고 평가한다. 그는 또한 예수가 유대교 회당에서, 바울이 이방 신전에서 복음을 전파했던 것처럼, 불당에서 불교 신자들에게도 복음을 전한 것이 이단으로 판단될 사안은 아니라며, 손 교수의 입장을 지지한다(대책위원회 편 2020, 189).

> 2000년 기독교사를 통틀어 바울이 이방신의 신전이나 회랑에서 복음을 전한 것을 이단적 행위라고 비난한 사람은 없습니다. 기독교인은 누구나 타종교의 시설에서, 그들이 허용한다면, 얼마든지 복음을 전할 수 있습니다. 그것은 권장할 일이지 이단으로 정죄할 일은 결코 아닙니다(대책위원회 편 2020, 190).

허호익은 또한 손 교수의 설교가 예수와 보살을 동일시거나 혼합한 것이 아니라, 유교나 불교의 미흡한 점을 기독교가 보충하여 완성하는 신학적 관점인 보불론적(報佛論的) 배경에서 이루어졌으며, 이는 내용적으로도 문제가 없다고 주장한다(대책위원회 편 2020, 190-191).

손 교수는 2016년 개운사 사건을 계기로 2017년 2월 학교에서 해임된 후 4년 10개월의 우여곡절 끝에 복직했다. 그는 해직 교수로 살면서 '파면 교수'와 '이단성을 지닌 신학자'라는 사회적 낙인과 재정적 어려움 그리고 자기 연민과 우울증과 같은 심리적 고통을 겪으며 외롭고 지난한 법정 투쟁을 벌여 왔다.

한국 종교계에서 손 교수의 사건은 중요한 의미를 지닌다. 학교 측은 손 교수의 불상 재건을 위한 모금 운동이 언론에 보도되면서 학생 모집에 상당한 타격을 입었고, 다양한 사안에서 교단의 정체성과 건학 이념을 준수하지 않아 '성실의무 위반'으로 파면 결정을 내렸다고 밝혔다. 그러나 징계와 해임 사유의 근본적 이유는 그의 종교적 신념에 있었다. 학교 측은 손 교수를 진보적인 민중신학과 해방신학을 선도하는 신학자로 규정하며, 교단의 정체성과 건학 이념에 부합하지 않는 교원으로 분류했다.

이에 반해 언론에서는 개운사 불상 훼손이 윤리적, 합리적, 법적, 사회적 가치와 상반된다고 지적하며, 손 교수의 사과 발언, 모금 운동, 그리고 종교평화 활동 등은 사회적 공감대가 높은 것으로 학교 측의 주장과는 달리 종교성에 반하지 않는다는 입장이 지배적이었다(대책위원회 편 2020, 375). 이런 비판적 맥락은 결국 법적 승소 판결로 이어졌다. 재판부는 교회의 목사 신분과 신학대학의 교수 신분을 구분하여, 신학대학의 교수도 사립학교법, 교원지위향상특별법의 보호를 받는 지위에 있음을 명확히 했다. 또한 종교적 신념에 대해서는 여러 논의가 있을 수 있지만, "설령 기독교 대학의 교수가 뒤늦게 개종하여 불교 신자가 되었다 하더라도 개종을 이유로 파면하는 것은 헌법이 보장하는 종교의 자유, 종교 관련 양심의 자유를 침해할 수 있다"는 합리적인 논증을 제시했다(대책위원회 편 2020, 404-405).

3. 손 교수 '배제' 사건의 교회사적 의의

1) 손 교수 사건의 교회사적 의의

이번 사건은 언론과 법조계의 관점에서는 '성공' 혹은 '승리'로 평가된다. 그러나 내부적인 관점에서는 개신교의 배타적 성향으로 인한 한국 개신교의 관계적 수용성의 명백한 '실패'로 평가될 수 있다. 언급된 학교 측의 입장, 언론의 시각, 그리고 법적 결정을 떠나서도, 손 교수 사건은 한국 개신교의 공격적인 배제 문화를 보여주는 전형적인 사례로 해석될 수 있다. 손 교수가 보여준 신념과 행동은 다른 종교를 존중하고 타인의 고통에 공감하는 지성적인 종교인의 전형적인 모습을 보여준다. 또한 동양 종교의 사유와 사상을 통해 복음을 재해석하려는 접근은 서구 신학이 그리스, 로마, 게르만 문화 등을 채택하여 토착화 과정을 거친 것(김성수 외 2014, 366-367 참고)과 유사한 한국적 토착화 작업의 일환으로 볼 수 있다. 이러한 접근은 한국 사회의 다종교적 상황에서 다른 종교와의 학문적 협력을 증진시키는 긍정적인 모습을 보여준다.

그러나 한국 개신교는 학자들의 이러한 활동을 단속하고 교권을 이용하여 '배제'를 일상화하는 마녀사냥을 벌여 왔다. 그것은 진리에 대한 열정이나 애정보다 추상적 진리를 악용하여 권력을 추구하려는 욕망의 결과와도 같다. 러셀(Bertrand Russell)은 이러한 사실을 다음과 같이 신랄하게 비판한다.

교회와 그 창시자 사이에 이견이 생기는 것은 우연한 일이 아니다. 어떤 사람의 말속에 절대적인 진리가 담겨 있다고 생각되는 순간 그의 말을 해석하는 전문가 집단이 생겨나고 이 전문가들은 어김없이 권력을 차지한다. 진리의 열쇠를 그들이 쥐고 있기 때문이다. 다른 특권층과 마찬가지로 그들은 자신들의 이익을 위해 권력을 행사한다. … 과거에 단 한 번 완벽하게 만인 앞에 계시됐던 불변의 진리를 해석하는 것이 그들의 업이기 때문에 그들은 필연적으로 지적, 도덕적 진보의 반대자로 변해 버리는 것이다(러셀 1999, 46-47).

역사적으로 과거의 서구 교회는 갈릴레오, 다윈, 프로이트 등을 탄압하며 자신들의 이익과 지위를 유지해 왔다. 마찬가지로 오늘날 한국 개신교는 학자들의 지적 활동을 억압하고 자유로운 학술 활동을 저해해 왔다. 이로 인해 개신교 내부의 문화 공간은 폐쇄되고 지성적인 진보가 억눌렸으며, 개신교 외부에서는 종교 간 문화 활동에서 격리된 경향이 나타났다. 이 사건은 개신교가 이웃의 고통과 슬픔에 대한 정서적 공감뿐만 아니라 실질적인 참여에서 얼마나 둔감한지를 명백히 보여주었다. 뿐만 아니라 자신과 다른 신념을 가진 사람들을 악마화하여 신앙의 이름으로 기득권을 유지하려는 전형적인 적폐의 실체를 완전히 드러내는 사례였다. 이번 사건을 통해 한국 개신교는 1992년 변선환 사태 이후 지성주의의 발전 가능성을 제한하고, 타 종교와의 화해와 연대를 촉진하지 못하며 외부로의 확장에서도 실패한 불운한 상황을 되풀이하게 되었다.

나가는 말

다원주의 상황을 사회학적으로 분석한 베버(Max Weber)는 사회적 분화 현상으로 인한 일원성이라는 가치체계가 다원주의로 대체되고 이로 인해 가치 다원주의가 생겨났다고 주장했다. 베버에 이어 버거 또한 다원주의 상황은 종교적 전통의 탈 독점화를 초래하여 종교 간의 경쟁을 불가피하게 만들었고 종교의 시장 상황(market situation)을 형성했다고 주장했다 (이원규 1992, 18-21). 이렇게 서로 다른 종교 집단들이 공존하면서 경쟁적 상황에 처해 있는 종교다원화 현상은 현대 사회의 특징적 양상이다.

한국은 그 어느 나라보다 종교다원적 현상이 두드러진 곳임에도 불구하고 한국 개신교는 다종교적 현상의 인력(引力) 법칙에 반하여 종교적 진공 상태를 유지하려고 애써 왔다. 이는 결국 한국 개신교에서 타자 종교의 문화를 거부하는 분리주의, 타 종교의 진리 체계를 인정하지 않는 우월주의, 자기 종교의 가치만 유일하다는 절대주의, 자기 종교에만 구원과 진리가 있다는 독점주의로 나타났다. 이와 같은 분리주의, 우월주의, 절대주의, 독점주의의 이면에는 베버가 언급한 바와 같이 가치 다원주의를 인정하지 않는 폐쇄적이고 공세적인 '배타주의'가 내재되어 있다.

한국 개신교 배타주의의 원인은 인식론적 측면, 역사적 측면, 그리고 문화 습속의 측면에서 진단된다. 첫째 요소인 인식론적 측면에서는 인간이 절대자를 규정할 수 있고, 이러한 자신의 기준이 옳다는 생각에서 비롯되는 '인식론적 천박함'이 주요 요인으로 작용한다. 이것은 자기의 옳음과 타자의 틀림을 전제로 상대주의를 인정하지 않는 배타성으로 귀결된다. 둘째 요소인 역사적 원인의 배타주의는 한국 선교사 초기에 유입된 근본주의와 관련이 있다. 근본주의는 미국에서 가장 강경한 신학적 입장을 취하는 미국 북장로회 소속 선교사들이 한반도 서북지역으로 진출하면서 주요 세력으로 자리 잡았고, 해방 이후 분단과 이북 지역 공산화 과정에서 월남한 서북지역의 개신교인들은 친미·반공주의와 결합하여 주류 개신교 세력으로 성장하면서 자신들과 다른 성향의 개신교인들까지 공격하는 형태를 취했다. 셋째 요소는 한민족 사회에 내재된 일원적이고 단절된, 그리고 농경사회의 정착성 특징을 띠는 문화 습속이다. 이는 횡적인 유기적 관계보다 종적인 위계 관계를 중시하는 태도를 형성하여 종교적 배타성을 촉진하는 원인으로 작용했다.

그런데 신자유주의, 고령화, 인구절벽 시대를 맞아 교회 성장이 멈추고 무한 경쟁상황에 진입하자, 한국 개신교의 배타주의는 다른 종교에 대한 문화적 우월감을 넘어서 생존 경쟁을 위한 배타주의로 변모했다. 여기서 많은 교회가 채택한 생존 전략은 다른 교단과 교회를 적대시하거나 이단으로 몰아내는 것이었고, 자신의 교단과 교회는 진리와 가치가 절대적 우위에 있음을 강조하는 배타적 전략을 채택했다. 즉 같은 개신교 내에서 '배제'의 혐오를 씌어 서바이벌 게임에서 승리하려는 것이었다. 한국 개신교가 다른 종교를 마성화하고 타인의 고통에 함께 아파하지 못하고 오히려 적대시하며, 이를 빌미로 같은 종교 진영에 있는 신학자를 이단으로 몰아 '배제'하려는 비관용적이고 반지성적인 최근의 사례가 바로 손원영 교수해직 사건이었다.

이 사건은 한국 개신교가 다종교적 상황의 특성인 상대주의, 합리주의, 지성주의와 얼마나 대립적인지를 보여주는 사례이다. 한국 개신교는 타 종교에 대한 포용적 태도와 평화로운 종교 간 활동, 그리고 학문의 자유를 저해함으로써 지성적인 문화 환경을 구축하는 데에 '실패'했다. 이는 배타적 폭력성이 '성공'함에 따라 관계적 수용성이 '실패'한 종교적 병리 현상의 한 양상이다. 앞으로 한국 개신교는 종교가 과도한 권력을 행사하며 세력을 과시하는 현상과 종교가 세속적 영역과 결합하여 식민지화되는 현상 사이에서 균형을 유지하며 '창조적 긴장 관계'를 구축함으로써 건전한 지성주의 사회를 형성하는 데 기여할 수 있어야 할 것이다(정재영 2012, 7).

참고문헌

실패의 정치신학 _ 박일준

박일준. "테크노-영지주의 시대의 종교성 비판: 사물의 관계적 얽힘의 종교성을 향하여". 『한국조직신학논총』. 제57집. 2019.
_____. "객체지향의 철학: 초객체와 네트워크 그리고 공생". 『인문논총』. 제55집. 2021.
_____. "우리는 '비인간' 가족이다: 기후변화와 생태위기 시대 비인간 존재들과 함께-삶을-만들어나가기". 『기독교 철학』. 34호. 2022.
시노하라 마사타케. 『인류세의 철학: 사변적 실재론 이후의 '인간의 조건'』. 조성환, 이우진, 야규 마코토, 허남진 역. 서울: 모시는사람들. 2022.
조성환 · 허남진. "인류세 시대의 새로운 존재론의 모색: 애니미즘의 재해석과 이규보의 사물인식을 중심으로". 『종교교육학연구』 제66집. 2021.

Caputo, John D. 2013. *The Insistence of God: A Theology of Perhaps*. Bloomington & Indianapolis: Indiana University Press.
Chakrabarty, Dipesh. 2021. *The Climate of History in a Planetary Age*. Chicago: The University of Chicago Press.
Crutzen, Paul & Stoemer, Eugene. 2000. "The Anthropocene," IGBP Newsletter, No.41: 17-18.
Hallberstam, Jack (Judith). 2011. *The Queer Art of Failure*. Durham: Duke University Press.
Haraway, Donna. 2016. *Staying with the Trouble: Making Kins in the Chthlucene*. Durham: Duke University Press.
_____. 2016. "Tentacular Thinking: Anthropocene, Capitalocene, Chthulucene", *e-flux Journal*. issue #75: 1-14. online material: https://editor.e-flux-systems.com/files/67125_e-flux-journal-tentacular-thinking-anthropocene-capitalocene-chthulucene.pdf
Harman, Graham. 2020. 『비유물론: 객체와 사회 이론』(*Immaterialism: Objects and Social Theory*). 김효진 옮김. 갈무리.
Keller, Catherine. 2022. 『지구정치신학: 지구적 비상사태와 새로운 생태신학의 전환점을 위한 투쟁』(Political Theology of the Earth: Our Planetary Emergency and the Struggle for a New Public.). 박일준 옮김. 충남, 논산: 도서출판 대장간.
Latour, Bruno. 1993. *We Have Never Been Modern*. trans. Catherine Porter. Cambridge,

MA: Harvard University Press.

_____. 2004. *Politics of Nature: How to Bring the Sciences into Democracy*. trans. Catherine Porter. Cambridge, MA: Harvard University press.

_____. 2005. *Reassembling the Social: An Introduction to Actor-Network-Theory*. Oxford: Oxford University Press.

_____. 2021. 『지구와 충돌하지 않고 착륙하는 방법: 신기후체제의 정치』(*Down to Earth: Politics in the New Climate Regime*). 박범순 옮김. 서울: 이음.

Morton, Timothy. 2013. *HyperObjects: Philosophy and Ecology After the End of the World*. Minneapolis: University of Minnesota Press.

Weisman, Alan. 2020. 『인간없는 세상』(*The World Without Us*). 이한중 옮김. 알에이치 코리아.

인류의 실패인가, 지구의 진화인가 _ 이찬수

김홍중. 2019. "인류세의 사회이론1: 파국과 페이션시(patiency)". 『과학기술연구』. 19권 3 호.

_____. 2023. "그림 형제와 라투르: ANT 서사 기계에 대한 몇 가지 성찰". 『문명과 경계』 Vol.6.

델리오, 일리야. 2021. 『울트라휴머니즘: 지구공동체 의식을 갖는 인간으로』. 맹영선 옮김. 서울: 대화출판사.

들뢰즈, 질·펠릭스 가타리. 2001. 『천개의 고원: 자본주의와 분열증2』. 김재인 옮김. 서 울: 새물결.

라투르, 브뤼노 외. 홍성욱 엮음. 2010. 『인간·사물·동맹: 행위자네트워크 이론과 테크 노 사이언스』. 서울: 이음.

라투르, 브뤼노. 2021. 『지구와 충돌하지 않고 착륙하는 방법: 신기후체제의 정치』. 박범순 옮김. 서울: 이음.

루이스, 사이먼 L.·매슬린, 마크 A.. 2020. 『사피엔스가 장악한 행성 - 인류세가 빚어낸 인 간의 역사 그리고 남은 선택』. 김아림 옮김. 서울: 세종서적.

모턴, 티머시. 2024. 『하이퍼객체』, 김지연 옮김. 서울: 현실문화.

모턴, 티머시. 2021. 『인류』, 김용규 옮김. 부산: 부산대출판문화원.

박일준. 2021. "객체지향의 철학: 초객체와 네트워크 그리고 공생". 『인문논총』 제55집.

베넷, 제인. 2020. 『생동하는 물질: 사물에 대한 정치생태학』. 문성재 옮김. 서울: 현실문 화.

보이드, 데이비드. 2020. 『자연의 권리: 세계의 운명이 걸린 법률 혁명』. 이지원 옮김. 파 주: 교유서가.

브라이도티, 로지. 2015. 『포스트휴먼』. 이경란 옮김. 파주: 아카넷.

슈테펜스, 디르크 · 하베쿠스. 프리츠. 2021. 『인간의 종말: 여섯 번째 대멸종과 인류세의 위기』, 전대호 옮김. 고양: 해리북스.

스피박, 가야트리. 2017. 『지구화 시대의 미학교육』. 태혜숙 옮김. 성남: 북코리아.

시노하라 마사타케. 2022. 『인류세의 철학』. 조성환 외 옮김. 서울: 모시는사람들.

장회익. 1998. 『삶과 온생명: 새 과학문화의 모색』. 서울: 솔.

장회익. 2008. 『온생명과 환경, 공동체적 삶』. 서울: 생각의나무.

조효제. 2022. 『침묵의 범죄 에코사이드』. 파주: 창비.

콜버트, 엘리자베스. 2022. 『여섯 번째 대멸종』, 김보영 옮김. 서울: 쌤앤파커스.

켈러, 캐서린. 2021. 『묵시적 종말에 맞서서: 기후, 민주주의, 그리고 마지막 기회들』. 한성수 옮김. 고양: 한국기독교연구소.

_____. 2022. 『지구정치신학』. 박일준 옮김. 논산: 대장간.

해러웨이, 다나 J.. 2022. 『유인원, 사이보그, 그리고 여자: 자연의 재발명』. 민경숙 옮김. 서울: 동문선.

해밀턴, 클라이브. 2018. 『인류세, 거대한 전환 앞에 선 인간과 지구시스템』. 정서진 옮김. 서울: 이상북스.

화이트헤드, A.N.. 1992. 『과정과 실재』. 오영환 옮김. 서울: 민음사.

Chakrabarty, Dipesh. 2009. "The Climate of History: Four Theses", *Critical Inquiry,* Vol.35, No.2.

_____. 2019. "The Planet: An Emergent Humanist Category", *Critical Inquiry*, Vol.46, No.1.

_____. 2021. *The Climate of History in a Planetary Age*, Chicago and London: The University of Chicago Press.

Chardin, Pierre Teilhard de. 1964. *Future of Man*, tr. Norman Denny. New York: Harper & Row.

Crutzen, Paul J. · Stormer, Eugene F.. 2000, "The Anthropocene", *The International Geosphere-Biosphere Programme(IGBP) Newsletter,* Vol.41.

Crutzen, Paul J. 2002. "Geology of Mankind", *Nature*, vol.415.

_____. 2006. "The Anthropocene" in Eckart Ehlers · Thomas Krafft (eds.), *Earth System Science in The Anthropocene: Emerging Issues and Problems,* Berlin · Heidelberg · NewYork: Springer.

Haff, Peter. 2014. "Technology as a Geological Phenomenon: Implications for Human Well Being", in C.N. Walter et al.(ed.), *A Stratigraphical Basis for the Anthropocene*, London: Geological Society.

Haraway, Donna J. 2016. *Staying with the Trouble: Making Kin in the Chthulucene,* Durham & London: Duke University.(≒도나 해러웨이. 2021. 『트러블과 함께 하

기: 자식이 아니라 친척을 만들자』. 최유미 옮김. 파주: 마농지)

Harman, Graham. 2017. *Object-Oriented Ontology*, London: Penguin Books.

Keller, Catherine. 2017. *Intercarnations*, New York: Fordham University Press.

Latour, Bruno. 2020. "We don't seem to live on the same planet"-A Fictional Planetarium, in Bruno Latour & Peter Weibel (eds.), *Critical Zones. The Science and Politics of Landing on Earth*, Cambridge and Karlsruhe: MIT Press and ZKM.

Morton, Timothy. 2018. *Being Ecological, London: Pelican Book*. (=티머시 모튼. 2023. 『생태적 삶』. 김태한 옮김. 서울: 앨피)

Morton, Timothy・Boyer, Dominic. 2021. *Hyposubjects: On Becoming Human*, London: Open Humanities Press.

빼앗긴 이름과 이름 없는 하나님: 부정신학의 인문학적 성찰 _ 황성하

밀러, 룰루. 2021. 『물고기는 존재하지 않는다』. 정지민 역. 서울: 곰출판.

마이스터 에크하르트. 2023. 『M. 에크하르트 - 중세 고지 독일어 작품집 Ⅰ』. 이부현 역. 부산: 메타노이아.

벤야민, 발터. 2021. 『발터 벤야민 선집 6. 언어일반과 인간의 언어에 대하여 번역자의 과제 외』. 최성만 역. 서울: 도서출판 길.

첼란, 파울. 2010. 『아무도 아닌 자의 장미』. 제여매 역. 서울: 시와진실.

_____. 2011. 『죽음의 푸가』. 전영애 역. 서울: 민음사.

최명희. 1996. 「혼불은 나의 온 존재를 요구했습니다」. 「리브로」 27. 서울: 한길사.

Caputo, John D. 1986. *The Mystical Element in Heidegger's Thought*. New York: Fordham University Press.

Celan, Paul. 1983. *Gesammelte Werke in sieben Bänden Ⅰ*. Frankfurt am Main: Suhrkamp.

_____. 1983. *Gesammelte Werke in sieben Bänden Ⅱ*. Frankfurt am Main: Suhrkamp.

Maurice, O'C Walshe. 1979. *The Complete Works of Meister Eckhart*. New York: A Herder & Herder.

욕망과 실패에 관한 정신분석학 _ 강응섭

강응섭. 2023. "자크 라캉과 신학의 접점에서: 앙살디와 꼬스의 하이브리디티 신학". 『포스트모던 시대의 철학과 신학』. 서울: 대한기독교서회.

김난도・전미영・최지혜・이향은・이준영・이수진・서유현・권정윤・한다혜. 2020. 『트렌드 코리아 2021』. 서울: 미래의 창.

마르틴, 졸리(Joly Martin). 2004. 『이미지와 기호: 고정 이미지에 대한 기호학적 연구』
(*L'image et les signes: approche sémiologique de l'image fixe*). Paris: Nathan,
1994. 이선형 옮김. 서울: 민음사.

볼프, 한스 발터. 1976. 『구약성서의 인간학』. 문희석 역. 왜관: 분도출판사.

켈러, 캐서린(Catherine Keller). 2022. 『지구정치신학: 지구적 비상사태와 새로운 생
태신학의 전환점을 위한 투쟁』(*Political Theology of the Earth: Our Planetary
Emergency and the Struggle for a New Public*). 박일준 역. 논산: 대장간.

프로이트, 지그문트. 2014. 『새로운 정신분석 강의』. 임홍빈 · 홍혜경 옮김. 파주: 열린책들.

Aristote. 2003. *Poétique*. Bilingual édition. Trad. J. Hardy. Paris: Les Belles Lettres.

Augustine. 1991. *La Trinité I*. tome 1, livre 1-7, Bilingual édition. Paris: Institut
d'études augustiniennes.

Baudrillard, Jean. 2001. 『시뮬라시옹』(*Simulacres et Simulation*). 하태완 역. 서울: 민음사.

Diller, Jerry Victor. 1991. *Freud's Jewish Identity: A Case Study in the Impact of
Ethnicity*. London & Toronto: Associated University Press.

Freud, Sigmund. 1944. "Neue Folge der Vorlesungen zur Einführung in die Psychoa-
nalyse(1932)", *Gesammelte Werke XV*. Frankfurt: S. Fischer.

_____. 1964. "New Introductory Lectures on Psycho-Analysis", Trad. J. Strachey et
al. *The Standard Edition of the Complete Psychological Works of Sigmund Freud,
XXII*. London: The Hogarth Press and the Institute of Psycho-Analysis, 1-182.

_____. 1973. *New Introduction Lectures on Psychoanalysis*. London: Penguin
Books.

Lacan, Jacques. 1978. "1955년 5월 19일", *Le moi dans la théorie de Freud et dans la
technique de la psychanalyse. Le Séminaire, Livre II*. Paris: Seuil.

_____. 1986. "1960년 7월 6일 강의", *L'éthique de la psychanalyse*. Le Séminaire,
Livre VII. Paris: Seuil.

_____. Inédit. "1962년 6월 27일 강의", *Identification*. Le Séminaire, Livre IX.

_____. 1973. "1964년 1월 15일 강의", "1964년 1월 29일 강의", "1964년 4월 29일 강
의", *Les quatre concepts fondamentaux de la psychanalyse*. Le Séminaire,
Livre XI. Paris: Seuil.

_____. 2006. "1969년 3월 12일 강의", *D'un Autre à l'autre*. Le Séminaire, Livre X
VI. Paris: Seuil, 2006.

Philostrate. 1991. *La Galerie de tableaux*. Trad. Auguste Bougot(1881), révisée et annotée
par François Lissarrague. Paris: Les Belles Lettres, coll. 〈La roue à livres〉.

Platon. 2002. *La République* (œuvres complètes. Tome VII, 1re partie. Livres IV-VII,
Bilingual édition), *Éd. Jacques Jouanna, Trad.* Emile Chambry. Paris: Les
Belles Lettres.

Roudinesco E., Plon M. 2005. 『정신분석 대사전』(Dictionnaire de la psychanalyse). 강
　　웅섭·권희영·여인석·이유섭·정혜숙 옮김. 서울: 백의.

실패의 세대: 청년세대 신조어와 기독교 청년사역의 대안들 _ 윤영훈

김내훈. 2022. 『급진의 20대』. 파주: 서해문집.
김선기. 2019. 『청년팔이 사회』. 파주: 오월의봄.
김옥진. 2021. 「르네 지라르의 관점에서 본 청년들의 소확행 심리」. 『신학과 실천』 77.
김찬호. 2013. 『우리는 차별에 찬성합니다: 괴물이 된 이십대의 자화상』. 서울: 개마고원.
김성희. 2020. 『청년문화』. 서울: 학원복음화협의회 청년연구소.
노명우. 2011. 『호모 루덴스, 놀이하는 인간을 꿈꾸다』. 파주: 사계절.
박일준. 2019. "공생의 정치신학". 『한국기독교신학논총』 116.
베라르디, 프랑코. 2013. 『미래이후』. 강서진 역. 서울: 난장.
서은국. 2014. 『행복의 기원』. 서울: 21세기북스.
성석환. 2018. "공공신학적 '청년 신학'의 필요성과 방법론". 『선교와 신학』 vol.46.
송길영. 2023. 『시대예보: 핵개인의 시대』. 서울: 교보문고.
송희영, 강연정. 2021. "캠퍼스 선교단체 사역자들의 사역 경험에 관한 연구", 『신앙과 학
　　문』 vol.26.
신동기, 신서영. 2022. 『SNS 인문학』. 김포: M31. 2022.
신용복. 2012. 『변방을 찾아서』. 파주: 돌베개.
이은경. 2022. "멀티-빌리버스 시대의 미닝아웃-ESG를 통한 신앙역량 강화". 『신학과 실
　　천』 vol.82.
이정용. 2014. 『마지널리티』. 신재식 역. 서울: 포이에마. 2014.
임명묵. 2017. 『K를 생각한다: 90년대생은 대한민국을 어떻게 바라보는가』. 서울: 사이드웨이.
임홍택. 2018. 『90년대생이 온다』. 서울: 웨일북.
피터슨, 유진. 2002. 『거북한 십대, 거룩한 십대』. 양혜원 역. 서울: 홍성사.
Denneen, Patrick J. 2018. Why Liberalism Failed. New Haven: Yale University Press.
Keller, Catherine. 2018. Political Theology of Earth. New York: Columbia University Press..
McLaren, Brian. 2000. The Church on the Other Side. San Francisco: Zondervan.

안전의 실패: 반복되는 참사와 신자유민주주의 담론이 은폐하는 것들 _ 박종현

로즈, 리처드. 2006. 『죽음의 향연』. 안정희 옮김. 서울: 사이언스북스
길리건, 제임스. 2012. 『왜 어떤 정치인은 다른 정치인보다 해로운가-정치와 죽음의 관계

를 밝힌 정신의학자의 충격적 보고서』. 이희재 옮김. 서울: 교양인.

개리슨, 짐. 1992. 『JFK: 케네디 대통령 암살의 진상』. 이상곤 옮김. 서울: 고려원미디어.

캘러허, 콤. 2007. 『얼굴 없는 공포, 광우병 그리고 숨겨진 치매』. 김상윤 안성수 옮김. 서울: 고려원.

레너드, 크리스토퍼. 2023. 『돈을 찍어내는 제왕, 연준』. 김승진 옮김. 서울: 세종서적.

한국문화신학회 편. 2015. 『세월호 이후의 신학』. 서울: 모시는사람들.

위키백과. 2022. "스리마일섬 원자력 발전소 사고." 2월 2일 접속. Online: https://ko.wikipedia.org/wiki/스리마일섬_원자력_발전소_사고

위키백과. 2022. "1945년 엠파이어 스테이트 빌딩 B-25 폭격기 충돌 사고". 2월 2일 접속. online: https://ko.wikipedia.org/wiki/1945년_엠파이어_스테이트_빌딩_B-25_폭격기_충돌_사고

위키백과. 2022. "체르노빌 원자력 발전소 사고". 2월 2일 접속. Online: https://ko.wikipedia.org/wiki/체르노빌_원자력_발전소_사고

위키백과. 2022. "후쿠시마 제1원자력 발전소 사고". 2월 2일 접속. Online: https://ko.wikipedia.org/wiki/후쿠시마_제1_원자력_발전소_사고

손경식. 2022. "이태원, 할로윈 성지에서 대형참사의 현장으로", 〈CBS 노컷뉴스〉. 10월 30일: http://www.nocutnews.co.kr/news/5841070

평화의 실패: 한반도와 '핵 있는 평화' _ 이병성

고영은. 2020. 『핵무기와 교회: 기독교 관점으로 본 북한핵문제』. 나눔사.

권헌익. 2013. 『또 하나의 냉전: 인류학으로 본 냉전의 역사』. 이한중 옮김. 민음사.

김민서. 2023. "홍준표 '굴종외교? 대통령, 북핵 노예 벗어나려면 굴욕도 감수해야'", 《조선일보》. 3월 21일. Online: https://www.chosun.com/politics/assembly/2023/03/21/TGKXBXJ2Z5GQPLNVVSRG4QUJRI/

김일영. 조성렬. 2014. 『주한미군: 역사, 쟁점, 전망』. 한울.

박성진. 2023. "바이든 日 원폭자료관서 '세계핵무기 없앨 날 향해 나아가자'", 《연합뉴스》. 5월 20일. Online: https://www.yna.co.kr/view/AKR20230520022351073

정욱식. 2018. 『핵과 인간』. 서해문집.

정일권. 1996. 『정일권 회고록』. 고려서적.

정현수·이동환. 2023. "尹 '반국가세력들, 종전선언 노래 부르고 가짜평화 주장'", 《국민일보》. 6월 29일. Online: https://www.kmib.co.kr/article/view.asp?arcid=0924309471

최경운. 2023. "尹 '北이 공격땐 100배 1000배 응징... 우리도 엄청난양 미사일 가져야'", 《조선일보》. 1월 12일. Online: https://www.chosun.com/politics/diplomacy-defense/2023/01/12/6IRQHZL3CFDQXA6DERUTBVUO5M/

최유찬. 2022. "'핵무력 완성' 5년… 복잡해진 북핵해법", 〈MBC뉴스〉. 12월 3일. Online: https://imnews.imbc.com/replay/unity/6432981_29114.html

로즈, 리처드. 2016. 『수소폭탄 만들기: 20세기를 지배한 암흑의 태양』. 정병선 옮김, 사이언스북스.
스툭, 윌리엄. 2001. 『한국전쟁의 국제사』. 김형인 외 옮김. 푸른역사.
버드, 카이 & 셔윈, 마틴. 2010. 『아메리칸 프로메테우스』. 최형섭 옮김. 사이언스북스.
브래큰, 폴. 2014. 『제2차 핵 시대: 전략과 위험, 그리고 새로운 무력 외교』. 이시은 옮김. 아산정책연구원.

Foot, Rosemary. 1988-1989. "Nuclear Coercion and the Ending of the Korean Conflict," *International Security*, vol.13, no.3 (Winter): 92-112.
Delpech, Thérèse. *Nuclear Deterrence in the 21st Century, Lessons from the Cold War for a New Era of Strategic Piracy*. RAND Corporation, 2012.
Payne, Keith B. & Jill E. Coleman. 1988. "Christian nuclear pacifism and just war theory: Are they compatible?", *Comparative Strategy* vol.7, no.1: 75-89.
Rock, Stephen R. 2018. "From Just War to Nuclear Pacifism: The Evolution of U.S. Christian Thinking about War in the Nuclear Age, 1946-1989," *Social Sciences,* MDPI. vol.7, no..6: 1-18.
Hayes, Peter & Chung-in Moon. 2011. "Park Chung-Hee, the CIA & the Bomb," *Global Asia*, Vol.6, No.3 (Fall): 46-58.
Orwell, George. 1945. "You and the Atomic Bomb", *Tribune*, 19 October. https://orwell.ru/library/articles/ABomb/english/e_abomb

교회의 실패: 한국 개신교의 '성공'과 '실패'에 관하여 _ 김종만

권지연. 2020. "[평화나무리포트] 상식을 외치다 기독교학교에서 쫓겨나고, 이단 낙인까지 찍힌 교수들", 〈민중의소리〉. 10월 11일 자. 접속일: 2022년 10월 31일. Online: https://www.vop.co.kr/A00001518065.html
김광철. 2016. "폴 니터 종교 신학의 기독교 교육적 접근". 『신학사상』. vol.69.
김성수 외. 2014. 『한국신학의 선구자들』. 서울: 너의오월.
김종만. 2020. 『틱낫한과 하나님』. 서울: 열린서원.
김진호. 2020. 『대형교회와 웰빙보수주의』. 파주: 오월의봄.
김진호. 2015. "개신교의 배타주의와 타자의 악마화". 『신앙아카데미』 38호.
나무위키. 2022. "제주 4.3사건". 11월 2일 접속. Online: https://namu.wiki/w/제주%20

4.3%20사건

법성・변선환 외. 1991. "심포지움: 한국사회의 종교적・정신적 위기". 『신학사상』. 72.

손원영교수불법파면시민대책위원회 편. 2020. 『연꽃 십자가』. 서울: 모시는사람들.

손원영. 2020. "종교갈등의 극복을 위한 종교평화교육모델의 탐색: 개신교인의 훼불 사건을 중심으로". 『기독교교육정보』 67.

여론광장 [사설]. 2018. "'우상숭배'로 몰려 파면당한 손원영 교수의 복직을 촉구한다." 〈민중의 소리〉. 6월 18일 자 게재, 2020년 10월 11일 접속.
　　　Online: https://vop.co.kr/A00001300219.html

오강남. 2009. "한국교회, 무엇이 문제인가". 『종교문화연구』 12.

오경환. 1990. 『종교사회학』. 개정판. 서울: 서광사.

윤평중. 2007. "종교의 권력화와 종교성의 망실(忘失)". 『철학과 현실』 75.

이덕주. 2000. 『한국 토착교회 형성사 연구』. 서울: 한국기독교역사연구소.

이원규. 1992. 『한국교회의 사회학적 이해』. 서울: 성서연구사.

이원규. 2003. 『기독교의 위기와 희망-종교사회학적 관점』. 서울: 대한기독교서회.

이은혜. 2020. "불교언어로 예수전했더니 '이단'으로 몰아… 학교로 돌아가 진정한 '환원운동' 살리고 싶어: [인터뷰] 복직투쟁하는 서울기독대학교 손원영 교수", 〈뉴스앤조이〉. 7월 9일 자. 접속일: 2022년 10월 31일.
　　　Online: https://www.newsnjoy.or.kr/news/articleView.html?idxno=300983

이찬수. 2009. 『한국그리스도교 비평』. 서울: 이화여자대학교출판부.

장왕식. 2002. 『종교적 상대주의를 넘어서: 과정신학으로 종교다원주의를 품고 넘어서기』. 서울: 대한기독교서회.

정재영. 2012. 『한국교회의 종교사회학적 이해』. 서울: 열린출판사.

정재현. 2017. 『종교신학강의』. 서울: 비아.

조현. 2019. "'똘레랑스' 해임한 개신교 사학", 《한겨레》. 10월 20일 자; 2022년 11월 1일 접속. Online: https://www.hani.co.kr/arti/society/religious/107050.html

한국기독교목회자협의회편. 2013. 『한국 기독교 분석리포트』. 서울: URD.

한국갤럽. 2021. 『한국인의 종교 1984-2021』. 서울: 한국 갤럽조사연구소.

Ammerman, Nancy T. Bible Believers: Fundamentalist in the Modern World. New Brunswick: Rutgers University Press. 1987.

Berger, Peter L. The social reality of religion. 『종교와 사회』. 이양구 역. 서울: 종로서적. [1973]1981.

Panikkar, Raimundo. The Intrareligious Dialogue. New York: Pualist Press. 『종교간의 대화』. 김승철 역. 서울: 서광사. [1978]1992.

Russell, Bertrand. Why I am not a Christian. 『나는 왜 기독교인이 아닌가』. 송은경 역. 서울: 사회평론. [1956]1999.

실패의 인문학

등록   1994.7.1 제1-1071
1쇄 발행   2025년 6월 20일

지은이 박일준 이찬수 황성하 강응섭 윤영훈 박종현 이병성 김종만
기   획 한국문화신학회
펴낸이 박길수
편집장 소경희
편집 · 디자인   조영준
관   리 위현정
펴낸곳 도서출판 모시는사람들
         03147 서울시 종로구 삼일대로 457(경운동 수운회관) 1306호
전   화 02-735-7173 / 팩스 02-730-7173
홈페이지 http://www.mosinsaram.com/

인   쇄 피오디북(031-955-8100)
배   본 문화유통북스(031-937-6100)

값은 뒤표지에 있습니다.
ISBN   979-11-6629-232-3   03100

* 잘못된 책은 바꿔 드립니다.
* 이 책의 전부 또는 일부 내용을 재사용하려면 사전에 저작권자와
   도서출판 모시는사람들의 동의를 받아야 합니다.